物理学者が解き明かす重大事件の真相

理学博士
兵庫県立大学理学部准教授
下條竜夫

ビジネス社

推薦文

副島隆彦

下條《げじょう》竜夫《たつお》氏は、気鋭の物理学者（１９６４年生まれ）であり、大変優れた人である。私が主宰する副島国家戦略研究所（通称ＳＮＳＩ《エスエヌエスアイ》）の研究員を10年前からやってくださっている。私たちは政治評論や歴史研究をする、いわゆる文科系知識人の集まりである。その中にあって最先端の物理学を専攻している、純粋に理科系の下條氏に加わっていただいて大変感謝している。

彼は私たちの発表している論文集に、すでに数多く寄稿している。地球温暖化という虚偽を暴いた本『エコロジーという洗脳　地球温暖化サギ、エコ利権を暴く』（成甲書房、２００８年）で、二酸化炭素の増加は地球温暖化にはほとんど寄与していないことを証明した。

下條君は公立大学の若手の准教授で、大学では「物理化学」なる高度な学問を教えている。彼は私たち文科系人間には理解できない難しい物理公式や数式が、すらすらと理解できる。しかも、この本で証明するとおり、彼は政治や思想などの文科系の知識と学問までも習得した。だから下條竜夫氏（現在51歳）は、この科学《サイエンス》と政治《ポリティクス》の２つの学問を両輪にして大きな真実に迫ることができている。

このことが、はっきりわかるのは第1、2章の「福島第一原発事故」の解明である。

2011年3月11日に東日本大地震が起き、翌日から（正確には25時間後）福島で原発の爆発と放射能漏れが起きた。現地に行きもせず、遠くのほうから知ったかぶりをして、「放射能はコワイ」「子供たちが危ない」と騒いだ人々がたくさん出た。原子力工学と放射能医学の専門家の中にも、ごく少数であるが自然科学（ナチュラル・サイエンス）の正確な知識のふりをして、「危険だ、危険だ」と多くの虚偽を書いた人々がいる。

私は、事故直後から弟子たちと現地（原発正門前）に入って放射線量を測定した。だから、あのとき放出された放射線量がどれくらい低いものであるかをはっきり知った。私は、あの後の国民的集団狂躁状態に、あきれ返った。その後も続いた怖《こわ》いコワイの国民的、世界的な馬鹿騒ぎのことも腹の底から苦々《にがにが》しく思っている。

福島の現地では、事故からやがて5年が経つが、赤ちゃん一人作業員一人誰も事故後の放射能のせいで発病している者はいない。「福島第1原発の事故の結果、日本でおよそ1600人が死亡した。この圧倒的大多数は避難がうまく行われなかったことと、ストレスに起因しており放射能が死因ではない」とニューヨーク・タイムズ紙（2015年9月21日付）は報じた。放射能をコワイコワイと煽《あお》って現地の人々を過剰に避難させたことで、人々にストレスがたまって死に至ったということだ。冷静に事実を現地で見て自分の脳（頭）で考えるということをすべきなのだ。

　原発事故のあのとき、日本で〝ショック・ドクトリン〟という政策が実行されたのである。『ショック・ドクトリン』とは、カナダ人の女性評論家のナオミ・クラインが書いた本の書名だ。2011年に岩波書店から日本語訳も出た。大災害や戦争、テロ事件などによって、国民大衆を、一瞬のうちに大きな恐怖に陥《おとしい》れ、ショックとパニックで、正常な判断力を国民から奪い取る。権力者、為政《いせい》者たちによる計画的な悪辣《あくらつ》なやり方だ。このことを、著者のナオミ・クラインは徹底的に暴いた。そのために原子力発電を過剰にコワがる言論と風潮が生まれる。そのことで電力（電気）をつくるコスト（費用）が異常に高くなった。

　これがショック・ドクトリンだ。大惨事を利用して一気に大量に政府が問題を解決するという戦略である。

　この「恐怖と扇動で国民を支配せよ」という手法の恐ろしい実験場が、福島原発の放射能漏れ事故を利用して日本でも実行されたのである。〝ショック・ドクトリン〟のために動転した日本国民は、コワイ、コワイと大騒ぎして、冷静な思考と判断力を失った。

　東大と東工大の原子力工学の専門学者たちは、日本の国策《こくさく》（国家政策）として育てられた人材だ。彼らは原発の製造から運転まで自分たちが行ってきたので、こんな微量の放射線量では誰にも被害が出ないし発病しない、とわかっていた。このことを早い時期に私は知った。ところが、その後、放射線医学の専門医師と、原子力工学の専門工学者たちのほとんどは、政府の命令で黙らされて鬱屈させられている。国民に真実を伝える術《すべ》を奪われた。

だから、下條竜夫氏のような原発の製造管理の専門家ではないが、原子力工学も放射線物理も十分にわかっていて、しかも文科系の知識人としても話ができる人間が日本に出現したことを私たちは大きな喜びとする。理科系の本物の学者たちが、徹底的にわかりやすく事件や事故について説明しなければならない。そうでなければ福島の原発事故の真実はこれからも見えてこない。ここにこの本の価値がある。

この本で特筆すべきは、第8章の仁科芳雄《にしなよしお》を扱った評伝だ。

今こそ、〝日本の原爆の生みの親（まだだけど）〟の仁科芳雄（陸軍省委託。戦後のサイクロトロン実験も彼が主導した）の偉大さに日本国民の理解を求めなければいけない。下條氏は、ここに貴重な灯をともしてくれた。本当に頭脳明晰の日本人の理科系の人々であるならば、このことに気づいているはずだ。この仁科芳雄の復活、復権は今後、下條氏の功績となるだろう。

敗戦後ひどい目にあった仁科芳雄（1951年死去）に私は非常に共感し同情した。仁科芳雄が、隼《はやぶさ》戦闘機を設計した日本ロケットの父、糸川英夫《いとかわひでお》と二人して、日本で一番頭がよかった科学者（ああ、科学者！　という不思議なコトバ）だとずっと考えてきた。

下條氏の仁科芳雄《にしなよしお》理解の土台は、「湯川秀樹と朝永振一郎は、仁科芳雄が、手塩にかけて育てた彼の忠実な弟子だ」である。彼ら二人は、戦後、アメリカ・ロックフェラー財団に尻尾を振って、パグウォッシュ会議に参加した。ここでアインシュタインという神格化された、相対《そうたい》性理論《せいりろん》という、何を言っているのか今も誰にも本当はわからない数式の山の理科系という宗教の大神官《グランド・マジシャン》の教徒になった。この二人の本当の先生は仁科芳雄だ。

朝永振一郎も、湯川秀樹も、恩師である仁科芳雄のことを、戦後まったく書かなかった。自分の先生であり、自分たち二人を育てた仁科芳雄に対して、「戦争期の不都合なことは話さない」として。仁科が死んだときも追悼もしなかった。朝永振一郎と湯川秀樹は、パグウォッシュ会議で、アインシュタインとバートランド・ラッセルの子分になって、ぬくぬくと戦後世界で、「平和のための物理学」という、血塗られた過去を消し去る作業に加担した。

仁科芳雄は本当に偉大だった。1925年に、コペンハーゲン大学で、ニールス・ボーアが、量子力学《クオンタム・フィジックス》を生み出し誕生させた。その記念すべき現場に若き理論物理学者として立ち会っている。デンマーク、ドイツ人物理学者たちの興奮の渦の中にいて、その激論の中に、たった一人、日本から仁科芳雄がいたのだ。

今は、〝理研のワカメちゃん〟になってしまってお騒がせ事件を起こしたりしている。この理研（理化学研究所《りかがくけんきゅうじょ》）という日本国の理科系の最高級の研究機関の闇の部分にも、そのうち、下條氏がきっと鋭く迫ってくれるだろう。理研は、アメリカからの監視がきついので、今はアメリカ様《さま》に屈服しているように見える。だが本当は、今でも、第三帝国（ダス・ドゥリテ・ライヒ！　嗚呼、偉大なるドイツ民族！）に、密かに忠誠を誓っているだろう。それは日本で最も優れた頭脳をもって生まれた理科系の人間たちの自然な運命である。

宇宙物理学《スペイス・フィジックス》の分野にも、世界宇宙物理学界の体制派（アインシュタイン信奉者。その流れから出たビッグバン宇宙モデルの信奉者たち）に異議をとなえた優れた学者たちが世界中にたくさんいる。コンノケンイチ（１９３６～２０１４）という人がいて、この国の基準では何の学歴もない人だったが、世界中の反アインシュタインや、反ビッグバン理論家たちの文献を懸命に丁寧に日本に紹介した。それを徳間書店が、「スピリチュアル本の中の一冊として」本に した。『ビッグバン理論は間違っていた』（１９９３年刊）という本である（現在は２０１１年にヒカルランドから文庫版で出ている）。90年代にものすごくよく売れた本だ。

それに対する防御として、日本の宇宙物理学の体制派である佐藤勝彦《さとうかつひこ》氏や池内了《いけうちさとる》氏が反撃に出た。彼らは、体制、権力の側の学者であり、民衆、大衆を、「私たちが、おまえたちに教育と試験問題を与えるのだから、私たちが教えるとおりの答えを書きなさい。それ以外は、許しません」と強圧し威圧の態度をとる。池内了氏は『疑似《ぎじ》科学入門』(岩波新書、2008年)という本を出している。「私たちに逆らう者は、理科系の学者、研究者としてはろくな生活はおくらせない」という態度だ。それが支配、体制、権力というものだ。国民教育とか、メディア(報道機関)というのも国民洗脳の一種だ。これに反抗して大きな真実の指摘をする者たちは、何十年も何百年も抑えつけられ、苦しい思いをする。

それでも大きな真実は、時間の経過とともに塗《ぬ》り壁の後ろから剥《は》がれ落ちるように次第に明らかになる。権力《パウア》、支配《コントロール》、秩序《オーダー》よりも、事実《ファクト》と真実《トルース》そして、それを勇気を持って書いて、書物にして残す者たちのほうが、時間と時代の波に耐えて勝つ。下条竜夫氏は、第7章の「現代物理学は正しいのか」という文章で、このことにも風穴を開けてくれた。みなさん、読んでください。

私が下條氏と話していて心底ビックリしたのは、「ビッグバン理論(宇宙膨張説)は、数学的には証明されているのです。だから私たち物理学者はそれに従うしかない。しかし天文学者《てんもんがくしゃ》たちによる観測《かんそく》と、実験からは何の証明もされていません」とのことだった。

日本国で大切なのは、彼ら理科系の人々だ。ところがちっとも恵まれていない。

理科系の中でも本当に大切なのは、理科系の学者たちではなく、理科系の技術者たちだ。理科系の技術者たちこそが日本の宝である。日本の製造業の大企業に、そういう優秀な技術者が、

500万人くらいいるだろう。日本の繁栄はこの理科系の技術者たちのおかげだ。もっとハッキリ書くと、日本の先端技術は、工業高校や高専、そして聞いたこともないような地方の工業大学を卒業した技術屋（エンジニア、テクニシャン）たちがつくりあげたのだ。しかし、彼ら理科系の技術者たちも属国《ぞっこく》技術屋の集団でしかない。ほとんどが計算ロボットのようにされているかわいそうな人たちなのだと、最近、私は本当によくわかる。

下條竜夫氏は、理科系の物理学者だが、技術屋《エンジニア》だ。実験屋《じっけんや》というらしい。その彼がなんとか、文科系の世界までもわかろうとして、こうして侵入、侵略してきて、文科系の世界にも風穴を開けようとしている。稀有な人である。世によくある本だが、理科系の学者が取り澄まして、文科系が主である一般書籍の読み手に向かって、高《たか》みからムズカしいことを講釈している本ではない。

理科系と文科系という二つの世界をガッシリと繋《つな》ぐ人が、こうして出現して、文科系の人々の文の書き方までも必死で習得して書きあげた。この一点がこの本の本当のすばらしさだ。「理科系の世界の真実」がもっともっと、明らかにされなければならない。下條氏は、手始めにこの本でそれをやってくれた。しかし、まだまだ、もっと多くの隠された真実がある。彼が、私たちのために今後それらを明らかにしてくれることを、私は強く望みます。

2015年12月　　　　副島隆彦

物理学者が解き明かす重大事件の真相　目次

第6章 排出権取引に利用された地球温暖化問題——195

科学では地球の未来はわからない

はじめに

下條竜夫

批判的思考を実践するということ

私は現在、大学に勤務し、その仕事の一環で教養教育の改革について議論している。そのため、教育に関する文章をいろいろ読む。

そのときに必ず出てくる重要なことばが「批判的《クリティカル》」だ。今までの教育は知識偏重であった。これからは、そこから脱却して、「批判的《クリティカル》」に思考する学生を育てなくてはいけないという論調だ。同様なことばで、「批判的思考法（critical thinking）」というのもある。こちらは、大学のみならず、ビジネス界で脚光をあびているようだ。

しかし、この「批判的」（英語ではcritical）ということばは、きちんと理解されていないように私には見える。「鵜呑《うの》みにしないで批判的に見ろ」ということらしいが、学問を教えていて、いちいち否定されていたら話が進まない。批判したとしても、それが的確でなければ意味がない。下手をすれば、理解できないので文句を言っているだけだ。だから、実際にどのように批判すればいいのか、さっぱりわからない。「批判的」ということばを使っているひとたちも、実際はなんだかよくわかっていないと思う。

実はcriticalには、「批判的」という意味の他に、もうひとつの意味がある。それは「限界」という意味である。物理でもcritical mass限界質量、臨界質量などと使われる。つまり、「批判的に思考する」とは、限界まで考えるということと同義なのだ。もっと、わかりやすく言えば、自分がどこまで理解しているのか、その限界をはっきりさせるということだ。

ある問題について、自分がどの程度その内容を熟知しているのかをはっきりさせる。そのことにより世の中の知識と自分の知識の違いが明確になる。そして、自分の知識をできるだけ世の中の知識と一致させる。これが批判的に考えるという本当の意味である。

そして、その一種である批判的思考法《クリティカルシンキング》とは、自分自身がどこまで理解しているのかを明確にすると同時に、世の中でそのことがどこまで明らかになっているのかをはっきりさせる思考法だ。「それはすでにこの業界（あるいは学問分野）では当たり前のことですから、深く考えないでそう理解してください」というのが、この対極にある考え方だ。ここからは新しいアイデアはでてこない。だから、新しいアイデアを生む批判的思考法《クリティカルシンキング》は、ビジネス界でもてはやされる。

批判的思考法《クリティカルシンキング》を使って、どこまで明らかになっているのかをはっきりさせることにより、知識の限界がはっきりする。わかっていることとわかっていないこと、つまり人類の知識の総体がはっきりする。そして自分の知識が、その知識の総体を越えれば、新たな知識の創造、あるいは発見となる。これが、その人の業績（achievement）だ。人類に新しい知識が増えたことになるからだ。これこそがまさに、批判的思考法《クリティカルシンキング》の真髄である。

この批判的思考法《クリティカルシンキング》とは、実は、ソクラテスの「無知の知」そのものだ。日本には西洋哲学がしっかり入っていないので、こういう哲学との関連がなかなかわからない。ソクラテスの「無知の知」とは、「私は自分が無知であることを知っている、その分だけあなたより頭がいい」と解釈されているようだ。しかし、そうではない。本当は、「よく理解されていると信じられていることがら（例えばソクラテスで言えば「正義」とか「勇気」）でも、そこにはわかっていない、理解されていないことがたくさんある、私はそのことを知っている」という意味である。

ソクラテスでは、産婆術が有名だ。これは、質問を数多くすることにより、本人の意識していなかった疑問点を明らかにし、さらに新しい考えを産み出させる問答法のことだ。見下した屈辱的な質問も含まれるから、ソクラテスはこれをやりすぎて、アテネ（アテナイ）市民の憎しみをかい、殺された。

だから、批判的思考法《クリティカルシンキング》も、ただ批判するのではなく、産婆術のように皮肉（irony）な質問をたくさん投げかけることが重要だ。例えば「きみはそういうけど、こういうデータもあるよ、

おかしいんじゃないの？　ちゃんと考えているの？」などと、嫌《いや》みたらしい質問をねちねちとする。こういう手法が批判的思考法《クリティカルシンキング》では一番重要なのだ。ただ、ソクラテスのように後でものすごく嫌われるだろう。

アポロ11号は月へ行ったのか？

さて、話が変わるが、私が早稲田大学4年生のとき、私の指導教官だったのが大槻義彦《おおつきよしひこ》早稲田大学名誉教授だ。1年間、お世話になった。当時からマスコミによくでていた有名人だった。CMやバラエティー番組で、先生を見た人も多いだろう。

大槻義彦先生は、テレビで「アポロは月に行っていない」と発言して、さらに有名になった。後に、テレビで発言したときのことを、直接、大槻義彦先生に話を聞いてみたことがある。抗議の電話とメールがたくさん来て、大変だったそうだ。ごく身近な研究者に、「あんなバカなことを言うおまえとは、もう縁を切る」とまでなじられたそうだ。

そういうひどいめにあうのはもう嫌なので、大槻義彦先生は「アポロは月に行っていない」というのをやめたそうだ。こういう政治的な事柄について常識とはずれた発言をすると、科学者としての発言自体をまわりが許さなくなる。

さて、そこで、前述の批判的思考《クリティカルシンキング》を、この「アポロ月面着陸問題」についてあてはめてみよう。着陸した証明は、NASAが写した月の表面写真など、いくつかある。その中でも、このアポロ月面着陸の最大の証拠となっているのが、レーザー反射鏡だ。地球と月の距離を正確に計測するためアポロの宇宙飛行士が月面上に設置したものだ。次に、インターネット上にあった『アポロ11号は月面着陸していないはデマ　専門家が背景を解説』という文を引用する。

「アポロ11号は月面着陸していないはデマ　専門家が背景を解説」

インターネットにはデマが爆発的に増えている。情報量が劇的に増えた今、日本人の多くが都市伝説のようなデマをいとも簡単に信じ込むようになってしまった。具体的にはこんなデマが話題を集めている。

1969年にアメリカから飛び立ち、人類が初めて月面に到着した歴史的快挙については、本当は月に行っていないという陰謀論が根強い。科学ジャーナリスト・皆神龍太郎さんが背景を説明する。

「当時は第二次世界大戦後の米ソ冷戦の影響を受けた両国の宇宙開発競争の真っ只中。ソ連に勝つために、アメリカが一芝居打ったのではないかというのが陰謀論の始まりです。1970年代にアポロ11号の陰謀をテーマにした映画やテレビ番組が続々と発表され、それに流されてしまう人が増えました。

しかし、**アポロ11号の着陸地点に設置されたレーザー反射板に地球からレーザーを打ち込むとちゃんと返ってきます**し、月から持ち帰った石を分析すると地球上には存在しない成分が含まれていることがわかっています。アポロ11号は確実に月に到達しています」

（『女性セブン』２０１４年11月27日号）

このレーザー反射板（通常はレーザー反射鏡という）を、月面着陸の証拠とすることは多い。『アポロは月に行ったのか？――Dark Moon 月の告発者たち』（雷韻出版）という有名な本がある。この本の中では、月面での宇宙飛行士の映像の疑問点などが掲載されている。この本の前書きに、ＮＡＳＡの本部で報道官を務めるブライアン・ウェルチが、疑問を払拭するために、逆に、次のように指摘していたと書かれている。

アメリカでは最低でも一カ所、テキサス州のマクドナルド天文台で毎日、**月の逆反射体から戻ってきたレーザー光を受け、地球と月の距離を正確に観測している。我々がもし一度も月へ行ったことがないとすれば、このようなことが可能だろうか。**この質問に対する答を得られたときには、喜んで話をしよう。

（メアリー・ベネット、デヴィッド・S・パーシー著『アポロは月に行ったのか？―Dark Moon 月の告発者たち』）

『アポロは月に行ったのか？』という本の中には、これに関する反論、あるいは説明はない。

レーザー反射鏡の存在は月面着陸の証拠となるのか？

さて、ここで登場するのが批判的思考法《クリティカルシンキング》だ。本当に、レーザー反射鏡が証拠となるのかを、どこまでも批判的にかつ限界まで考えなければいけない。そして、結論から言うと、レーザー反射鏡をアポロ月面着陸の証拠としているのは、原理を熟知していないからであって、実はレーザー反射鏡そのものは証拠にはならない。

まず、月面反射鏡の原理をのべよう。鏡を考えてみてほしい。鏡は光の入射に対して入射角と出射角があり、鏡の面に対する入射角がθ度であれば、出射角もθになるという特性がある。すなわち入った角度と同じ角度で光が出て行く。

次に1枚ではなく、2枚の鏡を90度にくみあわせて、2回反射させたらどうなるかを考えてみる。つまり2つの鏡を90度に組み合わせて、そこに光を入射してみる。

すると、最初の鏡に対する角度であらわすと、入射角がθで出射角がθ、２枚目の鏡には「90－θ」の入射角で出射角が「90－θ」となる。ところが、もともと90度に組み合わせてあるから、これは最初の入射角に対して１８０度逆の方向となる。すなわち、90度に組み合わせ２つの鏡に光が反射した場合、光は１８０度反対の角度ででてくる。それは、どの方向から入ってきても光は同じ方向で帰っていくことを意味する。

絵をかくと左のようになる。

この90度になっているところに２度反射すると同じ方向に返っていくというのは、実はレーダーの重要な原理だ。航空機は翼のつけねが直角になっているため、ここがレーダーの反射点となる。そこで、レーダーに探知されないステルス戦闘機は一切、直角の部分をもうけないようにしている。垂直尾翼が２枚あったり、薄っぺらい形をしているわけだ。

さて、「鏡２つ」の考え方は二次元であるが、三次元でも同じ効果を出すためにつくったのが、３つの鏡を90度でくみあわせたものだ。立方体の角のように削るとできる。光学部品を売っている会社で、誰でも簡単に手にはいる。「コーナーキューブプリズム」という名前で売っている。

レーザー反射鏡というのはこれをたくさん平面上に並べたものである。どの方向からの光も同じ方向に返るので、設置するのに精度はいらない。それでも宇宙飛行士が地球の方に向けて置いておかなければ使えない。だから前述のように月面着陸の証拠とされている。

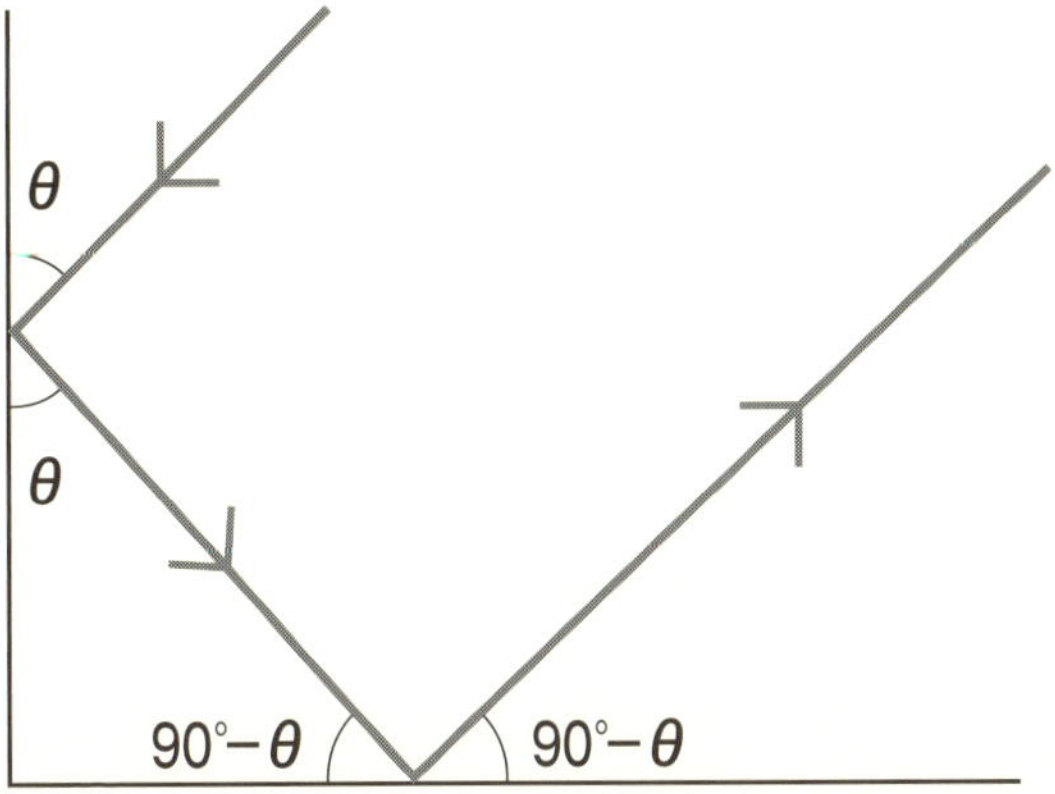

２枚の 90 度に組み合わせた鏡に入射した光は、同じ方向に返っていく

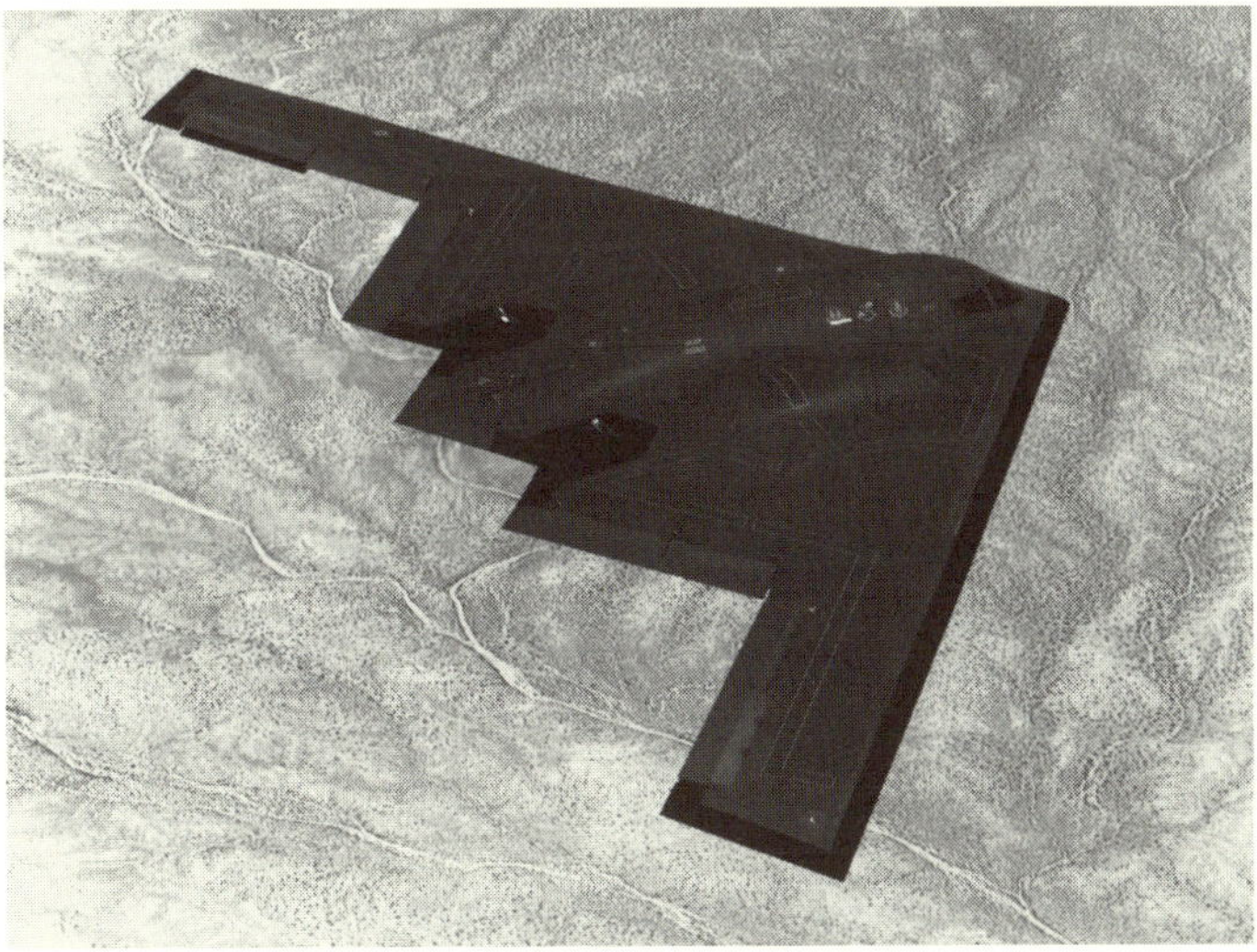
ステルス戦闘機は反射面が小さく、かつ 90 度になっている面がないためレーダーを逆の方向に反射しない
© Cobis/amanaimages

ところが、このコーナーキューブプリズムを、ぐるっと球面上に多数配置したものがある。つまり、ダイヤモンドみたいに、まわりの多面体のすべての面がコーナーキューブ状になっているのである。この多面体ならば、一方向だけでなく、四方八方どの方向から来た光も、来た方向と反対方向に返っていくことになる。距離測定用のものを1回だけ見たことがある。多面体の中には、どの方向からみても自分の黒目が見えていた。

このコーナーキューブプリズムの多面体を、月面上に転がしても、それで十分、月面レーザー反射鏡となる。どの向きに転がっても、この多面体は来た光を逆方向にしか反射しない。

だから、多くの人がこのレーザー反射鏡が人類月面着陸の大きな証拠のひとつと思っている理由には、「レーザー反射鏡を設置するためには、人間の手で正確に設置しなければいけない」という暗黙の前提がある。しかし、そうではない。この前提を「批判的《クリティカル》」に疑わなくてはいけない。そして、実は人間の手で行う必要はない。コーナーキューブプリズムの多面体を月面上に転がせばそれでレーザー反射鏡となってしまう。それは無人ロケットでも十分に可能だ。

次に実際の実験結果を見てみよう。実は、月面にあると言われているレーザー反射鏡は反射率が異常に低い。

『サイエンス』というアメリカの雑誌に掲載された論文「Lunar Laser Ranging」(J. O. Dickey et al., "Lunar Laser Ranging : A Continuing Legacy of the Apollo Program", Science 265 482

(1994)）をもとに、どのような反射率なのかを見てみよう。ちなみにこの論文は、過去の反射鏡による月と地球の距離変化データーをまとめた論文である。この前半のところに、どの程度の光（ここでは光子数）が地上からのレーザーで帰ってくるかが記述してある。

それによれば、本来「2×10^{-18}」の割合で帰ってくるはずの光が「10^{-21}」程度の割合でしか帰ってきていない。普通は一発当たり「10^{19}」個のフォトン（光子）を含んだレーザー光を月に向かって打つ。だから、100発に1回程度しか反射信号がないことになる。この論文は、この低さの理由として検出器の効率、反射鏡のゆがみなどをあげているが、どうも理由としておかしい。オーダーが違いすぎる。

ここから考えられることは、月に反射鏡があるにしても、その面積は、置いてきたと言われる月面反射鏡のそれよりもずっと小さいのではないかということだ。2～3桁小さいから、置いてきたといわれる反射鏡のおよそ10分の1の大きさの反射鏡があるのではないかと私は疑っている。

つまり、月にあると言われる反射鏡の大きさが数十cm程度だから、直径数cm程度のコーナーキューブプリズム多面体でいいわけだ。それで十分、現在行われている地球と月の距離を正確に観測することが可能だ。

だから、アポロ月面疑惑というのは、単純に否定できない。レーザー反射鏡は証拠にはならない。

宇宙科学研究所のある先生が「確かに行ったという証拠はなにもないから、アポロが本当に月に行ったのか疑問に思うのも不思議はない」と発言したことがあるらしい。これが今のところ、一番正しいと私は思う。

この本に掲載した数々の事件・出来事は、私がこの批判的思考法《クリティカルシンキング》を使ってどこまで明らかになっているのかをはっきりさせたものである。もうすでに決着がついている事件（例えばＳＴＡＰ細胞事件）でも、疑わしいものについては、はっきりとそう書いた。

「お前はそう考えるが、それは間違いだ、なぜならこういう事実があるからだ」とお思いの読者がおられたら、ぜひメールをください（gejo@sci.u-hyogo.ac.jp）。

なお、この本に掲載したのは、もともとは『副島隆彦の学問道場』（http://www.snsi.jp/）というサイトに投稿したものです。副島隆彦先生には、文章指導から校正まで、本当にお世話になりました。ここに謝意を表します。また、ビジネス社の岩谷健一様、ブレイントラスト企画の平田友子様にもお世話になりました。あわせて御礼申しあげます。

２０１５年11月

下條竜夫

第1章

理科系の目からみた福島第一原発事故（1）

福島第一原発事故の放射性物質放出量の過大評価とそのねらい

東日本大震災および福島第一原発事故から、この本を執筆している時点で4年目となる。福島第一原発事故後のこの4年間で起きた一番の問題が、放射能問題だ。

福島第一原発事故で、大量の放射性物質が放出され、福島やそのまわりの東北地方を汚染したと言われている。その結果、多くの人が放射性物質とその放射能の恐怖におびえて暮らすことになった。

実はこの放射能問題の元凶は、原子力村と呼ばれる原子力業界の方針の大転換にある。多くの人がその大転換についていけなかった、あるいは扇動《せんどう》された、それでこのような騒ぎになった、こう私は判断する。

この転換とは、「原発安全路線」から「原発危険路線」＝「放射能コワイコワイ路線」への180度の転換のことである。国家方針の大転換といってもいいものだ。「東京電力や関西電力がつぶれてもかまわない。数年間、原発が全部停止してもいい。とにかく、脅し上げて、福島第一原発付近の土地を収用して、そこに放射性廃棄物最終処分場をつくる。これが最優先だ」という固い決意がここに表れている。放射性廃棄物最終処分場をつくることが、死ぬまでに成し遂げたい原子力業界関係者の本当の夢である。

この方針の大転換を体現したのが、武田邦彦中部大学教授だ。彼はウラン濃縮研究という原子力業界のど真ん中にいながら、突如、「放射能コワイコワイ路線」に転向した。そして、一般

事故直後の福島第一原発

© Abaca/amanaimages

大衆から「良心の科学者」として絶賛された。この本を読んでいる皆さんがご存じのとおりだ。しかし、なんのことはない、彼はずっと原子力業界の真ん中に、そのまま、いたのである。原子力業界そのものが大きく転換した、ただ、まわりがそれに気づかなかっただけだ。

本章の最後のほうに、経産省OBのことばを引用した。

「交渉の当事者が誰も生きていない40年、50年後に、最終処分場への移転など気にするものはいない。これで〝トイレのないマンション〟と言われてきた原発にもトイレができることになった。双葉も大熊もよくやった。記念すべきできごとだ」

「よくやった」というのは、中間貯蔵施設建設に同意したことを意味している。原発にトイレができることになった、つまり福島第一原発のまわりに放射性廃棄物最終処分場が50年後に建設されることが確定したのだ。「記念すべきできごとだ」ということばが、すべてを物語っている。

本章では、なぜこのような放射能問題が起きたかについて理科系の目から振り返る。

日本がチェルノブイリと同じようになるという恐怖

2011年3月11日、東北地方を大地震が襲った。現在では「東北地方太平洋沖地震」と命名された、震源のマグニチュードが9・0の大地震である。この地震と津波により、福島県の双葉町《ふたばまち》と大熊町《おおくままち》の境にある東京電力の福島第一原子力発電所では原子炉の冷却機能が失われた。

そして、その後、原子炉建屋《たてや》が次々と爆発を起こした。3月12日15時36分に福島第一原発1号機建屋で水素爆発、3月14日11時1分に同3号機建屋が同じく水素爆発、そして15日の未明に同4号機建屋も爆発した。

このときに我々が感じた恐怖は本物である。思い出す意味で、3月14日に実際に現場で働いていた人が、3号機が爆発したときに感じた「生の声」を引用する。

「顔なでた爆風、必死に逃げた　フクシマ50作業員語る」

（途中、省略）14日、日立グループの作業員はわずか4人になった。河合所長と日立プラントテクノロジーの冨岡郁三工事長（51）らは2号機の電源復旧に取り組んだ。

激しい爆発音と振動。直後、コンクリートのがれきが次々に落下してくる音が聞こえた。午前11時1分、3号機の爆発の瞬間だ。

つい30分ほど前まで、3号機のすぐわきの道で作業していた。一段落し、50メートルほど離れた2号機のタービン建屋内でケーブルをひく作業に移ったところだった。ケーブルを通すための貫通部から爆風が吹き込み、すぐそばにいた冨岡工事長の顔をなでた。

建屋が崩れる音がやむのを待って外に出た。乗ってきていた車の屋根全体にがれきが降り積もり、ぐしゃっとつぶれていた。辺りに東電社員ら十数人がいた。風は海へ向かっている。東電の放射線管理員が線量を測ると山側を指し、「こっちに逃げましょう」と叫んだ。「**ああ終わりだ**」。**河合所長はそう思いながら、防護服に全面マスクをつけ、冨岡工事長らと一緒に、がれきが積もった坂道を走った。**辺りに放射性物質を含む煙が立ち込めている。思うように呼吸できず、すぐに走れなくなった。負傷した自衛隊員が足を引きずって逃げている。20~30分かけて1キロほど走り、免震重要棟の中に飛び込んだ。(以下、省略)

（朝日新聞　２０１１年10月４日）

引用した文の中に「ああ終わりだ」ということばがある。原子力や放射能について少しでも勉強したことのある人は、福島第一原発1号機や3号機が爆発したときに、同じように感じたはずだ。私もそう思った一人だ。だから、よくわかる。このとき、「日本はもうダメになる、おしまいだ」と、本当に思った。翌日の3月15日には都心である東京、千葉、茨城にも放射性物質が飛んで来た。

しかし、これらの爆発は、「水素爆発」であり、「水蒸気爆発」ではなかった。「水蒸気爆発」は、ウラン燃料が入っている圧力容器・格納容器そのものが爆発してしまう事故である。多くの放射性物質が直接大気に撒き散らされる。

1986年4月26日にソビエト連邦（現在はウクライナ）のチェルノブイリで世界最大の原子力発電事故が起きた。この事故は、圧力容器がない中で、この格納容器そのものが爆発して放射性物質が容器外に直接出た事故だった。だから、「水蒸気爆発」とまったく同じであり、大量の放射性物質がヨーロッパ中に拡散した。

それに対して「水素爆発」は、圧力容器で生成した大量の水素が格納容器から排出され、空気中の酸素と反応して起こる爆発だ。だから、福島第一原発の事故でも、圧力容器内のウラン燃料や放射性物質は中に留まっていた。「水素爆発」と「水蒸気爆発」では放射性物質が撒き散らされるか、留まっているかの違いがある。福島第一原発の事故は、圧力容器が無事で、放射性物質の一部が外部に排出されたものなので、チェルノブイリの事故とは比べることはできない。

それなのに、日本中がチェルノブイリと同じようになるという、放射能に対する恐怖がどんどんエスカレートした。放射能汚染の騒ぎは全国に広がり、福島県産の農作物を忌避《きひ》する動きに発展した。そして、実際に、放射能の恐怖で、福島だけでなく東北地方から、関東、西日本へと避難する人がたくさんでた。

風評被害を拡大させた政府の発表

このような問題を引き起こした原因は、もちろん、東京電力だ。彼ら東京電力は、原子力発電所の地震対策、津波に対する安全対策、そしてその後に予想された停電対策を怠たった。それが、事故の第一原因である。

しかし、放射能汚染の騒ぎが大きくなったのは、実は、2011年4月12日の経済産業省傘下にある原子力安全・保安院と原子力安全委員会による、福島第一原発事故は、「レベル7＝チェルノブイリ事故に匹敵する重大な原子力事故である」という認定だった。この時以来、放射線、放射能に対する恐怖が日本中を席巻《せっけん》した。「政府が認めたのだから、大変な事故だったに違いない」という認識だ。

少し長いが非常に重要なので左に新聞記事を引用する。

「福島原発事故、最悪『レベル7』チェルノブイリ級に」

福島第一原発の事故について、経済産業省原子力安全・保安院と原子力安全委員会は、これまでに放出された放射性物質が大量かつ広範にわたるとして、国際的な事故評価尺度

（ＩＮＥＳ）で「深刻な事故」とされるレベル7に引き上げた。**原子力史上最悪の１９８６年の旧ソ連チェルノブイリ原発事故に匹敵する。放射性物質の外部への放出量は１けた小さいという。**12日午前に発表した。

保安院は3月11日の事故直後、暫定評価でレベル4としていた。放射性物質が原子力施設外に放出されるような事故はレベル4になり、それ以上は、外部に放出された放射性物質の量でレベルが決まってくる。

18日に79年の米スリーマイル島原発事故に匹敵するレベル5に引き上げた。レベル5は放射性ヨウ素に換算して数百～数千テラベクレル（テラは1兆倍）の放出が基準だ。その後、**放出された放射性物質の総量を推定したところ、放射性ヨウ素換算で37万～63万テラベクレルになった。ＩＮＥＳの評価のレベル7にあたる数万テラベクレル以上に相当した。**東京電力によると、全放射能量の１％程度にあたるという。福島第一原発では今でも外部への放出は続いている。

チェルノブイリ事故では爆発と火災が長引き、放射性物質が広範囲に広がり世界的な汚染につながった。実際の放出量は５２０万テラベクレルとされている。福島第一原発の事故での放出量はその1割程度だが重大な外部放出と評価した。評価結果は国際原子力機関（ＩＡＥＡ）に報告した。

（朝日新聞　２０１１年4月12日）

単位（ベクレル）の前にギガとかテラという乗数がついている。ギガが10の9乗で10億を、テラが10の12乗で1兆を表す。その上にペタという乗数があり、10の15乗で1000兆だ。しかし、なぜかペタは報道には使われない。

最終的に、福島第一原発からの放射性物質放出量は、原子力安全・保安院が77万テラベクレル、原子力安全委員会が63万テラベクレルであると決定した。チェルノブイリで放出された放射性物質総量（520万テラベクレル）の約10分の1である。ちなみに、一般的に言われているチェルノブイリ事故での放出量の値は520万テラベクレルだが、これは、セシウムの放出量をヨウ素に換算して求めたためだ。実際の放出量は約200万テラベクレルと言われている。

ところが、福島県の事故現場付近では、わずかな量の放射性物質の影響しか報告されていない。本当に、多量の放射性物質が放出されたという証拠はなにもない。コンピュータシミュレーション計算があるだけだ。

ふつうに手計算すると放出量は10テラベクレル（p65「参考資料」参照）、しかし、コンピュータシミュレーションすると数十万テラベクレルになる。文科系の人はコンピュータシミュレーションのほうが、精度が高く、信頼できると思うだろう。だが、実際は逆だ。コンピュータシミュレーションは、初期値や境界条件を恣意的に選べば、どんな結果もでてしまう。だから、おおよその値を見積もってから、コンピュータシミュレーションする。本来はコンピュータシミュレーションの値を手計算の値に近づけなくてはいけない（計算については、長くなるので、別に添付資料とした）。

ここでは計算ではなく、実際にどれだけの放射線量が観測されているのかについて説明していく。

報告されている数値から予測される放射性物質放出量

事故直後の現場では小さい放射線量しか報告されていない。それを示していく。札幌医科大学の高田純教授が書いた『福島　嘘と真実　東日本放射線衛生調査からの報告』（医療科学社）という本がある。ここから引用する。

甲状腺に蓄積した放射能は3キロベクレルというのが最大値です。ということで、暫定ですが、**甲状腺線量が7・8ミリグレイと推定されました。これに対しチェルノブイリの被災者の最大値は50グレイです。私たちが今は測っているのはミリですから6000分の1になるわけです。**（中略）

今日の新聞発表の「**チェルノブイリ原発事故と同じレベル7」は、だいぶ現実と乖離していると言わざるを得ない。**どういう専門的な評価でこうなったのか、これから確認していかないといけないと思いますが、**一部の原子力安全・保安院等の見当だとしたらまずいのではないか。**国内の専門家が発電所のなかに入っていないというのが問題だといろいろなところで言われています。災害対策本部も科学的な専門家の体制はいかがなものか、非常に疑問を持っています。（p61）

世界の核災害地と比べて、福島の放射線衛生上の実被害は極めて低い。より厳しい核被災地や核汚染地が復興したり、人びとが再定住している現実からしても、また放射線防護学の見地からしても、福島県はもちろん、福島20キロメートル圏内も必ず人びとが暮らせるようになる。その日は遠くない。（p50）

（高田純『福島　嘘と真実　東日本放射線衛生調査からの報告』医療科学社）

この「6000分の1」という数字は重要だ。政府の発表ではチェルノブイリの10分の1だから、政府は6000倍多く見積もっていることになる。**つまり、実際の放射性物質放出量は、計算放出量の1000分の1以下だ。**

ちなみに、この高田純教授が書いた『福島　嘘と真実　東日本放射線衛生調査からの報告』は、福島原発事故が起きた直後の20キロ圏内の現場のことが、細かく記述されている。実際の現場の測定だ。ここには必ず真実がある。原子力安全・保安院、原子力安全委員会がやった机上のコンピュータシミュレーションとは違う。

次に、他の原発での計算報告例から見てみよう。他の原発で福島第1原発と同じ事故が起きたと想定して、どの程度の放射線量が近辺で観測されるかを見積もったものである。だから、これらの計算報告例と同程度の放射線量が、福島第一原発の近隣でもすでに報告されていないと仮定自体がおかしいことになる。

毎日新聞の記事を引用する。

「放射性物質：福井・高浜原発50キロ圏、屋内退避対象　京都府、『福島』級想定し予測」

京都府は23日、関西電力高浜原発（福井県高浜町）で福島第一原発級の事故が起きたとの想定で、国の「緊急時迅速放射能影響予測システム」（ＳＰＥＥＤＩ）を使って府内の**放射性物質の拡散範囲や大気中の濃度を予測した結果を公表した。**

原発事故で放射性セシウム１３７と放射性ヨウ素が10時間放出されたとの想定。風向きなど過去の気象データを基に、24時間後の積算線量を月別で予測した。
その結果、ヨウ素は、高浜町に隣接する同府舞鶴市で2、5、9月に**避難基準の500ミリシーベルト**となった。3月では、半径30キロ圏の緊急防護措置区域（UPZ）を大きく超える50キロ圏の京都市右京区などが、屋内退避対象となる**50ミリシーベルトの範囲**に入った。セシウムは基準値（5ミリシーベルト）を超えなかった。
山田啓二知事は「厳しい結果が出た。UPZの実効性の検証が必要で、広範囲に対策を講じる必要がある」と防災対策を抜本的に見直す考えを明らかにした。【入江直樹】
（毎日新聞〈大阪朝刊〉2012年3月24日）

福島第一原発の事故と同様の放射性物質が放出されたと仮定すると、計算上では、数百ミリシーベルトの被曝をすることが右の文章からわかる。新聞には詳しく書いていないが、1歳児の放射線量の見積もりなので、10倍程度多く見積もっている。それでも数十ミリシーベルト、1時間あたり数ミリシーベルト／時だ。
季節によって風の影響で観測量の違いが出る。2月は北風だから、南にいると大きな被曝をする。福島原発事故では、最大の放射能漏洩があった15日には、風は北東から南西に吹いていた。この風下に多くの人がいた。だから「福島では多くの人が被曝した」と報道された。ならば、右の計算予測と同様の高い放射線量が観測されなければならない。

しかし、原発付近を除き、福島では最高でも10マイクロシーベルト／時（＝0・01ミリシーベルト／時）程度しか観測されなかった。**予想された数ミリシーベルトのおよそ100分の1だ。**仮定、つまり「福島第一原発の事故と同様の放射性物質が放出された」という仮定がおかしいとしか思えない。福島第一原発の事故では、それほどの放射性物質は放出されなかったということだ。

しつこいようだが、まだ続ける。次に示すのは、阿武隈《あぶくま》川のセシウム量だ。阿武隈川から海に放出される放射性セシウム量を測定したものだ。

「阿武隈川から海へ1日5000億ベクレル　放射性セシウム」

福島県中央部を流れる阿武隈川から海に流れ出る放射性セシウムの量が1日あたり約500億ベクレルにのぼることが京都大、筑波大、気象研究所などの合同調査で分かった。福島第一原発事故に伴い、東京電力が4月に海に放出した低濃度汚染水のセシウムの総量に匹敵する。専門家は継続的な監視が必要としている。

阿武隈川は福島県郡山市や福島市を北上、宮城県岩沼市で太平洋に注ぐ。流域面積は5400平方キロで、事故による汚染が大きい地域が広く含まれる。

京大などは文部科学省の委託を受け、6月から8月にかけ、本流の中流や河口付近、福島県内の支流で流量や放射性セシウムの量などを観測。運ばれるセシウムの総量をはじき出した。

（朝日新聞　2011年11月25日）

500億ベクレルというと、ものすごい量に見えるが、実際はたったの0・05テラベクレルだ。

仮に10万テラベクレルの放射性セシウムが福島第一原発から放出され、その10％の1万テラベクレルが、福島県内部一帯に降り積もったと仮定してみよう。セシウムは水溶性だから、雨が降ると一部のセシウムが溶けて流されていく。雨が降ると放射線量が1％程度の割合で減っていくから、同様に1％のセシウムが流されていくと見ていいだろう。実際、双葉郡の放射線量の変化をみると、2011年9月24日頃の台風12号の豪雨により10％程度の急激な落ち込みをしている。雨が降るとセシウムが流されて放射線量が急減することがわかる。

このセシウムは雨水と共に川に流され、最終的に海にいく。福島県内部の降雨のほとんどは阿武隈川に流れ込む。だから、阿武隈川には降雨時には100テラベクレル程度（上記1万テラベクレルの1％）の放射性セシウムが流域から流れ込むはずだ。1週間に1回しか雨が降らないとしても、阿武隈川には10テラベクレル以上が毎日平均して流れているはずだ。**ところが、**

実際の量はわずか、0・05テラベクレルだ。ここでも予想の100分の1以下だ。

以上見てきたように、福島第一原発事故で大気に放出された放射性物質の見積もりは、あまりに高過ぎる。

さらに細かい根拠は、章末に参考資料として示したので、詳しく知りたい方はそちらを参照下さい。それをもとにすると、公表された予想放出量は、数十万テラベクレル、実際の放出量は数千テラベクレル以下であり、原子力安全・保安院と原子力安全委員会が発表した値の100分の1以下、チェルノブイリで放出された放射性物質放出量の1000分の1以下に過ぎない。

実際に起きなかった健康被害

少ない放射性物質の放出だから、人体への被曝はほとんどなかった。影響も軽微だ。これは、その後WHOの報告としてはっきり確認された。チェルノブイリで放出された放射性物質の1000分の1なのだから、福島県のみならず、福島第一原発付近でさえ、チェルノブイリ事故のようにはならなかった。

まず、福島では最小限の被曝しか報告されていない。2012年3月に、ワシントンで開かれた福島原発事故の放射線被曝の現状にかんするパネルディスカッションで、バンダービルト大学のジョン・ボイスというがんセンターの教授が、**「放射線量があまりに低すぎて、研究のプロポーザル（企画、提案）を出しても、科学的なレビューを通らない」と述べている。**これは、放射線量が低すぎて、研究の対象にさえならないというがん疫学者のことばだ。

放射性物質の発生もとである福島第一原発付近でさえ、健康被害が出ていない。それに関する記事を引用する。最後に先ほどのジョン・ボイス教授がインタビューを受けている。

「福島原発事故の健康被害は最小限か？」

福島原発事故における放射能の影響をこの1年間研究してきた米国の放射能専門家調査団は、原発周辺は長年居住不可能となるものの、健康への影響は極めて小さいとみられるとの意見を発表した。

（2012年3月）1日にワシントンで報告を行った調査団の一人、オレゴン州立大学のキャスリン・ヒグリー原子力工学教授は、生物学的にみて放射能の影響は極めて小さいと思われると述べた。

福島第一原発事故は1986年のチェルノブイリ事故以来最悪の事態となったが、専門家によると、人体への影響という面では福島とチェルノブイリとでは大きな違いがある。

福島原発事故の後、被ばく線量が最も高いとされる放射性の煙を浴びた最初の1万人のうち、10ミリシーベルトを超えたのは73人に過ぎなかった。事故が発生した施設内で処置にあたっていた作業員でも、平均9ミリシーベルトにとどまっている。

それとは対照的に、チェルノブイリで石棺による封印作業を行った50万人の作業員の平均被ばく線量はその10倍以上だ（著者注：チェルノブイリで付近の住民が浴びた累積被曝量は数シーベルトである、やはり100分の1以下だ）。

調査団では、事故後に放出された放射能のレベルは発がんリスクを計測可能なほど高めるものではないことで概ね意見が一致しており、放射能を浴びた人ががんを発病するリスクは約0・002%、がんで死亡するリスクは0・001%高まると推定している。

米放射線防護測定審議会の次期会長で、バンダービルト大学のジョン・ボイス教授は、**東京からワシントンまでのフライトで自然に浴びてしまう放射線量の方が福島原発の現場で浴びた量より多いくらいだと述べた。**

（ウォール・ストリート・ジャーナル　2012年3月3日）

逆に、原子力安全・保安院と原子力安全委員会が発表した放射性物質放出量から見積もると、多くの人が死ぬことになる。スタンフォード大学が発表した First detailed analysis of

Fukushima Daiichi nuclear disaster's global health effects（福島第一原発事故の全体的な健康に対する影響の最初の詳細な解析）という論文にかんする英文記事を引用する。

Radiation from Japan's Fukushima Daiichi nuclear disaster may eventually cause anywhere from 15 to 1,300 deaths and from 24 to 2,500 cases of cancer, mostly in Japan, Stanford researchers have calculated

——日本の福島第一原発事故による放射性物質により、最終的に15から１３００人が死亡し24から２５００人（ほとんどは日本内）がガンになるとスタンフォード大学の研究者が計算しました。

The estimates have large uncertainty ranges, but contrast with previous claims that the radioactive release would likely cause no severe health effects.

——推定値に大きい不確実性の範囲がありますが、大気放出された放射性物質は健康に対し何も影響がないだろうという、以前の主張とは対照的です。

The numbers are in addition to the roughly 600 deaths caused by the evacuation of the area surrounding the nuclear plant directly after the March 2011 earthquake, tsunami and meltdown.

――この数には2011年3月の地震、津波およびメルトダウンの後で福島原発付近から避難したことによって死亡したおよそ600人が加わります。

放射性物質の影響については、原子力安全・保安院と原子力安全委員会が発表した放出量の「数十万テラベクレル」をもとに計算すると「最終的に15から1300人が死亡し、24から2500人ががんになる」ということになる。だから、多くの人が福島から避難した。

2011年4月12日の経済産業省原子力安全・保安院と原子力安全委員会による、福島第一原発事故のレベル7の認定とその発表は政府の最悪の選択だった。せめて数千テラベクレル程度の放射性物質の放出という見積もりでよかった。そうすれば、放射能による風評被害や恐怖による避難問題も大きくはならなかった。それを数十万テラベクレルにしたのは、意図的なものだ。数千テラベクレルではレベル7にならない。

また、数千テラベクレルという値では、スリーマイル島の原発事故より、放出された放射性物質が少なくなる。スリーマイル島の事故は、1979年（昭和54年）3月28日に、アメリカ合衆国東北部のペンシルベニア州のスリーマイル島原子力発電所で起きた原子力事故だ。このときに放出された放射性物質の量は、希ガス（ヘリウム、アルゴン、キセノン等）が約250万キュリー、及びヨウ素131は約15キュリーと評価されている。この250万キュリーを換算すると、9万2500テラベクレルだ。放出された物質が希ガスのため人体への影響は極めて少なく、周辺住民の被曝は0・01〜1ミリシーベルト程度だった。したがって、放射能による影響はほとんどなかった。

福島第一原発事故での希ガスの放出量はよくわからないので比較ができない。しかし、今回の福島第一原発事故で数千テラベクレルが外部に放出されたとすると、量だけ見れば、福島第一原発事故は、スリーマイル島事故より軽微な事故であったということになってしまう。

高レベル放射性廃棄物最終処分場という原子力村の夢

この「福島第一原発事故はチェルノブイリ級の事故レベル7である」という発表で、放射能汚染に対する恐怖心がワーっと全国に広がった。今もあらゆるところに残っている。この元凶は、以上述べてきたように、原子力安全・保安院と原子力安全委員会が高い見積もりをしたことに他ならない。

なぜ、「福島第一原発事故はチェルノブイリの10分の1の放射性物質の放出があった重大な事故である、レベル7である」と、原子力安全委員会や原子力安全・保安院は安易に出したのか。さまざまな状況から、事故現場付近に放射性廃棄物最終処分場の建設をめざしているからだと結論づけられる。

「原発とは、トイレのないマンションのようだ」と言われている。発電した後の使用済みウラン燃料は放射性廃棄物となり、持って行くところがどこにもない。仕方なく、使用済みウラン燃料は各原発の貯蔵庫に放置されている。つまり、新たに出続ける放射性廃棄物は各原発にただ積まれていくだけだ。青森県の六ヶ所村には核燃料の再処理工場がある。ここを核廃棄処理施設として利用しようとしているがうまくいかない。

福島第一原発近くの土地の放射線量が高ければ高いほど、原発跡地がこの放射性廃棄物の最終処分場の最有力候補地になる。この証拠はたくさんある。例えば、次章に詳しく書くが、**福島や東日本の放射性セシウムによる汚染地図をつくったのは河田《かわた》東海夫《とみお》という人である。彼が属していたのは、原子力発電環境整備機構（NUMO）という高レベル核廃棄物の最終処分場を建設するための団体だ。**きちんと全部つながっている。

原発事故と放射性廃棄物処理場は、つながりやすい。これはチェルノブイリの原発事故を見てもわかる。チェルノブイリ原発付近には、現在、放射性を帯びた兵器が山積みになっている。そういう写真をみたことがある。

人気のシリーズ映画に『トランスポーター』という、フランス・アメリカ映画がある。その名の通り、どんな荷物も運ぶ運転手のアクション映画だ。このシリーズの第3作『トランスポーター3アンリミテッド』（2008年製作、日本では2009年公開）を見れば、原発事故と放射性廃棄物ビジネスが結びついていることがよくわかる。

映画では、国際廃棄物管理会社が、ある国で産廃施設を操業する権利を得る。有毒廃棄物をこの国に持ち込むには、その国の環境大臣が署名した書類が必要だった。そこで、「娘の命と引き替えに、有毒廃棄物の受け入れ許可証にサインしろ」と環境大臣を脅す。

この「ある国の環境大臣」のある国とはウクライナだ。チェルノブイリ原発事故が起きた場所は、当時はソ連だったが、現在のウクライナだ。そして、この持ち込もうとした有毒廃棄物は、放射性廃棄物だ。ウクライナは、チェルノブイリ原発事故によって、放射能で汚染されてしまったのだから、放射性廃棄物をウクライナに集めてしまえばいい、という考えだ。今、この考えが福島第一原発付近に適用されようとしている。

次に引用するのは、ブルームバーグ（経済誌）のウェブサイトに載った記事だ。重要なのは日付である。この記事が出たのは2011年5月26日で、原発事故のわずか2ヵ月後だ。

「福島原発敷地に放射性廃棄物の中間貯蔵施設を――原子力学会で浮上」

東日本大震災で被災し放射能漏れを起こした東京電力福島第一原子力発電所の敷地内に、

放射能に汚染されたがれきなどを中間貯蔵する施設を建設する案が日本原子力学会で議論されている。

東京大学の諸葛宗男教授（原子力・エネルギー環境政策専攻）が25日、ブルームバーグ・ニュースのインタビューで明らかにした。同学会は原子力研究者、エンジニア7000人からなる団体で、原子力政策について政府に助言する。

諸葛教授は「われわれは福島第一原発の汚染除去や、そこに核廃棄物の貯蔵施設を建設する案を集中的に討議している」と述べた。同教授は50人から構成される汚染除去委員会の一員。東電や経済産業省関係者もオブザーバーとして分科会に参加している。

（ブルームバーグ　2011年5月26日）

事故の2ヵ月後に、日本原子力学会の重鎮たちは、福島第一原発跡地を放射性廃棄物の処分場にしようという議論を始めていた。そういう重大な事実の指摘がこの記事だ。日本の新聞では、掲載されなかった。

本来なら、今後原発を安全に稼働することはできるのか、安全に稼働させるにはどうしたら良いかについて話し合われるべき場だった。その場で核廃棄物の貯蔵施設を建設する案を集中的に討議した。原子力学会は、福島第一原発の事故を奇貨として、住民が避難して空いた土地に中間貯蔵施設をつくろうと計画したわけだ。ちなみに表題は核廃棄物の〝中間貯蔵施設〟となっているが、〝中間貯蔵施設〟と〝最終処分場〟は、現在では、ほぼ同じ意味を持っている。半永久的に中間貯蔵することで、最終処分場と同じものになる。

福島第一原発から20㎞圏内は2011年4月22日から立ち入りを禁止する警戒区域になっていた。実際は、南相馬市や楢葉町《ならはまち》では放射線量が低く、一律に原発20㎞圏内を立ち入り禁止にする必要はまったくなかった。その後、2012年8月10日に警戒区域を解除され、避難指示解除準備区域に再編されたが、今度は、原発周辺が、放射性汚染土の中間貯蔵施設として買い上げられることに決まった。

次に引用したのは、この原発周辺の土地が、将来、放射性廃棄物処分場になるだろうという内容の雑誌記事だ。「国民的大議論　放射性廃棄物　原発のゴミ　東京に『処分場』を」という週刊現代の記事から引用する。

結果、原発は脱原発派から「トイレのないマンションだ」などと批判を浴びてきた。政府・与党としては一刻も早く最終処分場を確保して堂々と原発を再稼働したいのがホンネだ。そこで目をつけたのが、この中間貯蔵施設の事業なのである。政府がこれを足がかりに、なし崩し的に福島を〝原発のゴミ処分地〟にしようとしていることは明らかだ。

政府内では現在、次のような議論が秘かに、しかも大真面目に行われている。「いつまでも、あの事故現場が『福島第一原発』と呼ばれていると、事故のイメージが払拭できない。そこで東電を分割、一部を国営化するのにあわせ、あの場所を『福島廃炉処理センター』などと改称する話が持ち上がっています。『事故処理は終わり、跡地には別の施設ができた』と言っておけば、国民の間では事故の記憶もあっという間に風化して、原発の再稼働でもなんでも、またやりたい放題できるようになる、ということです」(経産省キャリア)

表向きはさんざん、「福島の復興のために」「福島県民を助けるために」と連呼しておきながら、実は政府にそんなつもりはまったくない。**「原発事故で汚染されたから、ちょうどいいのでそのまま放射性廃棄物のゴミ捨て場にしてしまおう」それこそが、安倍政権の狙いなのだ。**

福島県の地元紙記者はこう怒りをあらわにする。「政府・与党はいろいろなところで馬脚を現している。たとえば、土地の収用話です。政府は、福島第一に近い双葉町、大熊町、楢葉町の土地、計約18㎢を国有化し、中間貯蔵施設を建設すると言っています。18㎢と言えば、東京ドーム385個分の広さですよ」

そこにはこんな疑いがあるとこの記者は話す。「**『どうせ帰れない土地だから』と国が広大な土地を買い上げる。当然ながら、周辺は住民の数がゼロで、地権者もいなくなるから、**

政府はやりたい放題です。施設が動き出す予定の２０１５年には特定秘密保護法も施行されていますから、テロ対策だと言って中の様子は一切、公表しない。取材をかけただけで逮捕です。万が一、危険物が漏れ出す事故があっても県民が知ることもないでしょう」

（週刊現代ｗｅｂサイト　２０１４年１月９日）

右記で福島廃炉処理センターとされているものは、「国際廃炉研究開発機構」（International Research Institute for Nuclear Decommissioning　ＩＲＩＤ、アイリッドと読むらしい）という名前で、実際に立ち上げられた。理事長は山名元《やまなはじむ》という京都大学原子炉実験所教授である（14年8月退任）。その目的は「将来の廃炉技術の基盤強化を視野に、当面の緊急課題である福島第一原子力発電所の廃炉に向けた技術の研究開発に全力を尽くす」となっている。国際という名前がついているので、ＩＡＥＡという核兵器を管理する団体も、いずれ参加するだろう。

さらに、吉野源太郎というジャーナリストの書いた「3・11から3年　トイレと姥捨て山――見えてきた〝福島〟の行方」から引用する。この文章は重要だ。特に、経済産業省のＯＢのことばが重要だ。

機は熟したとみたのか、政府は原発立地自治体である双葉、大熊両町に、福島県を介し

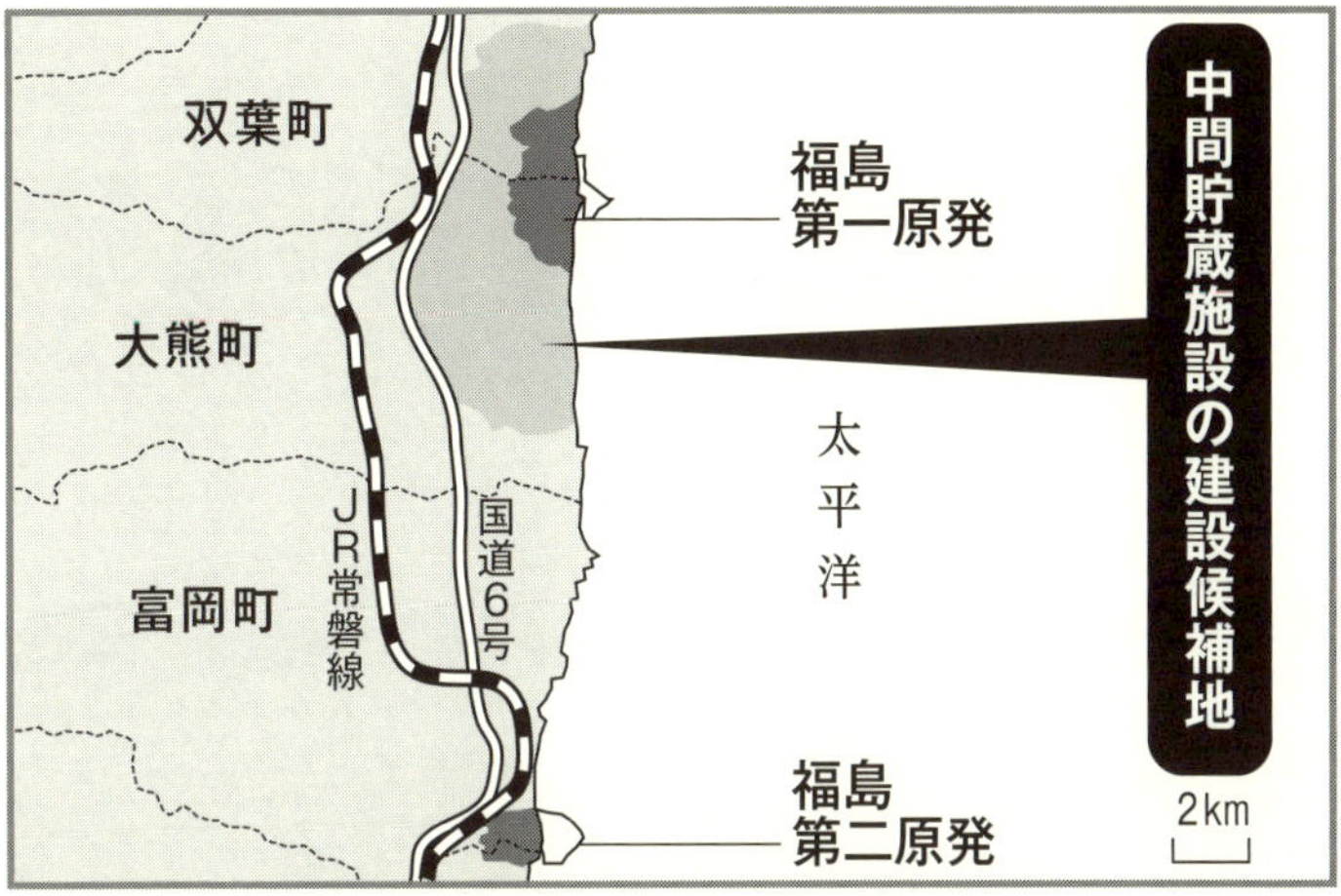

福島第一原発付近の中間貯蔵施設建設予定地

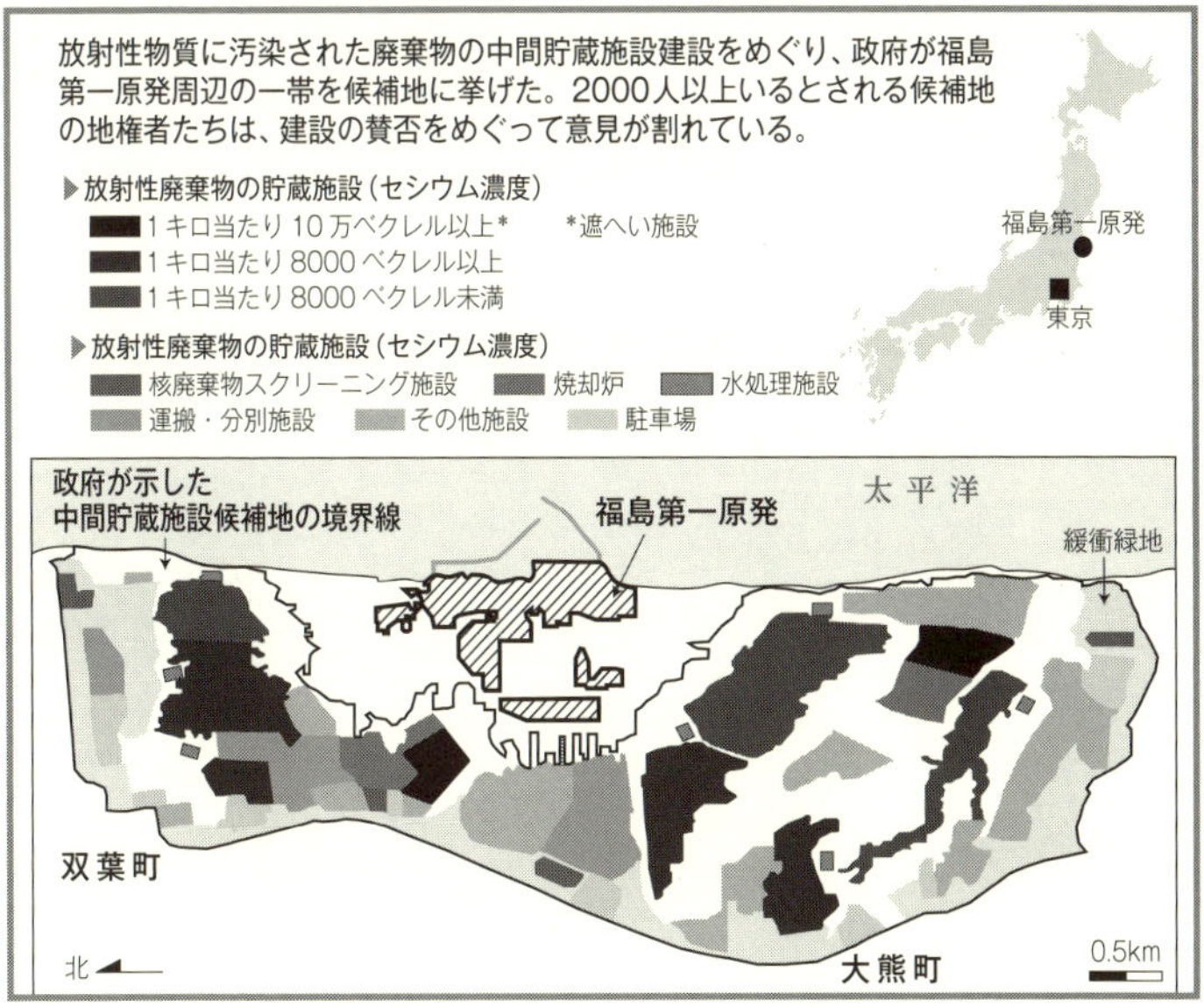

中間貯蔵施設のレイアウト（ロイターより引用）

て重大な提案を行った。**核廃棄物の中間貯蔵施設建設計画である。**両町は、まだ応諾してはいないが、おそらく時間の問題というのが地元の共通の見方である。両町の町長の態度があいまいだからではない。周辺自治体も、この成り行きに内心胸をなでおろしている。下手に不安を国に言い立てて自分のところにとばっちりがきたら元も子もない、というのが彼らの本音なのだ。

　これまた誰も口にしないけれど、この中間貯蔵施設が、何十年後かになし崩し的に最終処分施設に移行するであろうとの見方は、ほとんどの関係者の暗黙の共通認識である。今は「最終処分施設は県外に」と法律に明記してくれと両町は要求しているが、昔からつきあいのある経済産業省のＯＢは笑って言った。「**こうした注文は原発条件闘争の常套手段。交渉の当事者が誰も生きていない40年、50年後に、そんな文言を気にする者はいない。見てなさい、すぐ解決するから。それよりこれで〝トイレのないマンション〟と言われてきた原発にもトイレができることになった。これで原発再稼働の壁は越えた。双葉も大熊もよくやった。記念すべきできごとだ**」

（新潮社のｗｅｂサイトForesight）

「中間貯蔵施設」と「最終処分場」ということばが使われている。本来は、汚染された土壌を仮に置いておくのが「中間貯蔵施設」で、最後にその土壌を放棄する場所が「最終処分場」だ。

ところが、いつのまにか、汚染土壌問題と核廃棄物（高レベル放射性物質）問題がまぜこぜになっている。右の文章では、核廃棄物の中間貯蔵施設建設計画にすりかわっている。現時点ですでに、汚染土壌ではなく核廃棄物の処理計画なのかもしれない。我々にはわからない。

経済産業省のOBは「これで〝トイレのないマンション〟と言われてきた原発にもトイレができることになった。双葉も大熊もよくやった。記念すべきできごとだ」と述べたと書いてある。これは核廃棄物（高レベル放射性物質）の最終処分場のことだ。**50年後に福島第一原発付近は放射性廃棄物最終処分場になるという重要な証言だ。**「記念すべきできごとだ」ということばが、すべてを物語っている。

汚染土壌問題と放射性物質廃棄問題のすりかえの典型的な新聞記事を引用する。この記事では、最初は汚染土壌問題を取り上げていた。しかし、最後に高レベル放射性物質の最終処分場問題にすりかわった。全国紙である毎日新聞の記事だ。

「記者の目：放射性廃棄物の最終処分場問題＝袴田貴行」

◇福島の思い胸に皆で考えよう

「原発周辺は国が買い上げ、高レベル放射性廃棄物の最終処分場にするくらいのことを考えてもいい」。連載企画「この国と原発　第1部　翻弄《ほんろう》される自治体」（8月19〜25日朝刊）

で、福島第1原発事故に伴う警戒区域の元町議からこんな声が出ていることを紹介した。事故後、脱原発世論が一気に高まったが、最終処分場の問題の論議は深まっていないように感じる。この問題は避けては通れない、国全体の課題だ。避難生活が長期化している福島の人たちだけに可否判断を強い、苦悩させるのは酷だ。

◇避難住民が語る福島第1周辺案

震災後、取材班の一員として何度も福島県を訪れ、福島第1から半径20キロ以内の警戒区域への一時帰宅にも同行した。半径20~30キロ圏の緊急時避難準備区域は9月30日に解除されたが、警戒区域を解除する見通しは立たない。

過酷な現実を前に、ふるさとを追われた人から、悲壮な決意も聞こえてくる。双葉町から郡山市に避難している天野正篤さん(73)は、**帰郷の望みは捨て、原発周辺の汚染地帯を高レベル放射性廃棄物の最終処分場にすべきだという考えに行き着いた。**国に新たな土地で復興できるよう補償を求めていきたいという。天野さんは「晩節に入ってこれ以上の苦しみはないが、国家のために何ができるかを考えた時、それしか浮かばない。その代わり、要求すべきものは要求していく」と話す。(中略)

通常、「記者の目」欄は筆者の意見や主張を書いて締めくくる。だが、私にはそれができない。あまりにテーマが重く、明快な結論は浮かばないからだ。「**国策に翻弄された福島の**

被災者に、最終処分場まで押しつけるなどとんでもない」という思いは強い。だが、原子力という「パンドラの箱」を開けた以上、その後始末をしなければならないという現実も、直視する必要がある。今、国民に求められているのは、この深刻な課題に皆で向き合い、真剣に考えることだ。私も国民の一人として、そうしていきたいと思っている。（東京社会部）

（毎日新聞　２０１１年10月７日）

この記事では、「最終処分場まで押しつけるなどとんでもないという思いは強い」と言いながら、高レベル放射性廃棄物の最終処分場を福島第一原発付近につくることを巧みに誘導している。原子力業界の意向を受けた提灯記事である。

このような福島第一原発に放射性廃棄物の処分場をつくる考えを、隠すのではなく、はっきりと公表した国会議員もでている。田中康夫元衆議院議員や中田宏前衆議院議員がそういう発言をしている。小泉純一郎元首相の反原発もこの最終処分場の利権問題にからんでいるのだろう。実際、フィンランドの最終処分場オンカロまで視察に行った後に、反原発に転向している。

田中康夫元議員は、「日本を根っこから変える保守の会」という超党派の議員連盟についてのインタビューで次のように発言した。

質問：放射能とはエネルギー政策ですね。

田中：**と同時に「新しい方程式」による産業再生です。東京電力福島第一原子力発電所の周辺は半永久的に住める環境でない。そのことを政府は正直に伝えた上で、高レベル放射性廃棄物の最終処分場を設け、専門家をそこに集めれば、逆に原子力技術の世界的な拠点が生まれます。**

映画「100,000年後の安全」で紹介されたフィンランドの永久地層処分場「オンカロ」を遥かに超える、世界に通用するソフトパワーになります。同時に、フクシマでしか処理できない態勢になれば、それは安全保障上のハードパワーにもなります。

（現代ビジネス「超党派議員43人が参加　日の丸、君が代、靖国神社だけではない『保守』の本質を田中康夫に聞く」２０１１年10月５日）

田中康夫はリベラルな革新政治家だ。彼に右のように言わせることで、何か新しいモダンな施設ができるようなイメージが生まれる。それは「国際放射性廃棄物研究開発機構」とかいう名前で呼ばれるのだろう。

これですべてつながった。

「チェルノブイリ事故の10分の1の放射線放出量」も「77万テラベクレル」も「避難しないと

ガンになって死ぬ」という扇動も、すべてこのためだった。福島第一原発付近に住んでいた地元民が移住すれば、地元の人はいない。地元の人がいなくなれば、反対者もいなくなる。また、福島第一原発は海に面している。近くに港もある。したがって、海から直接モノを運ぶことができる。そして、何が運搬されたか、されているのかは、地元民がいないのだからわからない。つまり、海上から密かに放射性廃棄物を持ち込めるということだ。

前述の経済産業省のOBのセリフのように、40年、50年後に、ここに核廃棄物の最終処分場ができる。国際廃炉研究開発機構は、国際放射性廃棄物研究開発機構と名前を変える。次章に書くように米軍も関係している。最終処分場ができればアメリカの核兵器廃棄物もここに持ち込むつもりだろう。

〈参考資料：福島第一原発から放出された放射性物質の見積もり〉

福島第一原発からどれほどの放射性物質が放出されているのかを、一番、最初に見積もったのは、東電や原子力委員会、あるいは原子力安全・保安院ではなく、東大名誉教授の西村肇氏だ。２０１１年４月８日のことだった。

西村肇氏は記者会見を開いて、福島第一原発でどの程度の放射性物質が大気に放出されたかをこの日に発表した。西村肇氏の計算によれば、「放出されている放射性物質の量は1日あたり10テラベクレル、100日間そのまま放出しても1000テラベクレル、これは、チェルノブイリ事故の放出量の約1000分の1である」、という内容だった。

西村肇氏が用いた算出方法は、専門の大気汚染計算を使ったものだ。大気汚染計算では、汚染源での汚染物質の排気量から、拡散方程式という数式を適用して、離れた地点の汚染濃度を予測する。西村肇氏は、この関係を逆に適用し、飯舘村《いいたてむら》の空間線量率から、1日あたりに放出されている放射性物質の量を推定した。西村肇氏は四日市公害をはじめ環境汚染の影響範囲を調査研究する第一人者であり、官公庁では西村肇氏の計算の正確性は立証されている。

このモデルでは、放出された放射性物質は、煙（プルーム）のように、風下に向かって幅と高さを増しながら広がる。飯舘村で観測された空間線量率が10マイクロシーベルトで、これは130ベクレル／㎥に相当する。このとき、風速は2m／s（毎秒2メートル）であり、これはパスキルギフォードD条件と呼ばれている。この条件下では、風下の飯舘村では、放射性物質を含んだプルームは、およそ高さ200m、広さ2000m（2㎞）に広がるということがすでにわかっている。**ここから、福島第一原発から放出されている放射性物質が1日あたりに10テラベクレルであると西村肇氏は結論づけた。**この内容は、後に『現代化学』という雑誌に掲載されている。

西村肇氏が記者会見を開いた4日後の4月12日に、突然、原子力安全委員会と経済産業省原子力安全・保安院は共同で記者会見を開いた。福島第一原発から放出された放射性物質は37万テラベクレル（原子力安全・保安院）、あるいは63万テラベクレル（原子力安全委員会）であり、チェルノブイリで放出された放射性物質総量（520万テラベクレル）の約10分の1であると発表した。繰り返すと、テラというのは、ギガの1000倍、メガの100万倍で、兆だから1万テラベクレルというのは、ちょうど1京ベクレルに等しい。

わかりやすいように、保安院・安全委員会と西村肇氏の2つの計算をまとめたものを表1―1にした。

2つの計算結果にはものすごい差がある。しかも、西村肇氏は計算方法を明らかにしているのに対し、原子力安全・保安院と原子力安全委員会は発表時にはその内容を明らかにしなかった。西村肇氏は、2つの計算結果があまりに違うことに驚いて、原子力安全・保安院や原子力安全委員会にどんな計算をしたのかを、原子力関係の教え子を通じて問い合わせたそうだ。それに対する回答は一切なかった。

その後の5月12日に、放射性物質の排出量の算出方法が原子力安全委員会で報告された。また、実際にどのような計算をしたかの内容は『Journal of NUCLEAR SCIENCE and TECHNOLOGY』という、日本原子力学会英文論文誌に投稿されている。題名が〝Preliminary

	保安院	安全委員会	チェルノブイリ	西村肇計算
ヨウ素131	13万 テラベクレル	15万 テラベクレル	180万 テラベクレル	–
セシウム	6千 テラベクレル	1万2千 テラベクレル	8万5千 テラベクレル	–
セシウム (ヨウ素換算)	24万 テラベクレル	48万 テラベクレル	340万 テラベクレル	–
合計	37万 テラベクレル	63万 テラベクレル	520万 テラベクレル	1千テラベクレル (10テラベクレル/日)

表1—1：福島第一原発から放出された放射性物質の発表の違い。西村肇氏の計算ではわずか1000テラベクレルである

Estimation of Release Amounts of ^{131}I and ^{137}Cs Accidentally Discharged from the Fukushima Daiichi Nuclear Power Plant into the Atmosphere"（福島第1原発から事故により大気中に放出されたヨウ素１３１とセシウム１３７の予備的な見積もり）だ。実際に計算したのは、原子力安全・保安院と原子力安全委員会ではなく、日本原子力研究開発機構の研究員だ。

この論文の投稿日は4月27日だ。だから、原子力安全・保安院や原子力安全委員会はこの論文を西村肇氏に送ればよかった。どういう政治的な圧力がかかったのかは謎だ。

原子力安全・保安院や原子力安全委員会で、実際にどのように計算されたのかを見てみる。計算方法は、西村肇氏の方法とほぼ同じだ。ただ、どれくらい拡散している、つまり広がっているかは、ＳＰＥＥＤＩというコンピュータシミュレーションを使っている。

左の表がその計算結果（表１―２）だ。左から4列目のRelease rateと書いてあるものが、１時間にどれほどの放射性物質が放出されたかを計算したものだ。ほとんどの値は、およそ10の14乗になっている。この単位は「百テラベクレル」だ。例えば2行目の№２に「3.5×10^{14}」と書いてある。これは1時間に３５０テラベクレル放出されたことを表している。西村肇氏の計算値よりかなり高い値だ。ＳＰＥＥＤＩというコンピュータシミュレーションは誤差が多く、ある場所の放射性物質量を正確には決められないことから、この違いがでたと私は考える。西村肇氏はプルームの中心が飯舘村になると正確に読み取って値を計算した。その

Table 2 Preliminary estimated release rates of ^{131}I, ratioactivity ratio of $^{131}I/^{137}Cs$, and duration times

Dust sampling data No.	[Bqm^{-3}]	Calculations [Bqm^{-3}]	Release rate [Bqh^{-1}]	$^{131}I/^{137}Cs$	Released time of sampled air	Duration
1	6.8	3.0×10^{-13}	2.3×10^{13}	10	3/14 21:00	3/12 10 to 3/14 23
2	2,800	8.0×10^{-12}	3.5×10^{14}	8.8	3/15 1:00	3/14 23 to 3/15 09
—	Estimated from air dose rate		1.0×10^{16}	10	3/15 13:00	3/15 09 to 3/15 15
3	830	4.0×10^{-12}	2.1×10^{14}	70	3/16 4:00	3/15 15 to 3/17 06
4	33	8.0×10^{-14}	4.1×10^{14}	41[b)]	3/18 8:00	3/17 06 to 3/19 15
5	1,900	5.0×10^{-12}	3.8×10^{14}	11	3/20 22:00	3/19 15 to 3/21 03
6	1,420	1.0×10^{-11}	1.4×10^{14}	131[c)]	3/21 8:00	3/21 03 to 3/21 21
7	410	1.0×10^{-12}	4.1×10^{14}	87[c)]	3/22 9:00	3/21 21 to 3/22 23
8	355[a)]	5.0×10^{-13}	7.1×10^{14}	80	3/23 12:00	3/22 23 to 3/24 00
9	193	1.0×10^{-12}	1.9×10^{14}	66	3/24 12:00	3/24 00 to 3/25 00
10	555	1.0×10^{-11}	5.6×10^{13}	45	3/25 12:00	3/25 00 to 3/26 11
11	20	5.0×10^{-12}	4.0×10^{12}	23	3/27 9:00	3/26 11 to 3/28 10
12	75	1.0×10^{-11}	7.5×10^{12}	1.6	3/29 10:30	3/28 10 to 3/30 00
13	180	1.0×10^{-12}	1.8×10^{14}	1.3	3/30 14:00	3/30 00 to 3/31 00
14	24	1.0×10^{-12}	2.4×10^{14}	5.3	3/31 9:30	3/31 00 to 3/31 22
15	1.78	1.0×10^{-12}	1.8×10^{12}	1.1	4/1 9:30	3/31 22 to 4/02 09
16	8.84	5.0×10^{-12}	1.8×10^{12}	3.1	4/3 8:00	4/02 09 to 4/04 09
17	6.99	1.0×10^{-11}	7.0×10^{11}	4.9	4/5 10:00	4/04 09 to 4/06 00

a) Two hourly data, 530 and 180Bqm^{-3}, were averaged.
b) Interpolated from the ratios of Nos. 3 and 5because only ^{131}I was mesured.
c) Applied the $^{131}I/^{137}Cs$ ratio mesured at other points because only ^{131}I was mesured.

表１―２：日本原子力研究開発機構によるSPEEDIによる放射性物質放出量の計算結果。№.２と３の間の放出量だけが毎時１万テラベクレルと異常に高くなっている

差がでている。しかし、そのように高めに見積もっても、1時間あたり数百テラベクレルの放出だ。

この表で重要なのは、上から3番目の3月15日のデータだ。ここだけが大きく、他よりも2ケタ大きくなっている。「1.0×10^{16}」というのは、1万テラベクレル、他の約100倍だ。それが3月15日の午前9時から午後3時まで、6時間ほど続き、6万テラベクレルが大気に放出された、と計算している。他は2ケタ少ない放出量だ。だから、ここでの放出量が全体の放出量を大きく左右する。

ところが、このデータだけ他のデータと計算方法が違う。「Estimated from air dose rate」と書いてある。後に報告された空間線量率から見積もったようだ。論文の文章から読むと3月15日の雨で降下した放射性物質の量を、3月17日の空間線量率から類推し導出したようだ。

正直に言うと、私にはこの計算方法を取った根拠がよくわからない。推測すると、飯舘村付近の土壌には多量の放射性物質がある。これが先ほど示した土壌に含まれる放射性セシウムや放射性ヨウ素だ。この計算では、放射性物質がそのままこの土壌に流れてきたと仮定したようだ。西村肇氏の計算では10テラベクレルで130ベクレル/m^3程度がながれてくる。130万ベクレル/m^2が土壌に付着しているならば、10万テラベクレル放出されたことになる。しかし、それは雨により上空の放射性物質が降下・付着したもので、直接、プルームとして流れてきたものではない。

８月22日に日本原子力研究開発機構は、この上記の計算の訂正を出した。これが「福島第一原子力発電所事故に伴う ^{131}I と ^{137}Cs の大気放出量に関する試算Ⅱ―3月12日から15日までの放出率の再推定―」という報告書だ。

この中に「^{131}I放出量が（4月に発表した計算から）1／5～1／2になった」とはっきり書いてある。どう考えても、最初の見積もりは高過ぎる。「この種の評価方法の誤差（少なくともファクター5程度）を考えると、双方が誤差範囲内とも解釈できる」とも書いてある。5倍値が違っても計算の誤差だとはっきり述べている。

また、「朝7時から10時まで $2*10^{15}$Bq/h（^{131}I）程度の放出があり」とも書いてある。これは、1万テラベクレル（$1*10^{16}$Bq/h）という最初の計算値の1／5だ。しかも最初の報告では朝9時からだったが、突然、訂正では2時間繰り上げて朝7時からになっている。理由は書いていない。

さらに、「13時から17時ごろにかけて、再び $4*10^{15}$Bq/h（^{131}I）の放出があったと推定される。正門付近での空間線量率時変化や2号機圧力動（低下）も、この放出を示唆している」と書いてある。

この報告書には、福島第一原発付近の空間線量率が図に示してある。この図1―1のAとB

のところのAが「朝7時から10時まで$2*10^{15}$Bq/h（^{131}I）程度の放出があり」に、Bが「13時から17時ごろにかけて、再び$4*10^{15}$Bq/h（^{131}I）の放出があった」に相当する。図から、はっきりと放出量はどんどん低下して、Bではほとんど放出されていない。それなのに、午前の2000テラベクレル／時が、午後の4000テラベクレル／時と、逆に2倍に増加している。さらに、おかしいことは、放出時間を勝手に延長して、最初の報告では午後3時までの放出だったのが、訂正では午後5時までとしている。図1―1からみても、放射性物質の午後の放出は、午前の放出に比べれば、微量だったはずだ。

以上の説明で、原子力研究開発機構の計算では最初から極めて高く放出量を見積もっていたことがわかる。だから値がどんどん下がっていく。仕方がないので、放出時間を長く見積もり、できるだけ当初の値に近づけようとしている。

東京電力内部でも、この「15日では毎時800テラベクレル」と計算していたようだ。新聞記事から一部を引用する。

「東電：福島第一原発の放出放射線量、毎時0・1億ベクレル」

東京電力の松本純一原子力・立地本部長代理は11日夕の記者会見で、福島第一原子力発電所の放出放射線量について、**毎時0・1億ベクレルと事故直後に比べ8000万分の1**

福島第一原子力発電所の正門で測定された空間線量率の推移

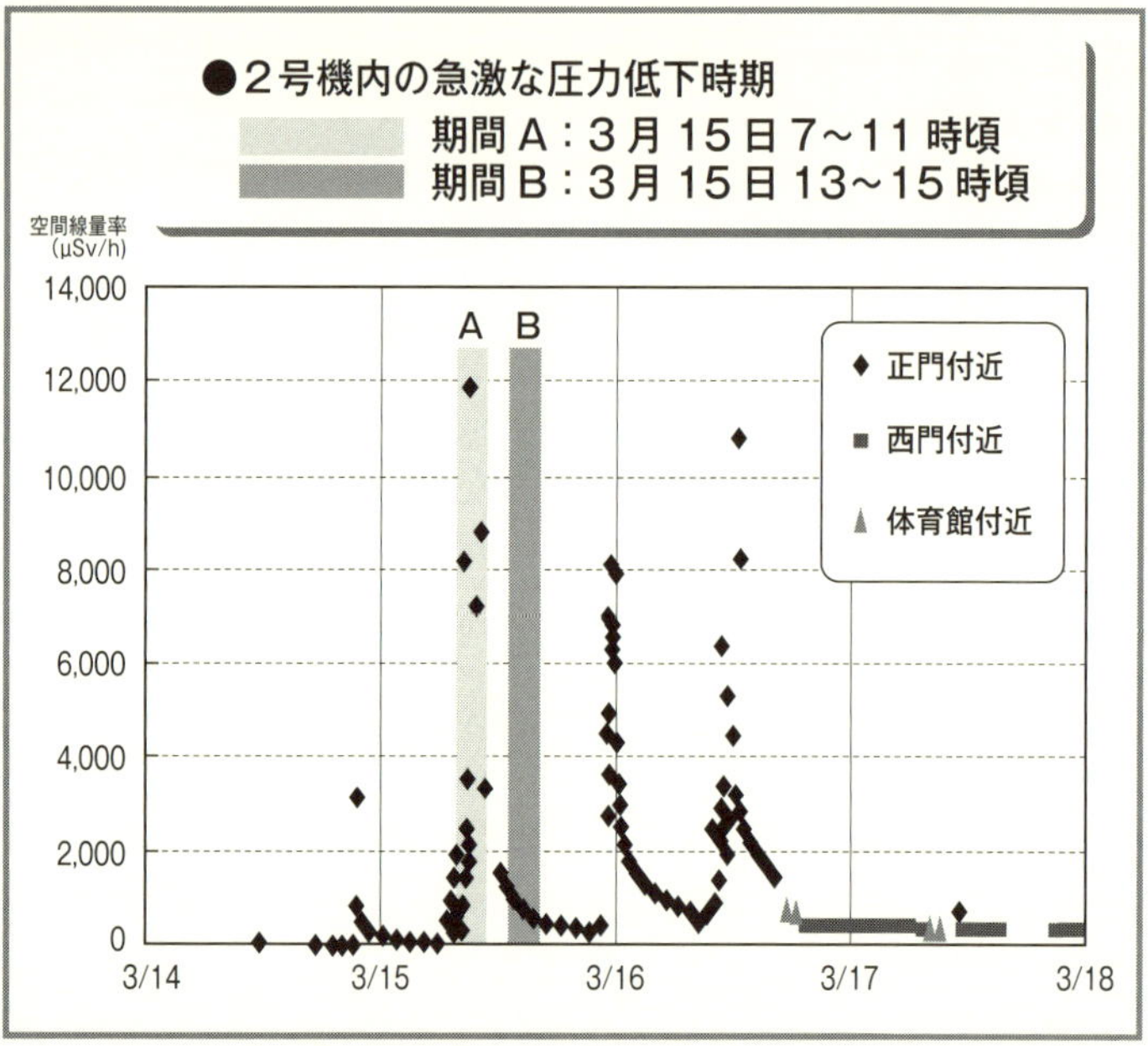

図1—1：「福島第一原子力発電所事故に伴う ^{131}I と ^{137}Cs の大気放出量に関する試算Ⅱ」という訂正の報告書内にある福島第一原発付近の空間線量率。Bでは放出がほとんどみられないのに、1時間に4000テラベクレルもの大量の放射性物質の放出があったことになっている

になっていることを明らかにした。（ブルームバーグ　2012年3月11日）

「0.1億×8000万」で、800テラベクレルだ。東京電力では放出量の見積もりを毎時800テラベクレルにしていたことがわかる。

東京電力からの発表だけだと、彼らが責任逃れにより少ない見積もりを出している可能性がある。しかし、少ない見積もりは、実はIAEAからも発表されている。左の図1―2はセシウム137の放出量の見積もりを比較したゲルハルト・ウォタワ博士（ZAMG/DMM）という人が作成したグラフだ。ただし、放射性物質の総放出量ではなく、セシウムのみだ。

2011年3月26日にIAEAが、かなり少ない量の見積もりを出していることがこのグラフからわかる。1ペタベクレル以下、つまり数百テラベクレルだ。

このような少ない見積もりが事故直後にはあった。ところが、後からコンピュータシミュレーションによる放出量計算に関する報道が出されるにつれ、このような見積もりが消えた。

その後、放出量がチェルノブイリと同等であるというコンピュータシミュレーション結果が、実際に外国の研究機関から出ている。どうやら、放出時間をかなり長く見積もり、大量の放射性物質が出たと算出しているようだ。

外国の研究機関は「日本特有の3月の事情」を考慮していないので、このような長期間にわ

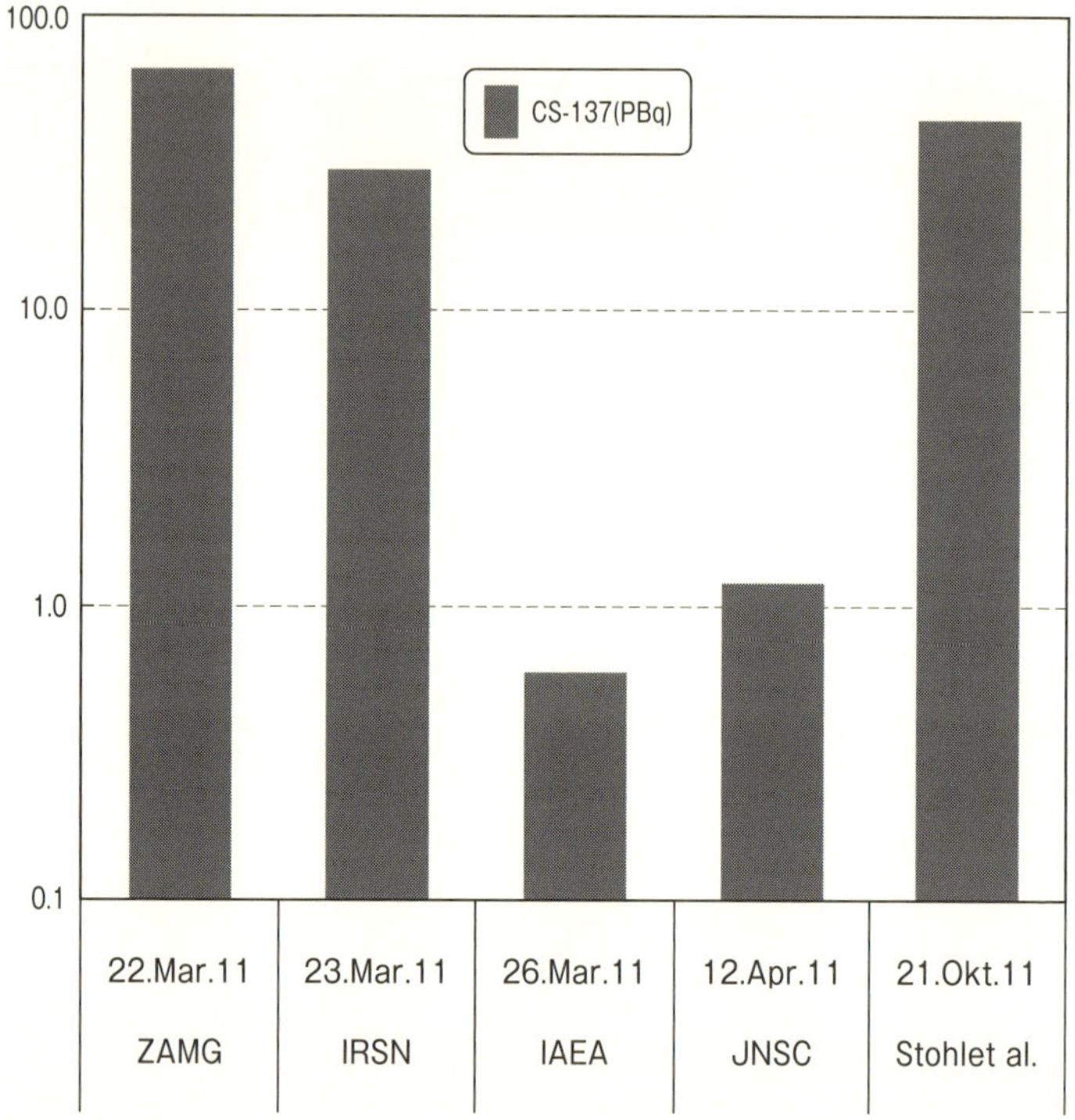

図1—2：ゲルハルト・ウォタワ博士がつくったセシウム137の放出量の比較。2011年3月26日のIAEAの見積もりではセシウム137の放出量は数百テラベクレルである。

たり放射性物質が放出されたことになったのではないかと私は疑っている。日本特有の3月の事情とは、スギ花粉の飛散だ。3月15日から16日にかけて放出された放射性物質は、近隣の杉林に飛散した。当然、放射性物質はスギの花粉にも付着する。そして、3月下旬にかけて関東一円でスギ花粉の大量放出があった。特に3月21日から22日に、大量のスギ花粉が東京や南関東に到着したことがわかっている。それが、誤って福島第一原発から直接放出されたものと見られたのではないかと私は考えている。実際、福島第一原発の近隣の測定ポストでは空間放射線線量はほとんど変化がない。

以上まとめると、放射性物質の大量放出は3月15日と16日の3回、各々数百テラベクレル程度ということになるだろう。

参考文献

高田純、『福島　嘘と真実　東日本放射線衛生調査からの報告』、医療科学社
MATTHEW L. WALD, "Sizing Up Health Impacts a Year After Fukushima" NYTimes.com
"First detailed analysis of Fukushima Daiichi nuclear disaster's global health effects", News Medical, July 18, 2012
西村肇、神足史人、『理論物理計算が示す原発事故の真相』（現代化学、２０１１年5月号）、第31回原子力安全委員会資料第４―２号

Chino et al."Preliminary Estimation of Release Amounts of ^{131}I and ^{137}Cs Accidentally Discharged from the Fukushima Daiichi Nuclear Power Plant into the Atmosphere", Journal of NUCLEAR SCIENCE and TECHNOLOGY, 48, 1129 (2011)

日本原子力研究開発機構、『3月12日から15日までの放出率の再推定』、平成23年8月22日

Gerhard Wotawa, "Simulation of the transport of radioactivity from the Fukushima nuclear accident", Herbstkolloquium der Österreichischen Geophysikalischen Gesellschaft, GBA, Wien, (2011)

A. Stohl1 et al.,"Xenon-133 and caesium-137 releases into the atmosphere from the Fukushima Dai-ichi nuclear power plant: determination of the source term, atmospheric dispersion, and deposition" Atmos. Chem. Phys., 12, 2313, (2012)

第2章

理科系の目からみた福島第一原発事故(2)

マスコミが伝えない原発事故の真実

前章では、いかに放射性物質の放出が高く見積もられているかについて記述した。

この章では、項目別に、マスコミが取り上げてこなかった5つの事実について取り上げる。

これらを見ることで、福島第一原発で本当は何が起きていたのかを、はっきりと理解することができる。

① 福島第一原発の1号機は、電源車の電源をつないだために水素爆発を起こした。
② 3月15日に大量の放射性物質が福島第一原発から放出されたのは、班目委員長の指示によるものだろう。
③ 官邸はなぜSPEEDIの情報を流さなかったのか。
④ 放射性廃棄物最終処分場を建設する行政法人NUMO（ニューモ）によって、放射性物質土壌汚染地図はつくられた。
⑤ 地上の放射性セシウム量からがん罹患《りかん》率を求めたトンデル氏は、自分の論文が間違いだった、つまり、放射性セシウムはがんの原因にはならないことを2014年の論文ではっきりと認めた。

これら5つの事実である。

福島第一原発の1号機は電源車の電源をつないだために水素爆発を起こした

2011年11月および2012年7月に東電、事故調査委員会から、福島第一原発事故の詳細なレポートが出た。また国会事故調査委員会報告書で最終報告が行われた。

最初の頃のレポートに、Institute of Nuclear Power Operationsという団体が出した英語版がある。この報告書を読むと、1号機の爆発前に、実は、電源車が電源を供給する準備ができていて、SLC (standby liquid control system) と呼ばれるホウ酸水入りの緊急冷却装置が作動直前だったことがよくわかる。マスコミで報道されていない重要な事実だ。次に記すのは、この英文の報告書に掲載された、1号機が水素爆発する直前の報告文だ。

Work to install a temporary generator, which would provide power to the Unit 2 standby liquid control and control rod drive pumps, was nearing completion. This power could be cross-tied to the Unit 1 systems, providing injection sources in Unit 1 as well.

——2号機のSLCと制御棒駆動ポンプに電源を供給する電源車を配置する作業はもうすぐ終了する。**この電源は1号機にもつなげ、1号機の注入源にも使える。**

このように、電源車が1号機と2号機に接続されていた。原子力の専門家は、自衛隊が出動して電源車が配置されれば事故にはならなかったと言っている。しかし、そうではない。電源車は福島第一原発に到着していて電源供給の直前だった。

さらに、1号機で起きた事象の時系列を引用する。

12-Mar　15:18
The government was informed that the standby liquid control system was being recovered to allow borated water to be injected into the reactor as soon as the system was operable. Seawater injection into the reactor through the fire protection piping was also planned to start as soon as the lineup was competed and power was available.

――3月12日15時18分　**政府はSLCシステムが復旧し、システムが動けばすぐにホウ酸を含んだ水を注入することができると知らされた。**さらに、防火用のパイプと通じた原子炉への海水の注入が、ラインができ電源が可能となれば、すぐに始まるように計画された。

12-Mar　15:30
Work to provide temporary power from a mobile generator to the Unit 2 standby liquid

control system was completed.

――3月12日15時30分　**電源車から2号機のSLCに電源を供給する電源確保の作業が完了した。**

12-Mar　15:36

A hydrogen explosion occurred in the reactor building (secondary containment).

――3月12日15時36分　**水素爆発が原子炉建屋（二次封じ込め）で発生した。**

「政府はSLCシステムが復旧し、システムが動けばすぐにホウ酸を含んだ水を注入できることを知らされた」とある。これは多分2号機を意味しているが、1号機でもあと少しで冷却可能だった。緊急冷却されれば、さらに何時間か原子炉は冷却保持されていたことは間違いない。

この1号機2号機の緊急冷却システムが稼働する寸前だったという情報は、ほとんど報道されなかった。そこから、「1号機の爆発は、そもそも、この緊急冷却装置のコントロールシステムを稼働した結果ではないか」と私は推測した。実際、先の引用文から2号機だけでなく、1号機の緊急冷却システムも稼働直前だったことがわかる。一刻を争っていた状況だから、1号機も電源をつないで稼働したことはそれほど不思議なことではない。その結果が1号機の爆発だったのではないか？

「5分前に冷却水（ただしここでは、海水になっている）を注入可能になった直後に爆発した」という現場にいた人の記述もある。

現場の東電社員は海水を注入して**原子炉を冷却しようと準備を進めたが、注水準備ができた5分後、1号機が爆発した。**

（『ニューズウィーク日本版』2012年3月14日号「使い捨てられたフクシマ50の告白」より）

情報が交錯していて、SLCの注水準備が、海水の注水準備と間違って記載された記事だと考えられる。

2012年7月23日に発表された国会事故調査委員会の報告書がある。当該箇所を詳細に読むと、やはり、5分前にSLCの注水準備が完了したことが記されている。また、この報告書では、「爆発前に爆発該当箇所に電源車による電源が接続され」とはっきり記され、さらに驚いたことに、爆発時に電流が流されていたことまでもが書かれていた。

電源車を起動したと思われる**同日15時から同日15時10分にかけての頃には1号機R／BのMCCまで受電が完了しており、**中央制御室における操作が必要なSLC設備への電気

回線自体は接続されていないものの、1号機R／B内に敷設され、かつ、受電完了したMCC下流側にあるSLCその他の電気設備に接続された電気ケーブルの一部に電流が流れ始めていたと考えられる。

（「東京電力福島原子力発電所における事故調査・検証委員会最終報告書」61ページ）

先に引用したInstitute of Nuclear Power Operationsという英語の報告書の書き手は、明らかに「電源車をつないだことにより爆発した」可能性を意識して記している。今後、同様のトラブルが他の原子力発電所で起きた場合、電源復旧にあたっては水素爆発を考慮しなければならないからだ。安易に電源復旧すれば水素爆発する可能性があるということを次世代に伝えなくてはいけない。

逆に「電源車をつないだことにより爆発した」と考えると、いろいろつじつまが合う。例えば、1号機の爆発は3号機よりも小さかった。これが説明できる。1号機に溜まった水素は、自発的に水素爆発するいわゆる「臨界量」に、まだ到達していなかった。だから爆発は小規模だったということだ。3号機が1号機よりも大きな爆発をしたことを取り上げて、「3号機は核爆発をした！」と騒いでいる人たちがいる。真実は1号機の水素量は少なかったので、3号機より爆発が小さかったということだ。

なお、報告書には、1号機が爆発したため電源車がつかえなくなり、2号機のSLCが動かなくなった、そのため吉田所長は非常に落胆したと記されている。これにより、2号機の冷却が簡単ではなくなったためだ。それが3月15日の放射性物質の大量放出へとつながっていく。

3月15日に大量の放射性物質が放出されたのは班目委員長の指示によるものだろう

この3月15日の朝の放射性物質大量放出が、福島第一原発事故のクライマックスだった。なぜなら、このとき初めて、吉田所長は70人を残して残りの従業員の撤退を命じたからだ。後に、朝日新聞が「従業員が吉田所長の命令に従わずに撤退した」と報道して物議をかもし出したのもこのときだ。福島第一原発敷地内の放射線量もこのとき異常に増えた。だから、吉田所長はこの3月15日早朝、2号機の圧力容器が「水蒸気爆発した」と思ったはずだ。

様々な報告書のうち、東電の報告書によくわからない記述がある。次の記述もその1つだ。これは、2号機のベント（原子炉で、原子炉圧力容器や原子炉格納容器内の圧力が異常に上昇した場合に、内部の気体を排出し、圧力を降下させること）に関する現場と原子力委員会とのやりとりだ。先ほど書いたように、2号機の冷却システムが働かなくなり、3月14日に2号機の圧力容器の圧力が高まり、圧力容器ごと爆発する危険が出てきた。このときの現場と原子力委員会とのやりとりがこの資料だ。

「2号機の減圧・代替注水に向けた方針の比較」（資料Ⅳ―28）

吉田所長の意見

【懸念】2号機のS／Cの水温、圧力が非常に高くなっていたため、SR弁から放出された蒸気が凝縮されず、原子炉減圧が十分なされないばかりか、S／C破損のおそれがある

【方針】**S／Cベントラインを構成して、S／C内の圧力の逃げ道を確保し、原子炉圧力容器を減圧した上で、注水を実施**

班目委員長の意見

【懸念】2号機に注水されない状態が続いていたため、燃料が損傷し、原子炉圧力容器が破損するおそれがある

【方針】**S／Cベントラインの完成を待つことなく、早期に原子炉圧力容器の減圧操作をして、注水を実施**

（東電報告書より引用）

S／C（サプレッションチャンバー、圧力抑制室の略）と呼ばれる下部のところに水が大量

にある。だから、S／Cベントとは、ここを原子炉内のガス中の放射性物質を通し放射性物質を水に溶かして除き排出することを言う。この一連の配管ラインをS／Cベントラインという。よく知られているように、放射性物質で問題になるのは、ヨウ素とセシウムだ。この両物質は水によく溶ける。だから、水に通すことで、これらの放射性物質の大部分を取り除ける。吉田所長は水に通すべきだと進言した。ごく当たり前の意見である。

しかし、それに対して班目委員長は、「そんな悠長なことをしていないで、すぐに圧力容器から直接ベントしろ」と命じた。そうすると、当然、大量の放射性物質（ヨウ素とセシウム）が外部に放出される。付近の住民が被曝する。しかし、爆発するよりは確かにマシだ。

ただし、公式には2号機はベントを失敗し、ベントはなかったことになっている。だから、こんなやりとりを報告書に載せる理由は何もない。

ところが、実は、3回の大きな放射性物質の放出があったことがわかっているが、これらはすべてベントによる放出にしか見えない。放出されたときの空間放射線量をみると、高い放射線量がすぐに低くなる不思議なパターンだ。これらはすべて、ベントのときの放出パターンと同じだ。穴が空いて漏洩しているなら、もっとダラダラと下がり、長いテール（尾）を引くはずだ。この3回の大きな放出が、本当はベントだったのではないかと、ブログ（http://blog.livedoor.jp/toshi_tomie）で、何回も指摘している人もいる。経産省傘下の独立行政法人産業

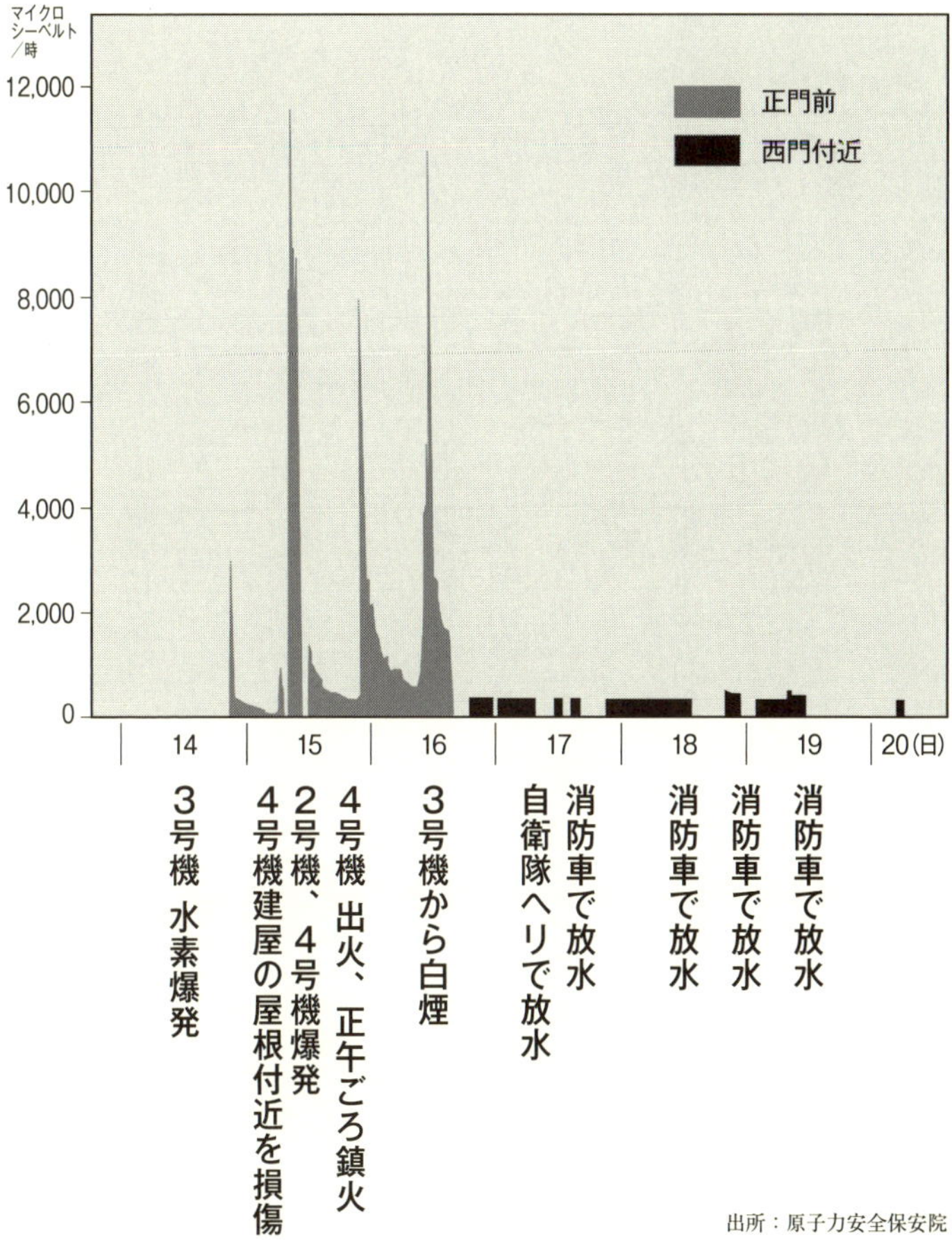

出所：原子力安全保安院

図2―1：福島第一原発前の放射線量。グラフから3回大きな放出があったことがわかる。これら3回の大きな放出は、1号機、3号機の水素爆発とは異なる時間に報告されている。

技術総合研究所の研究員の富江敏尚氏だ。

先ほどの国会事故調査委員会報告書にも「保安院は平成24年3月に公表した前掲「東京電力福島第一原子力発電所事故の技術的知見に関する『中間とりまとめ』」の中で、この頃、2号機について、ラプチャーディスクが作動してD／Wベントが成功したことによって放射線量が上昇した可能性を指摘する」（政府最終報告（資料編）p117）との記述がある。この後の文で、その可能性を否定しているが、2012年3月ごろまでは、3月15日付近の高い放射線量は、ベントによるものだと考えていたことに間違いない。

以上から、私は、3月15日の放射性物質の大量放出は、ベントの妨げになっていたラプチャーディスクと呼ばれる配管内の圧力隔壁が破れ、ウエットベントしない（つまり水に通して放射性物質を取り除いていない）放射性物質が、直接放出されたと考える。

そして、**重要なのは、もしそうなら、ベント時に放射性物質が多量に含まれていた理由は、班目委員長の指示であったことが、東電の資料にははっきり示されていることだ。**だからベントで放射性物質が放出されたとなれば、班目委員長の責任は重大だ。放射性セシウムと放射性ヨウ素の放出は、彼の指示によるものだということになるからだ。

官邸がSPEEDIの情報を出さなかった理由

先ほど書いたように、この3月15日の朝の大量放出が福島第一原発事故のクライマックスだ。吉田所長は70人を残して残りの従業員の撤退を命じた。放射線量もこのとき異常に増えた。吉田所長は、この3月15日早朝、2号機の圧力容器が「水蒸気爆発」したと思ったはずだ。

さて、「SPEEDIに関する情報が出なかった」ということで、政府が情報を隠蔽して福島県民が被曝してしまったということになっている。SPEEDIとは「緊急時迅速放射能影響予測ネットワークシステム」のことで、放射性物質が排気されたときに、放射性物質の大気中濃度および被曝線量などを予測するシステムだ。このデータを、事故時に政府は公表しなかった。

しかし、SPEEDIは放射性物質の放出量が確定しないと、風の向きを予測するだけだ。これだけでは意味がない。放射性物質の放出量が確定してはじめて、重要な情報となる。放射性物質が放出されていないとき、あるいは、放出量がごく微量のときに予測を出しても不安を煽るだけだ。

しかし、この3月15日の朝だけは違った。吉田所長が従業員の撤退を命じたことから考えても放射性物質の大量放出があったと関係者が把握していたことは明らかだ。このときのSPEEDIの放射性物質の予測情報は極めて重要だったはずだ。

そして、ほとんど明らかにされていないが、このときのSPEEDIの予測は、茨城・千葉・東京方面への放射性物質の大量放出だった。左に放射線量分布の予測図を示す。図は朝10時のSPEEDIの予測だ。北西（飯舘村《いいたてむら》の方向）に流れていったように思われているが、午前はこのように南西方向に流れていた。北西に変わったのは午後からだ。

実際は、2号機の圧力容器は無事だった。前章で議論したように大量放出はなかった。

しかし、3月15日の朝の時点ではわからなかったはずだ。**だから、官邸や政府は、本来は、3月15日の朝にSPEEDIの予測をマスコミに公開して、茨城・千葉・東京の全住民に屋内待避を命じるべきだった。**

でも、当然、できなかった。茨城・千葉・東京の住民がパニック状態に陥るのは明らかだったからだ。

最終的には、この事実は隠蔽されなくてはならなかった。予測をなぜ公開しなかったか責任問題になるからだ。これが、官邸が以後一貫してSPEEDIに関して情報を出さなかった（出せなかった）最大の理由だと私は考える。

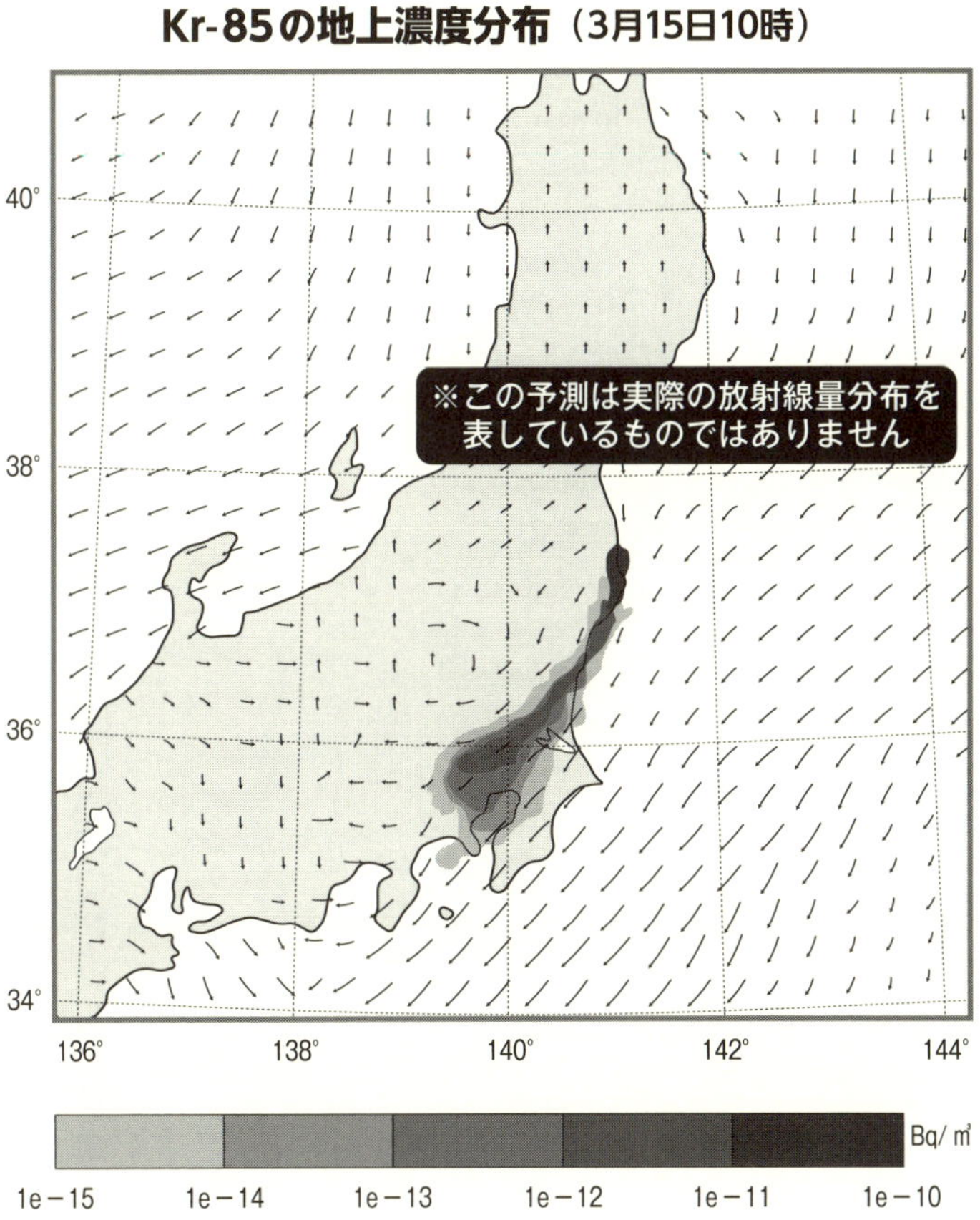

図2―2：3月15日10時のＳＰＥＥＤＩ計算。関東地方に多量の放射性物質が流れ込むことが予測されていた。

放射性廃棄物の最終処分場を探す行政法人NUMO（ニューモ）によってつくられた土壌汚染地図

震災から約2ヵ月が経過した2011年5月以降、放射能土壌汚染の実態が測定され、報告された。左の図は、2011年5月8日に文科省が発表したセシウム137の土壌濃度の図だ。左の図は栃木もふくまれているので、9月18日になっているが同じものだ。3000Kは「3000×1000」で300万をあらわす。

「福島は、チェルノブイリを越えた!!」というタイトルをつけた記事が、そのころ見受けられた。これは、この図を根拠にしている。例えば、フランスの放射線防護・原子力安全研究所（IRSN）が、このデータに基づいて、「福島第一原発事故は、チェルノブイリ級だ」という報告書を出している。「フランスも福島第一原発事故は、チェルノブイリ級だと指摘している！」と騒いでいる人たちがいた。元をたどれば、このIRSNが引用しているデータも、この図2―3だ。したがって、この図から、「福島は、チェルノブイリを超えた！」という情報が世界をかけまわっている。

実際、この図で最も濃度が高いところのセシウム濃度は300万ベクレル／㎡を超えている。

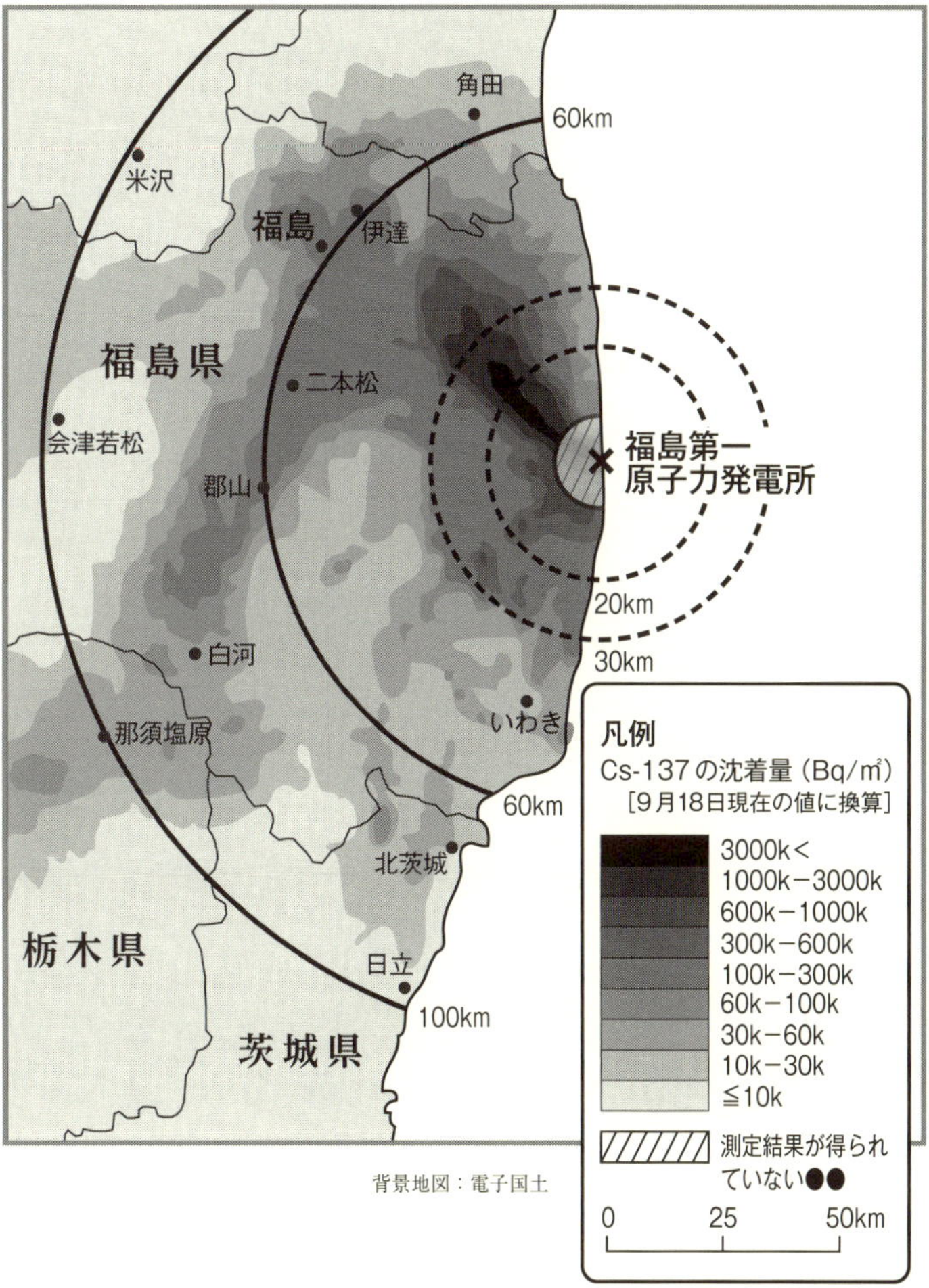

背景地図：電子国土

図2－3：セシウム137の土壌濃度（2011年5月8日：文部科学省の発表）

非常に高い値だ。このとき同時に発表されたセシウム134とセシウム137を合わせた図では最高3000万ベクレル/㎡になっていた。

実はこの図は、直接の土壌濃度を測定したものではない。空間の放射線線量（マイクロシーベルト毎時であらわされる量）を土壌放射線量へ変換した値だ。具体的には、換算係数を1マイクロシーベルト/時あたり28万2000ベクレル/㎡（ベクレル平方メートル）として計算したものだ。米国エネルギー省（実際は米軍）が、何度も上空から空間の放射線量を測定している。その測定値に、この換算係数をかけて計算した。

しかし、この計算では、上空からモニターしているので放射線の線量そのものが高めにでるなど、いくつかの問題点がある。

特に、一番の問題点は、この測定と計算を実際に行った団体と人物だ。米国エネルギー省の発表となっているが、実際に測定したのは米軍だ。初期の図では、在日米空軍による測定とはっきり出ていた。そして、何にもまして問題があるのは、この土壌汚染度を試算したのが、原子力発電環境整備機構の河田東海夫《かわたとみお》氏だということだ。

「福島の土壌汚染、一部チェルノブイリ並み　原子力委で報告」

東京電力の福島第1原子力発電所事故で放出された放射性物質による土壌汚染が、福島県の一部で旧ソ連・チェルノブイリ原発事故の濃度に匹敵することが分かった。24日に開かれた国の原子力委員会で報告された。周辺住民の避難を解除するには土壌の修復が欠かせないという。

土壌汚染を試算したのは、経済産業省の認可法人の原子力発電環境整備機構の河田東海夫フェロー。事故から2カ月間に文部科学省などが調べた空間放射線量や土壌モニタリング調査を参考に、原発周辺の土壌に含まれる放射性セシウム量を推計した。地表から5センチメートルの深さを基準とした。

（日経新聞　2011年5月24日）

この河田東海夫氏が属するのは原子力発電環境整備機構という団体だ。**実はこの団体は、高レベル核廃棄物の最終処分場を建設するための外郭《がいかく》団体だ。日本語では「原子力発電環境整備機構」と誤魔化している。英語は、NUMO（Nuclear Waste Management Organization of Japan）だから、訳せば「日本核廃棄物管理機構」だ。つまり、核廃棄物の最終処分場をつくって管理するために設立された団体だ。**

米軍のデータを使って、核廃棄物の最終処分場建設を目的とした団体が、高い土壌汚染を発表する。ここから、前回見てきたように、高い放射性物質（特にセシウム）が土壌に蓄積されているという噂と、高レベル放射性物質の最終処分場が大きくつながっていることが見えてくる。

実際に、その後、この河田東海夫氏のデータにより東日本一体が放射性物質で汚染されていることになった。左の図だ。放射能による土壌汚染というのは、まだら模様になる。水が溜まるようなところは、周りの放射性物質をすべて集めたスポットになり、その地点の放射性物質の測定値は非常に高くなる。だから、この図のような高い場所が各地に存在するのは確かだが、平均すれば、もっと低くなるはずだ。

それでは、本当に実際のセシウムによる土壌汚染はどの程度なのか。次に示す図2―5は、先ほどの航空機モニタリングと実際の測定値との比較だ。下には、その関係式を示した。点がその場所での空間線量と土壌のセシウム蓄積量、直線が、原子力発電環境整備機構の河田東海夫氏の見積もりだ。10マイクロシーベルト以下では、実測値はほとんど直線の下だ。だから実際よりもかなり高い見積もりをしているのがよくわかる。これが統計のマジックだ。

次に、航空機モニタリングによって調べた放射性セシウムの蓄積量と福島県が事故直後2011年4月に調べた放射性セシウムの蓄積量を比較してみる。

図2―6は、上が航空機モニタリングによって調べた放射性セシウムの蓄積量、下は福島県が調べた放射性セシウムの蓄積量だ。福島県も、大量の放射性セシウムが含まれる土壌では、

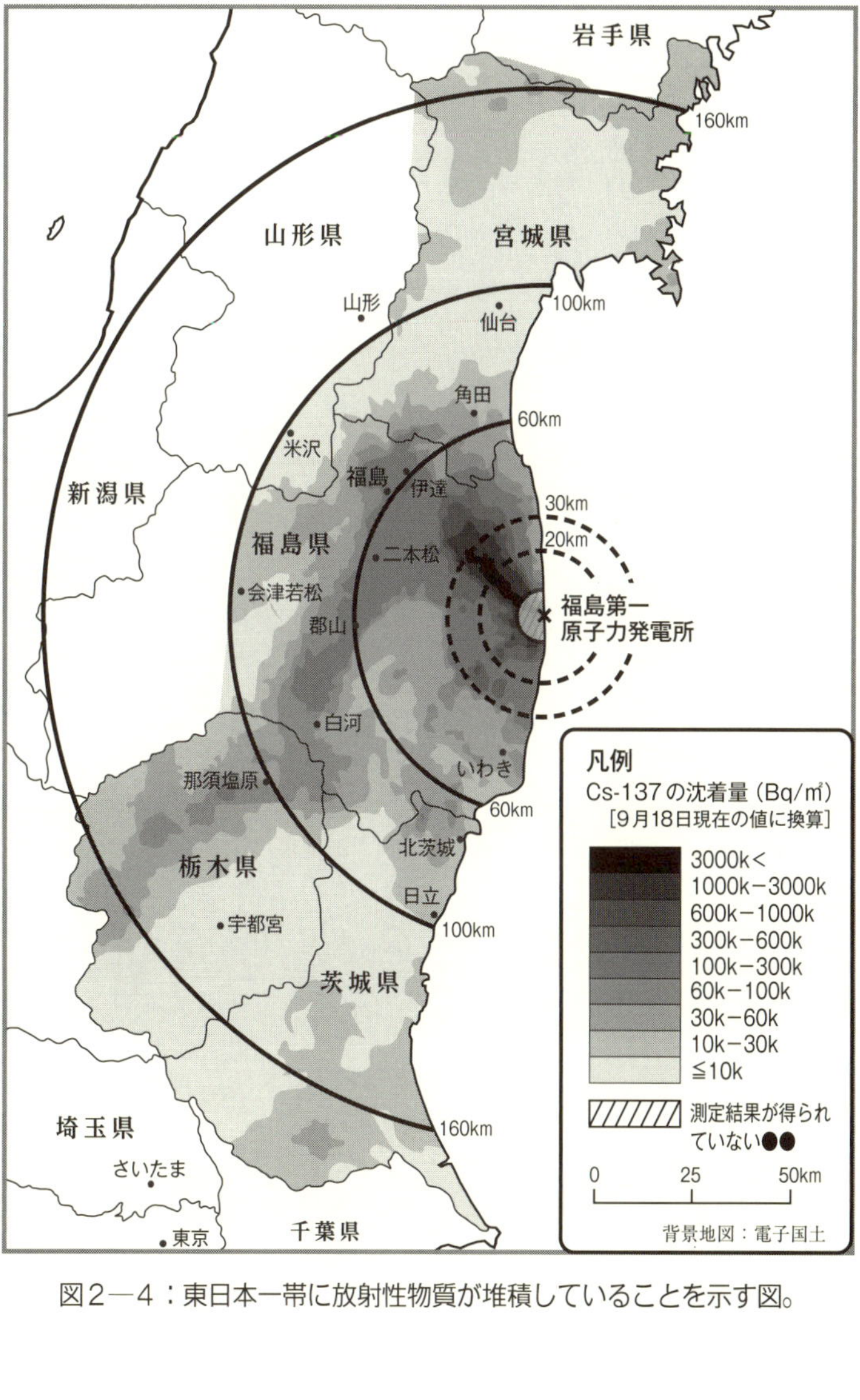

図２—４：東日本一帯に放射性物質が堆積していることを示す図。

農作物の作付けができない。だから、航空機モニタリングよりもいち早く、きちんと放射性セシウム量を測定していた。この図はその後捨てられて、マスコミには一切でてこない。

下の図は、単位がベクレル／kgで、ベクレル／㎡ではない。原子力物理学者で東大の早野龍五教授によると、土を表面から5㎝取ったときは、ベクレル／kgからベクレル／㎡への変換は50倍程度するのがふつうだそうだ。農水省の測定方法では表土から15㎝を測定したため、150倍すれば同様の変換となる。

下の図の福島県の測定を150倍する。例えば、福島市ではほとんどが40ベクレル／kgだ。計算すると、およそ6000ベクレル／㎡だ。航空機からの測定では6万から60万になっているから、1ケタから2ケタ差がある。過大な見積もりをしていることがわかる。

地上のセシウム量からがん罹患率を求めたトンデル氏は、すでに自分の論文が間違いであったことを認めている

4年経った今でも、福島ではがんを発症する人がこれから増えるだろうと考えている人も多い。しかし、「今後、福島に何が起きるのか?」を考えるために、チェルノブイリ付近、つまりウクライナやベラルーシで起きたことと福島と比較しても意味がない。なぜなら、今回の福島

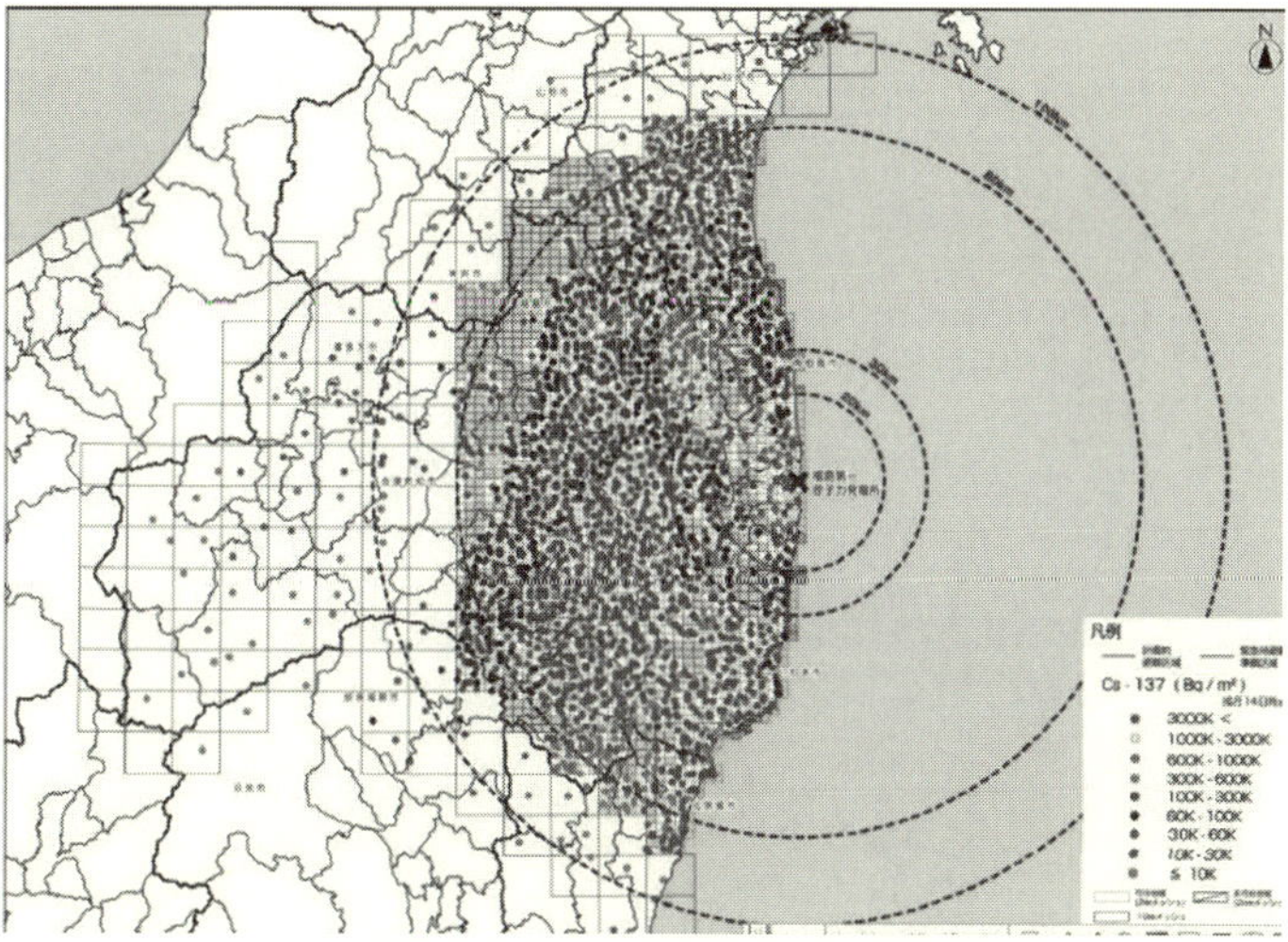

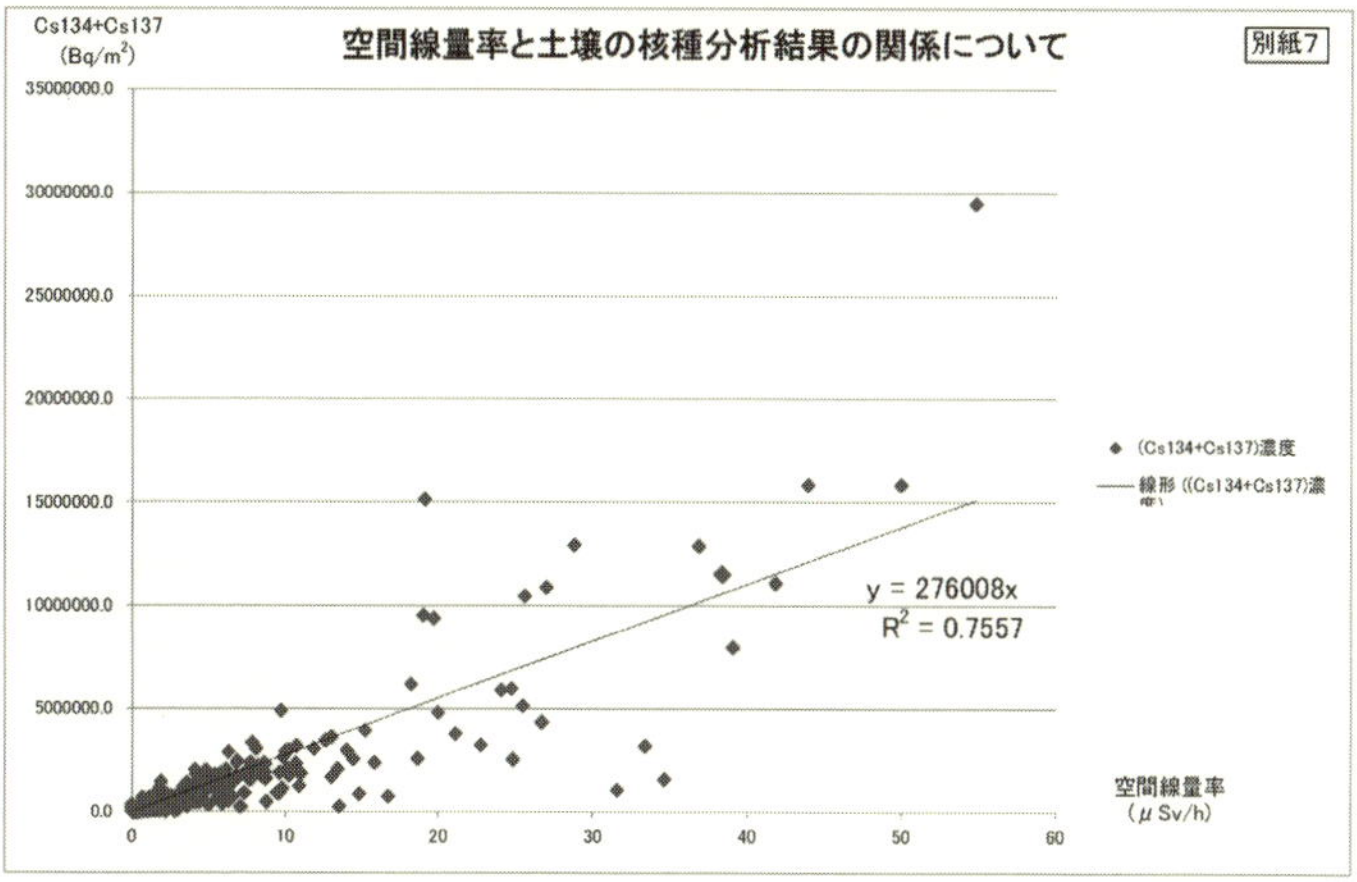

図2—5：文部科学省による放射線量等分布マップとその見積もり方法。図の中の直線を用いて空間線量率（μSv/h）を放射性セシウムの蓄積量（Bq/㎡）に変換している。

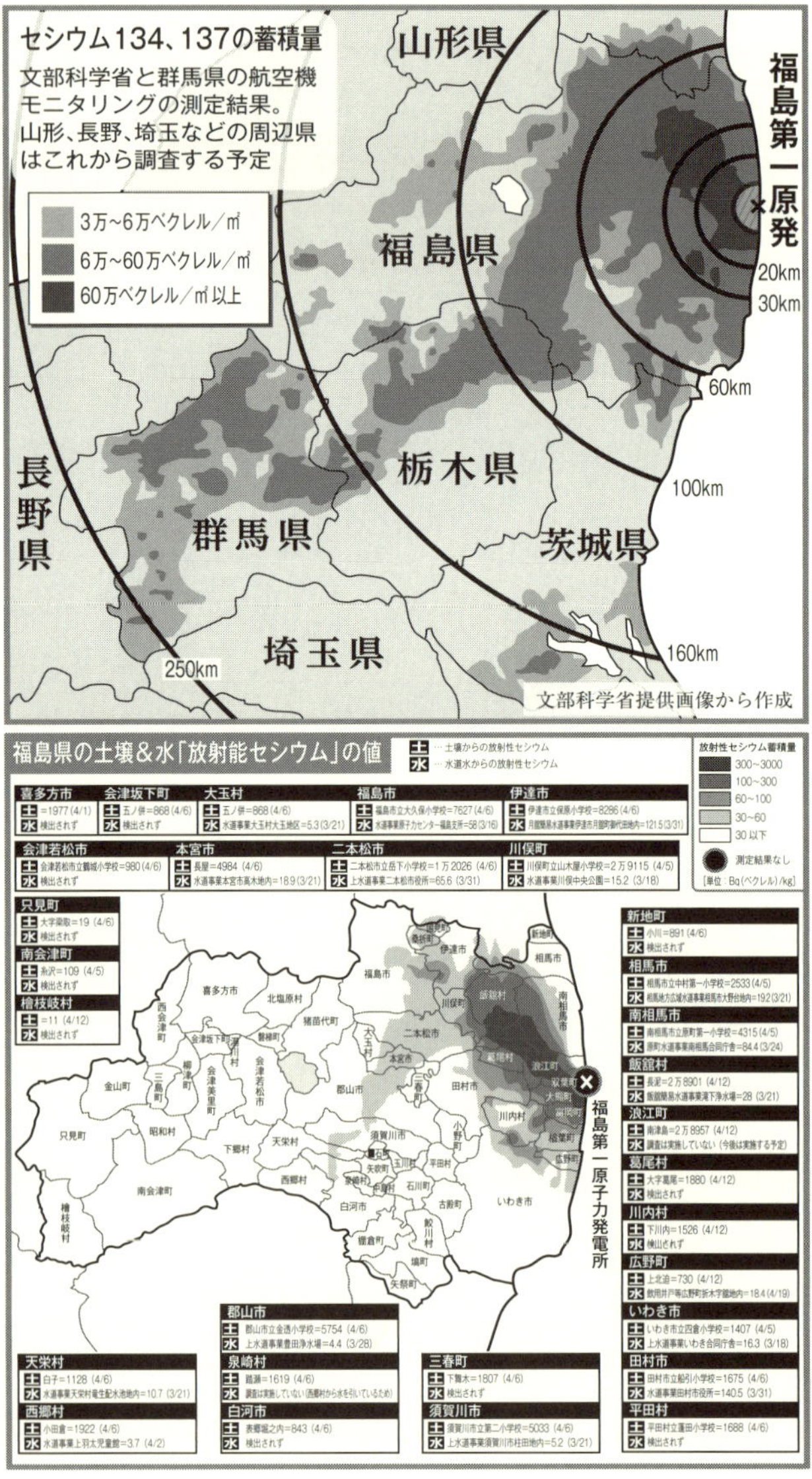

図2―6　上:航空機モニタリングからのセシウム堆積量の予想、下:福島県が実際に調べたセシウム堆積量。圧倒的に福島県の報告のほうが小さい値である。

第一原発事故では、チェルノブイリの事故で放出された放射性物質の1000分の1の量なのだから、周辺の市や町は「チェルノブイリで悲惨なことが起きたから、ここでも起こる」という類推そのものが成立しない。

では、どこと比較して対策を練ればいいのか。

最適だと考えられる地域は、ドイツのバイエルン地方とスウェーデン北部だ。この辺りでは、チェルノブイリ原発事故により10万ベクレル/㎡を超えるセシウムが蓄積した。また、この地域は、ウクライナやベラルーシと違って西側先進国であり、情報も概ねきちんと公開されている。したがって、このドイツのバイエルン地方とスウェーデン北部を参考に見ていけば、今後、福島がどうなっていくかが予測できる。

このスウェーデン北部で、チェルノブイリ原発事故後の疫学調査や、がん罹患率（がんを発症する率）を調べたのが、マーチン・トンデル氏だ。トンデル氏は、1988〜1996年までの期間に小さな地域コミュニティーごとのガン発症率をセシウム137濃度の測定レベルとの関係において調べた。トンデル氏は、100キロベクレル/㎡の濃度あたり11%増のがん発症率が検出されている、という結果を統計学的に導出した。これは実際にがんになった人の8年間の累積数だ。

このトンデル氏の論文を、京都大学原子炉実験所の今中哲二《いまなかてつじ》助教が解説したものがWEB上で公開されている（http://www.rri.kyoto-u.ac.jp/NSRG/seminar/No104/CNIC0602.pdf）。

この今中哲二助教は、いわゆる「熊取六人衆《くまとりろくにんしゅう》」と呼ばれる、京都大学原子炉実験所原子力安全研究グループの反原発メンバーの1人だ。

このトンデル氏の結果を用いて、「福島ではがんを発症する率が増加し、何十万の人が死ぬ」と煽っているのが、欧州放射線リスク委員会（ＥＣＲＲ）という団体だ。反原発活動家で作家の広瀬《ひろせ》隆《たかし》とルポライターの明石《あかし》昇二郎《しょうじろう》が、東電の勝俣恒久前会長や、原子力安全委員会委員長の班目春樹氏、福島医科大学副学長の山下俊一氏などを、福島第一原発事故に関して東京地検特捜部に刑事告発した。そのときに用いた資料が、ＥＣＲＲが計算したがんを発症する予測データだ。この予測データは、このトンデル氏のデータおよび論文を元に計算している。

さて、トンデル氏の論文は、その調査結果を信用する、しないにかかわらず、きちんとその計算過程が明確で、調査自体がまともだ。そこで、この論文を見てみる。

まず、このトンデル論文で一番重要なのは、がんの罹患率ではなく、次の記述だ。「**スウェーデン北部（最高10万ベクレル／㎡の汚染度）では潜伏期間が短い白血病や甲状腺がんが、チェルノブイリ事故以降に増加しているということはなかった**」

セシウム10万ベクレル／㎡の土壌汚染があるところでは、ヨウ素もたくさん降ったはずだ。しかし、この程度では、甲状腺がんにはならない。この指摘は非常に重要だ。

実際のトンデル氏のデータを、1枚のグラフにすると図2―7のようになる。横軸がセシウムの汚染レベルで、単位がキロベクレル／㎡である。確かに右上がりで、がんを発症する率が上がっている。しかし、エラーバーと呼ばれる「この範囲であれば確かである」という許容範囲がとても大きい。例えば、右にまっすぐ線をひくと、「セシウムの土壌汚染とがんの発生には関係がない」ということを表す直線になるが、これは、このエラーバーの範囲に入る。つまり、汚染レベルとがん発生率に関係なくても、「誤差範囲」に入る。

そして、**２０１４年、このトンデル氏は、自分の論文の主張を訂正し、がんの発生とセシウムの汚染レベルとは因果関係がない、つまり、放射性セシウムの土壌汚染はがんを発生させているかわからない、とはっきりと主張した。** Radiat. Environ. Biophys. 2014 Aug; 53(3): 495-504. に掲載された。題名は Cancer incidence in northern Sweden before and after the Chernobyl nuclear power plant accident.（チェルノブイリ原発事故前後でのスウェーデン北部でのがん罹患《りかん》率の変化）で、Alinaghizadeh H, Tondel M, Walinder R. の共著だ。

アブストラクト（要約）のところの最後の部分だけを抜き出す。

In conclusion, using both high quality cancer registry data and high resolution exposure maps of 137Cs deposition, it was not possible to distinguish an effect of 137Cs on cancer

incidence after the Chernobyl nuclear power plant accident in Sweden.
——結論は、信頼性の高いがん登録データとセシウム137の汚染地図を使った結果、チェルノブイリ原発事故後のスウェーデンで、**セシウム137ががん罹患率に影響があったことを見いだすことはできなかった。**

「はしごをはずされた」ということばがあるが、まさに、福島でがんが増えると主張していた人たちは、このことばがぴったりである。今まで主張する根拠としていた論文が間違っていたからだ。他にもいろいろデータがあるのに、古いほうのトンデル氏の論文を重要視しすぎた。自分たちの都合のいいデータだけを使ったために起きた悲劇だ。

この「科学は自分たちの都合のいいデータだけを使う」というのは、文科系の人が必ずおぼえておかなくてはいけない言葉だ。「科学的に証明された」という言葉ほど怪しいものはない。

これは放射性物質の〝内部被曝〟を喧伝した人たちにもあてはまる。東京大学アイソトープ総合センターの児玉龍彦《こだまたつひこ》センター長は『内部被曝の真実』（幻冬舎新書）を書いて、外部被曝と内部被曝の違いを大きく取り上げた。

児玉氏がセンター長を務めるのは東京大学「アイソトープ」総合センターだ。本来はアイソトープとは、同位体《どういたい》のことだが、医療においては、放射線を出す薬（放射線医薬品）をアイソ

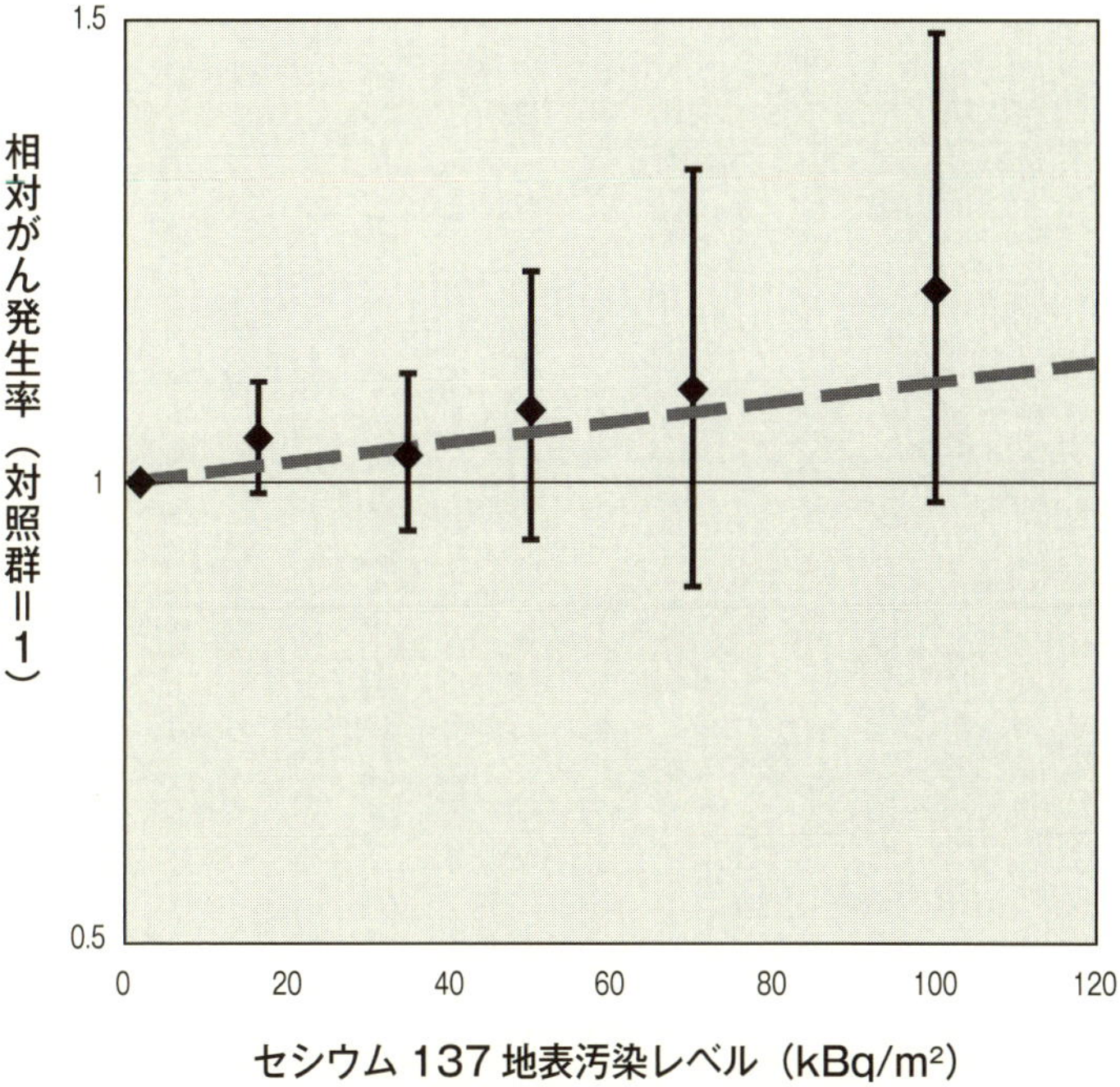

図2―7：スウェーデン汚染地域でのセシウム 137 地表汚染レベルとがん発生率。１のところの水平線は、筆者が描いたもので、これはセシウム汚染とがん発生率が関係ないことを示すが、これらはエラーバーの範囲内だから「セシウム汚染とがん発生率は関係ない」場合でもこの図の誤差にふくまれる（今中哲二『チェルノブイリからの放射能汚染によりスウェーデンでガンが増えている？』より引用）

トープと言う。だから、アイソトープ検査とは、放射線医薬品を用いて病気の診断や治療を行う検査だ。アイソトープ検査によって各臓器の機能を画像に表すことができる。

ところが、アイソトープ検査では恐ろしいほどのたくさんの放射性物質を使用する。例えば、**骨シンチグラフィーでは、３７０～７４０メガベクレル、心筋血流シンチグラフィーで74～１１１メガベクレルの放射線医薬品が検査前に患者に投与される。メガは１００万だから７４０メガベクレルは7億４千万ベクレル、１００メガベクレルは1億ベクレルだ。この放射性物質を体内に注入し、検査する。もちろん、その結果、患者は恐ろしいほどの内部被曝をする。**

食品に含まれる放射性物質の許容量は、一般的に５００ベクレル／kgだ。アイソトープ検査**のために投与される７４０メガベクレルは、食品の５００ベクレルのおよそ１００万倍（６ケタ）だ。**半減期が短く、かつすぐに体外に排出されるのだろうが、それでも高い数字だ。

だから、内部被曝が危険だとすると、アイソトープ検査は、人体に内部被曝を及ぼす、とんでもなく危険な検査法ということになる。「アイソトープ検査は本当は、安全なのか。検査の段階で内部被曝させられたのではたまらない」という患者が出てきてもおかしくない。

こういうアイソトープ検査について内部被曝を喧伝する人たちが話すことはない。だから、彼らも自分の都合のいいデータと数値だけを使って、内部被曝をあおっているということになる。

参考文献

Institute of Nuclear Power Operations, "Special Report on the Nuclear Accident at the Fukushima Daiichi Nuclear Power Station", INPO 11-005 November 2011

東京電力福島原子力発電所における事故調査検証委員会、『資料Ⅳ－28』

東京電力福島原子力発電所事故調査委員会、『国会事故調査委員会報告書（資料編）』

日本原子力研究開発機構、『東京電力福島第一原子力発電所事故に伴うWSPEEDI-IIによる放射能拡散予測結果について』

文部科学省、『放射線量等分布マップ（放射性セシウムの土壌濃度マップ）の作成について』

『福島県の土壌&水、放射性セシウムの値』、現代ビジネスのサイトより、〈http://gendai.ismedia.jp/mwimgs/2/6/-/img_2698a45ce834409bf871f0849bd61c30805602.jpg〉

マーチン・トンデル、今中哲二訳、『北スウェーデン地域でのガン発生率増加はチェルノブイリ事故が原因か？』、科学・人間・社会№95. ２００６年1号

Martin Tondel et al. "Increase of regional total cancer incidence in north Sweden due to the Chernobyl accident?", J. Epidemiol Community Health 2004;58:1011-1016

児玉龍彦、『内部被曝の真実』（幻冬舎新書）

第3章

福知山線脱線（尼崎ＪＲ脱線）事故は車両の軽量化が原因である

理系の目から事件の真相を解明する

カーブで転倒して脱線した電車は過去にない

福知山線脱線事故は、2005年4月25日におきた列車事故である。JR西日本福知山《ふくちやま》線塚口《つかぐち》~尼崎《あまがさき》駅間で発生した。前方2つの車両が転倒して、マンションに激突、107人が亡くなる大事故であった。当時は大きく騒がれた。

飛行機が落ちて数多くの人間が死ぬという事故は世界中でよくある。けれども、通常、電車や列車は、少なくとも日本では、かなり安全なものと見られている。そのために、非常にショッキングな事故だった。1991年の信楽高原鐵道《しがらきこうげんてつどう》での衝突事故で42名が死んだ。この事故の後、大きな電車事故はほとんどなかった。だから、その意味でさらにショッキングな事故であった。

脱線事故のあったその日、事故発生の2時間ぐらい後だった。私は東海道山陽新幹線に乗って事故現場付近を通り過ぎた。事故現場は、新幹線から見える名神高速道路のすぐ向こうだ。しかし、そのときは大事故が起きていたことを私は知らなかった。その方向を向けば、事故現場か何か見えたかもしれない。また、私の勤務する大学は兵庫県にあり、自分の研究室の学生のひとりが、友人が事故に巻き込まれたらしく、よく事故のホームページを見ていた。そんなことから私も自然と、この事故の原因やその後の推移に大きな関心を持つようになった。

事故発生の後、１カ月ほど経った頃、「事故原因は、運転士によるスピード超過である」ということで決着した。２００７年に出された事故調査委員会の最終報告も、同様の事故原因を指摘した。その後の新聞・雑誌の報道で、事故原因を他に求めた記事はない。

しかし、私は事故原因はそんなに簡単なことではないと思う。

なぜ、事故の原因はそんなに簡単ではないと私が考えるのか、この本を読んでいるあなたは不思議に思うだろう。**私がそう考える理由は、「カーブで、遠心力で転倒した電車は過去にはない」という重要な事実を無視しているからである。**

これまでにも暴風で倒れた電車、脱線した後に転倒した電車、スピード超過で倒れた機関車など、いろいろある。それは次のページの事故の一覧表にでている。全世界まで広げれば、過去に起きた脱線転覆事故は何百とある。しかし、カーブで、速度超過による遠心力で倒れた電車は調べた限りない。

国内の過去に起きた事故を、その一覧表で見てみよう。過去の主な脱線・転覆事故を調べてみると、次の表のように一見、数多くあるように見える。しかし、このうち、横風によるものが3件、貨物列車や機関車の脱線・転覆が4件、線路の分岐点（ポイント）で起きたものが2件となる。１９７４年の鹿児島線で起きた特急電車の事故だけが、カーブで転倒した列車である。半径３００ｍの右カーブ区間（曲線３００Ｒ）で時速65㎞の制限速度を越えて、推定時速

表1：過去の主な脱線・転覆事故
（信号装置・取り扱いに関するものを除く）
遠心力で転倒した電車はない

発生年	発生箇所	事故概要	原因等	死傷者数
1963 ※	東海道線 鶴見～新子安	貨物脱線 電車2列車衝突 脱線	貨車競合脱線、出合いがしら	死者161、 負傷120
1973	関西線 平野駅構内	電車先頭車・脱線横転、 5両脱線	減速制御遅れ、分岐器制限速度超過 （推定70＞制限35km/h）	死者3、 負傷156
1974	鹿児島線 西鹿児 島～上伊集院	特急電車1、2両目脱線	曲線300mR速度超過 （推定95＞制限65km/h）	負傷78
1975	信越線 横川～軽井沢	回送機関車4両 全車脱線転覆	下り勾配でブレーキ制御不能、曲線 350mR速度超過（推定120km/h）	負傷3
1976	函館線 駒ヶ岳～姫川（信）	貨物列車 貨車40/41両脱線転覆	下り勾配でブレーキ操作せず（仮眠） 曲線300mR速度超過（推定115km/h）	負傷2
1978 ●	営団地下鉄東西線 荒川橋梁	電車 3両脱線うち2両横転	橋梁上で突風	負傷23
1984	山陽線 西明石駅構内	特急寝台列車 客車13両 脱線、ホームに衝撃大破	分岐器制限速度超過（飲酒） （推定100＞制限60km/h）	負傷32
1986 ●	山陰線 餘部鉄橋	回送列車 脱線・落下	橋梁上で突風	死者6、 負傷6
1988	函館線 駒ヶ岳～姫川（信）	貨物列車 貨車19/20両脱線	下り勾配でブレーキ操作せず（飲酒） 曲線300mR速度超過	
1994 ●	石勝線 広内（信）	特急列車 3両脱線、先頭車横転	強風で横転	負傷28
2000 ※	営団地下鉄日比谷 線 中目黒	電車 低速走行中に脱線し、 対向列車側面と衝突	曲線部160mRで複合要因により、 乗り上がり脱線	死者5、 負傷63

●は横風による転覆事故、※は原因に転覆を含まないもの

95㎞で走ったために、1、2両目が脱線した事故である。脱線した後に転倒したのであって、線路上での転倒ではない。

カーブで速度超過のせいで、遠心力で転倒した電車（機関車ではない）というのは、日本では歴史上初めてのことなのである。もしかしたら世界で初めてなのかもしれない。私は事故調査委員会の報告書の結果に異議をとなえる。

福知山線脱線事故は1974年の鹿児島線で起きた特急電車の事故と同様に、脱線しながら転倒・転覆したと思う人がいるかもしれない。しかし、そうではない。これは、次の神戸新聞の記事からわかる。

「1両目、完全に宙に浮く　JR脱線で事故調委推定」

尼崎JR脱線事故で、マンションに激突した快速電車の先頭車両は、**片輪走行《かたりんそうこう》後に車体が完全に宙に浮き、転倒した可能性がある**ことが十五日、国土交通省航空・鉄道事故調査委員会の調べで分かった。脱線の一部始終を目撃したという現場付近の別のマンションの住民が、「**先頭車両が飛んでいった**」と証言した。これを裏付けるように、先頭車両の車輪に線路脇の敷石（バラスト）やコンクリート製の枕木を走った痕跡がなく、レールにも脱線の際に残る車輪内側の突起（フランジ）痕がなかった。

事故調委は、片輪走行でバランスが崩れたところに、百キロ超とみられる速度の勢いが加わり、左車輪もレールから外れたと推定。証言などから二十メートル以上飛んだ後、マンションに激突したのではないかとみている。

事故調委はこれまで、事故車両が速度超過のままカーブに進入したことにより、「遠心力などで右車輪が浮き、片輪走行を経て転倒脱線した」などと説明。一方で脱線時に付くはずの傷跡がレールや車輪になかったことから、左車輪がどのようにレールから外れたかは「不明」としてきた。

その後、先頭車両の車輪などを入念に調べた結果、バラストや枕木を滑走した痕跡がなく、脱線したとみられる地点近くのレールにも左車輪のフランジ痕がないことが分かった。

さらに、線路西側にあるマンションの住民が、ベランダから事故の様子を目撃していたことが判明。事故調委が事情を聴いたところ、「**ちょっと砂煙が上がった後に、電車が（マンションに向かって）飛んでいった**」と証言したという。

また、これまでの調査で、快速電車が激突したマンションの手前約五十七メートルの枕木に最初の脱線痕が確認されているが、事故調委は、この痕跡は先頭車両によるものではなく、二両目以降の車両が脱線した際に付いた可能性が高いとの見方を強めている。

（神戸新聞　2005年6月15日）

この記事で「電車がマンションに向かって飛んでいった」という目撃証言がある。つまり脱線して転覆したのではなく、カーブのところで飛ぶように転倒したのである。恐ろしいほど重要な目撃証言である。

「脱線」という現象はよく起きる。電車は2本のレール線の上を走っている。石やレールの継ぎ目に不具合があれば、車輪が外れて脱線し、その後、転倒する。しかしながら、この事故は、先の記事からもわかるように、脱線することなく、いきなり転倒している。

さらに車両の第一車両に搭乗していた吉田恭一氏の手記の『福知山線5418M　一両目の真実』（エクスナレッジ刊）から当該部分を引用する。

通常は、塚口駅を通過して、駅に関連する分岐ポイントをいくつかやり過ごしているうちに、ほどなくブレーキがかかり始める。そして、名神高速の高架下が終わるあたりでブレーキが緩まり、続いて車輪をキーキーと軋ませながら問題の右カーブに進入するのであるが、高架下にまで来ているのに、ブレーキが全くかかってないではないか。と思っているうちに、すでに電車は高架下をくぐりぬけ、車内は明るくなってきている。ほんの一瞬考えた後に、えっ……となった。

その時、咄嗟に「カントに負ける！」と思った。正確に言えば、〝てにをは〟間違いで、「カントが負ける」が正しい表現であるが、とにかく咄嗟に出た心の叫びはこれであった。カントとは、事故後、報道により世間一般にも少し有名になった用語であるが、列車がカーブを通過するときの遠心力による不安定動作、極端に言えば転倒防止のために、カーブの外側を内側より上げる高さのことを指す。**まったくブレーキがかかっていなかったように感じたので、カントにより線路の外側を持ち上げている高さより、列車の速度による車体の遠心力が勝って、車両自体が横倒しになってしまうと感じたのである。**

「運転士何考えとんねん！」と思い、右前方にある乗務員室の中にいるはずの運転士を見ようと思った瞬間、**車両の進行方向に向かって右側、つまり自分の座っている側が、あたかも遊園地の遊具のように「ふわっと」浮いた。つまり、これは直前に直感したとおり、電車が左に横倒しになり始めたのである。**しかし、遊園地の遊具のように、私たちはシートベルトをしているわけではない。そのため、右側の座席に座っていた私たちは、右斜め前の宙に体が投げ出されてゆく。

　つまり車体が横転してしまうぞ、という事象は直前に予感できたのであるが、実際にそれが起きて自分の体が投げ出される段になると、「うわっ」「あれあれ～」という感じでパニックになった。しかしなすすべはなかった。（吉田恭一『福知山線５４１８Ｍ　一両目の真実』）

１００トン以上もある巨体の車両がそんなに簡単にひっくり返るだろうか？　電車というものは元々、その下部が非常に重い構造になっている。そのため、脱線しない限り転倒はしない。スピード超過で簡単に倒れていたら安心して電車になど乗れない。

この「電車はスピード超過で本当に転倒するのか？」という疑念の声を上げたマスコミ記事は、私の知る限りなかった。

事件の概要と原因が特定されていった過程を追う

事故原因がどう特定されていったかを調べるために、ＪＲ宝塚線（福知山線）脱線事故の原因に関する、事故調査委員会の最終報告書（２００７年6月28日発表）を見てみよう。朝日新聞の記事を引用する。

「ブレーキ遅れ、日勤教育の影響　宝塚線脱線・最終報告」

05年4月のＪＲ宝塚線（福知山線）脱線事故で、国土交通省航空・鉄道事故調査委員会は28日、懲罰的と受け取られる運転士の再教育制度「日勤教育」を気にして、運転から注意がそれた可能性が高いとする最終報告書を冬柴国土交通相に提出した。この結果、**高見隆二郎運転士（当時23）が19秒前後ブレーキをかけるのが遅れ、制限速度を46キロ超過してカーブに入ったことが脱線の直接原因と結論づけた。**（朝日新聞　2007年6月28日）

これは「事故原因は100％、運転士のミスであった」という報告だ。その他の原因はない。運転士が「時間厳守」であせっていたために、ブレーキをかけるのが遅れ、強い遠心力が電車の車両にかかり、外側方向に倒れて行ったという見解だ。

列車事故のみならず、企業で何か事故や問題があったときには、「現場の担当者（特に操縦者）の責任である」というのは、事故原因隠しの常套《じょうとう》手段である。古くは1966年2月4日に起きた羽田沖の全日空機羽田沖墜落事件では、飛行機の機体自体に問題があったにもかかわらず、強引に機長の操縦ミスにした。これは柳田邦男氏が書いた『マッハの恐怖』という本で明らかになった。

他にも、2000年の雪印乳業の事件がある。雪印が自社の乳製品で集団食中毒を引き起こした。覚えている人も多いだろう。いわゆる雪印集団食中毒事件である。この原因は、雪印の現場の衛生管理の不備であると、大きく報道された。「私は寝ていないんだよ!!」という雪印社長の発言や製造工程のバルブが汚れていたという告発がセンセーショナルに取り上げられ、雪印グループ全体の経営が悪化した。今でも、雪印乳業の集団食中毒事件は、日頃の衛生管理がしっかりしていなかったことが原因だとされている。

実は、この雪印集団食中毒事件は、北海道の大樹《たいき》工場で起きた不運な停電事故がその原因だ。その後の調査で明らかになった。停電でブドウ球菌の毒素が発生したためだった。しかし、ほとんど報道されなかった。よほど新聞を丹念に読んでいる人以外はこのことを知らない。

つまり、事故が起きたときには、必ずと言っていいほど「現場の人間がミスによって起こした事故である」というイメージが創られる。それを覆《くつがえ》すのは至難の業《わざ》なのだ。

〝なぜ転倒したか〟が書いてある本がある

どのような条件ならば列車が転倒するのかを、京都大学大学院総合生存学館（思修館）の山《やま》口栄一《ぐちえいいち》教授という人が書いている。『ＪＲ福知山線事故の本質』（ＮＴＴ出版、２００７年刊）という本である。この本は、被害者たちのその後の軌跡を追ったものだ。その最後の部分に、山口教授自身が事故原因を科学的に解明しようと数値的に解析している。

この本では、理論計算により当該車両は転倒しやすい事実が、わかりやすく、はっきりと書かれている。この本から、転倒した原因について記した所を以下に抜き出す。

> ところで転覆とは、厳密にどのような現象をさすのだろうか。そして何が原因となって転覆がおきるのだろうか。「事故調査報告書」は転覆について論理を展開するために、三五年前に書かれた一つの論文を引用している。この論文こそ、序章で登場した国枝正春博士によって執筆されたものだった。（中略）
> 実際に、**転覆の危険率Dが1となる車両の速度vを、乗車人員の関数として求めたものを図（左ページの図）に示した。**ただし、この計算では乗客の体重はすべて等しく重心位置も等しいとしている。国枝方程式からわかるように、乗車人員が増えると、車両重心の高さが高くなるとともに台車・車両質量比が小さくなって、転覆限界を与える車両の速度が小さくなる。

山口教授は速度が低くても電車が転覆することを証明している。「国枝正春《くにえだまさはる》博士の式」では、時速１０６㎞の速度で転倒することがわかる。ＪＲ西日本は事故直後、「時速１３３㎞以上でなければ転倒することはない」としていた。だから、数値にかなり差がある。

この差が出た理由は大きく分けると２つあると山口教授は指摘している。①乗客が１００人程度乗ると車両の重心位置がかなり高くなる。ＪＲ西日本はこれを無視した。②小さいとして

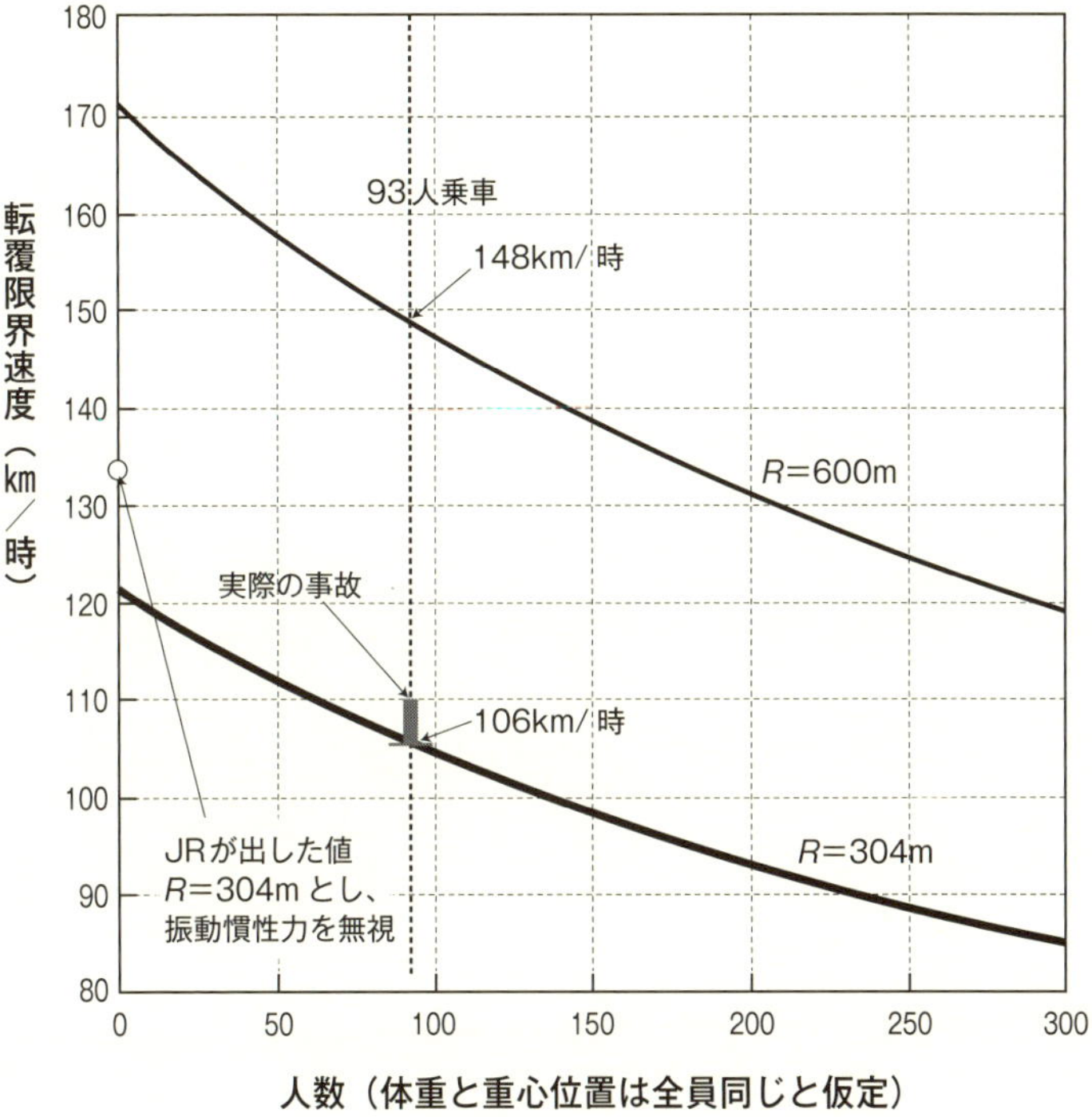

転覆の危険率 D が1となる車両の速度 v を、乗車人数の関数として求めた。

図3—1：「国枝正春博士の式」を用いた場合の転覆・横転する速度。この式では時速106kmの速度で転覆する（『JR福知山事故の本質』より引用）

無視していた「振動加速度」が実は大きい。この2つである。

通常の理科系の人間の発想では、車両の重量（数十トン）に対する乗客の重量（数トン）の比は僅かであり、考慮しなくてもいいと考える。ところが、これが大きく変わるということは、実は車両がかなり軽量であったことを意味する。

この当該車両は日立製作所と近畿車輛製造の207系車両である。調べたところ、列車番号は5418Mの7両編成で、前4両は、網干《あぼし》総合車両所に所属する207系0番台Z16編成（クハ207—17＋モハ207—31＋モハ206—17＋クハ206—129）同志社前行き、後ろ3両は、同所所属の207系1000番台S18編成（クモハ207—1033＋サハ207—1019＋クハ206—1033）京田辺行きである。

また、原因②では、「振動加速度」が非常に大きかったと指摘している。これは、下部にある台車と上部にある車両との間に大きな振動があったことを意味する。事故調査委員会でも、この「振動加速度」を考慮して、時速106㎞で転倒するとしている。振動加速度は0・1だった。振動加速度0の車体であったら時速123㎞までは転倒しないと事故調査員会は結論づけている。その場合、時速110㎞で進入してきた事故電車は転倒しなかったことになる。実際は空を飛んでマンションに激突した。

山口栄一教授は「カーブの曲率半径を300ｍでなく600ｍにしておけば事故は防げた」

として、車両そのものではなく、ＪＲ西日本の「路線」の設計ミスこそが事件の原因であると結論づけている。私はこの結論を尊重する。だが「カーブの曲率半径３００ｍが事故の主原因である」という意見は支持しない。そうではなくて私は次のように考える。**原因は「当該車両に問題があった、あるいは当該車両を高速区間のある福知山線に配置したことが判断ミスであった」という考えだ。**

なぜ私がこのように断言するのか？　それは、先の計算の「振動加速度」が「０・１」ということを根拠にしている。この「振動加速度が０・１」は、実は、揺れやすいという２０７系車両の性質を暗に示しているからである。事故調査委員会の報告書にも「このパラメーター（振動加速度）は揺動を示す」とはっきり書かれている。事故車両の２０７系は揺れやすい車体だったという指摘である。

揺れて倒れやすかった事故車両

なぜ、揺れやすかったのか？　それは、乗り心地やメインテナンスを考慮して、台車（車輪がついた部分）と車両本体（人間が乗っている部分）の間を柔らかいバネで結合してあるからだ。例えば、「脱線・転覆事故に対する安全性の考え方と防止策」というＪＲ西日本の報告書がある。これにはバネにより揺れやすいと倒れやすいことを示す次の文章がある。

実際にはバネたわみの影響を考慮する必要があり、**バネたわみは、見かけ上、重心高さが高くなることに相当するので、通常 $hG^{*}=1.25hG$ として重心高さを25％増しにとる。**

（「脱線・転覆事故に対する安全性の考え方と防止策」から）

同じ速度でどれだけ倒れやすいかは、重心の高さに比例する。これは、事故車両がバネをつかっているので、25％遅い速度でも倒れてしまうことを意味する。

神足史人《こうたりふみと》という人がいる。この人は科学技術計算、計算力学、構造設計、構造解析システムの開発を行う会社を経営している。彼は『ここまでできる科学技術計算』（丸善、２００９年刊）という本で、福知山脱線事故について、「バネにより、重心が左右に動くと非常に倒れやすくなる。10㎝重心が左右に動くと時速約10㎞遅い速度であっても転倒し、20㎝ではこれがさらにその倍の、時速約20㎞遅くても転倒してしまう」とはっきり書いている。**速度が遅くても左右に揺れると、恐ろしいほど簡単に転倒しやすいことがわかる。**

車輪＋台車と本体間をバネで結合させてできている車両を、一般には「ボルスタレス車両」と呼ぶ。事故車両はこのボルスタレス車両である。ただし、現在では特別な車両ではない。新幹線も、このボルスタレス車両である。

このボルスタレス車両とは、その英語の通りボルスタ（揺れ枕、枕梁《まくらばり》）と呼ばれる台車と車両の連結部分（bolster）がない（less）車両のことだ。普通の電車の模型では、台車と車両がダイレクトにつながっている。すると直線では問題ないが、レールのカーブ地点では台車と車両が同じ向きを向くために脱線してしまう。したがって、台車と車両が別々に動かなくてはいけない。このボルスタ（揺れ枕）は、車体の下でハの字になっており、カーブ地点で車体が外側に引っ張られると、このボルスタが逆方向に動いて重心位置を内側にずらす働きをしている。しかしながらこの部分は絶えず動くので、その可動部分のベアリングが長持ちしない。メインテナンス（保守作業）が大変である。

そこでこのボルスタ（揺れ枕）のかわりに空気バネを用いたのがボルスタレス台車である。このボルスタレス台車は新幹線にも用いられており、日本中のかなりの電車車両に使われている。ボルスタ（揺れ枕）自体は1トンほどの重量があり、これを省くことで軽量化高速化にもつながる。

川島令三《かわしまりょうぞう》という鉄道評論家がいる。彼は、列車事故が起きれば、ほぼ必ずといっていいほど、NHKなどに呼ばれてニュース解説をしている。川島令三氏は、事故後4カ月経ってから出版された『なぜ福知山線脱線事故は起こったのか』（草思社、２００５年刊）という本の中で、真実を明らかにした。**「ボルスタレス台車こそが事故の原因である」と、事故原因を特定したのである。**

川島氏のこの『なぜ福知山線脱線事故は起こったのか』という本は、注目を浴びず、評価されることはなかった。なぜかアマゾンの書評には意図的な悪評がたくさん載っている。しかし、それらの悪評は枝葉末節な部分をあげつらっただけのものである。本書は、広範囲な知識に基づいた良本である。

ボルスタレス車両が原因であることを指摘した、この本の部分を引用する。

> **枕バネの左側が大きく縮み、右側が大きく膨らむのはボルスタレス台車にしかありえないことである。牽引《けんいん》装置内に左右動ステッパーがあるのもボルスタレス台車にしか見られない。**
>
> （川島令三『なぜ福知山線脱線事故は起こったのか』）

「遠心力で転倒する、あるいは揺れるのは、ボルスタレス台車の特徴だ」と述べている。これだけでは、川島氏の勝手な主張に見える。しかし実は、事件のわずか2週間後の毎日新聞に、国土交通省事故調査委員会のあるひとりの委員（氏名不詳）の見解として、同様の意見が掲載されたのである。以下に引用する。

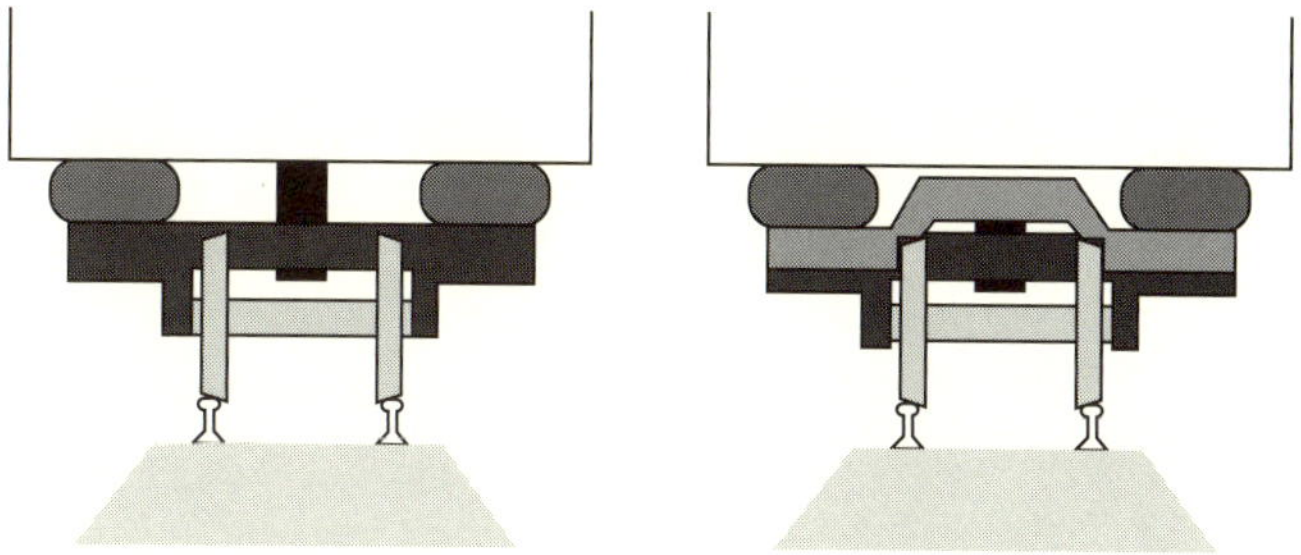

●ボルスタレス台車（左）はボルスタを省略したため、車体と台車とが空気バネで直結される構造になっている。
http://www.ne.jp/asahi/davinci/code/history/jiko/index3.html
のサイトから図を引用

脱線した207系車両は「ボルスタレス」方式と呼ばれる台車に取り付けた左右一対の空気バネに上に車体が載っている。車体の車輪は通常、レール内側を左右の車輪のフランジ（つば）が微妙に当たりながら軌道に沿って走る「蛇行動《だこうどう》」を取って進む。空気バネは、車体に蛇行動などに伴うがたつきが伝わるのを緩和するために付けられている。

　事故調のこれまでの調べで、脱線した快速電車は制限速度70キロを大きく超える時速100キロ以上（回収したモニター制御の記録では同108キロ）で現場の右カーブに進入したことがわかっている。その際には、同70キロの場合の2〜3倍の遠心力がかかるが、**事故調はスピード超過による遠心力だけでは脱線までには至らないと判断。バネの振幅が影響した可能性が浮上した。**（中略）

　専門家の見解では、右カーブの場合、カーブに入って左側に遠心力がかかるタイミングと、空気バネで車体が左に揺れるタイミングが合うと、脱線の危険性が増すという。**乗客の証言では「カーブに入る前に、普段より大きい横揺れが起き、どんどん大きくなって脱線した」**といい、事故調はカーブ前の電車の速度がポイントと見て、電車から回収した「モニター制御装置」などを解析し、速度の確定を急ぐ。

（毎日新聞　2005年5月5日）

この国土交通省事故調査委員は、現場の検分をした後、右のように述べている。しかし、最終報告書にこの内容は出ていない。事故調査委員会で、この意見は排除されたようだ。事故直後では「揺れが大きい車体に問題があった」という認識が確かに事故調査委員会の内部にはあったが、それは消えてしまった。

事故調査委員会が、なぜ、このことを明らかにしないのかが疑問となる。理由の1つに、ボルスタレス台車に欠点があることは、JRだけではなく、鉄道業界としても、絶対に認められないということがある。以下、『なぜ福知山線脱線事故は起こったのか』から再び引用する。

ボルスタレス台車そのものに問題があるとは、鉄道業界を挙げて口にしたくないことなのである。台車メーカー、車両メーカー、鉄道会社、さらには国土交通省もボルスタレス台車を開発・改良し、導入を推進してきたので、我が子のようなボルスタレス台車に欠点があることは認めたくないのである。

（『なぜ福知山線脱線事故は起こったのか』）

このボルスタレス車両は、前述したとおり、新幹線にも用いられ、日本中のかなりの車両に使われている。もし、根本的な欠陥があるとわかれば、大きな問題に発展するだろう。だから彼らはこの真実を隠したいのである。

例えば、２００６年に、シンドラー社製のエレベーターの不具合で高校生が1人死亡するという事故が起きた。その後もシンドラー社製のエレベーターが、次々と不具合を起こした。当時、自分の乗っているエレベーターがシンドラー社製かどうかを確認した人も多いだろう。それと同じように、ボルスタレス台車に根本的な欠陥があるとなれば、自分の乗る電車がボルスタレスか、と乗客が確認するということが、本当に起きてしまう。

事故を起こした「２０７系」の後継車両「３２１系」が、事故からたったの6カ月後に導入された。そして、このことから、JR西日本にも、「事故車両そのものに大きな問題があった」という認識を持っていたことが見て取れる。次にその新聞の記事を貼り付ける。

「先頭車両重心下げる　尼崎JR脱線207系後継車両」

JR西日本は八日、**尼崎脱線事故を起こした「２０７系」車両の後継として、秋にも新型の「３２１系」を神戸、宝塚、京都線に投入する**、と発表した。事故を教訓に脱線転覆**しないよう、先頭と最後尾に重心が低いモーター車を使う。**しかし、車体の強度については今後の課題としており、メーカーや鉄道総合技術研究所とでつくるプロジェクトチームで改良へ向けた研究を始めた。

同社によると３２１系は、老朽化した１０３系の廃車に伴い投入。通勤型電車としては14年ぶりの新型となる。06年度までに２５２両投入する計画で、投資額は約２５０億円。車体は２０７系と同じステンレス製で、同社は「衝撃が加わった場合、乗客への影響を少なくするにはどうすればいいのか、構造も含め勉強する」とし、プロジェクトチームで研究する。

編成は七両固定で、最高速度は百二十キロ。**モーターや制御装置が車両の床下にあり重心が低いモーター車は、事故車両には先頭にも最後尾にもなかったが、３２１系は脱線転覆を防ぐため、双方に配置する。**

遺族らの心情に配慮し、側面のラインの色を２０７系と異なるオレンジと紺色に変更。車内には、案内情報表示器のほか、ゆったり座れる六人掛けシートを設け、つり革や荷だなを使いやすいよう低くした。今月十九日に試験運転を行う。

（神戸新聞　２００５年7月9日）

この記事の中で重要な部分は「モーターや制御装置が車両の床下にあり重心が低いモーター車は、事故車両には先頭にも最後尾にもなかったが、３２１系は脱線転覆を防ぐため、双方に配置する」という記述である。このことから、ＪＲ西日本の上層部は当該２０７系車両に問題があったと、はっきり認識していたことがわかる。

以上から、事故の原因は、運転士のスピード超過だけではなく、車両の問題、カーブの曲率の問題が大きく絡んでいることがわかる。確かに速度超過がなければ、事故は起きなかっただろう。その点で事故の第一原因を運転士のスピード超過とする人は多いと思う。しかし本来、電車のみならず、あらゆる機械装置というものは、その使用者がマニュアルで規定されている以上の使い方をしても、ある程度安全が確保される配慮が必要だ。もちろん、私たちが日常で使うカッターの刃など、機能的に安全にできないものもたくさんある。そんな場合でも、機械装置をつくるメーカーは徹底的に使用者の立場に立ち、問題をできるだけ起こさない、あるいは大きくしない配慮が必要だ。２００４年に六本木ヒルズで起きた幼児が回転ドアに挟まれて圧死した事件などが、その典型である。回転ドアメーカーは、いくら需要があっても、人が死ぬような大きな重い回転ドアをつくるべきではなかった。

同じ構造がこの福知山線脱線事故にもある。最高時速が１２０㎞の電車とは、特急電車なみの速さが出せるということだ。だから、カーブと直線が交互に存在する在来線、つまり、高速から減速して突入するカーブがある線路で、このような軽量かつ高速なボルスタレス車両を本当に投入していいのかという問題があったはずなのだ。

しかし、ボルスタレス車両はメインテナンスフリー（日頃、整備しないで良いという意味）

なので、コストが削減できる。また軽量だからスピードがでる。ということは、福知山線と平行して走る阪急電鉄に対する企業としての競争力があるということだ。本当は車両の製作会社が「あまりに軽量なボルスタレスな車両を、カーブのある高速の路線に配置すると、転倒の危険が出てくるからできません」と言えば良かったと私は思う。ちなみに阪急電鉄は今も頑固にボルスタのついた電車を走らせている。

情報が出てこないＪＲという会社

ＪＲというのは不思議な会社だ。列車や車両に問題があったとしても、それが表に出ることがほとんどない。知らない間に問題がすり替わって、何事も無かったかのようになっている。例えば新幹線がいい例だ。新幹線〝のぞみ〟は３００系という車両が、１９９０年に〝ひかり〟の後継として導入された。しかし、その10年以内の１９９９年に７００系という新型新幹線をつくった。さらに何年も経たないうちに、Ｎ７００系が２００７年に再導入されている。１９６４年に開業してからは20年後の１９８５年に初めて型を変更した。それなのに、なぜか、短いスパンで新機種を導入している。この理由として、「航空機とのスピード競争のため」と説明されている。

しかし、**最初に〝のぞみ〟として導入された300系は異常なほど揺れるという問題があった。特にトンネルに入るところなどでは、前後に異常なほど揺れた。**300系が導入された当初は、あまりにも揺れるので、新幹線の車掌でさえ乗り物酔いして吐いていたそうだ。

したがって、300系は、乗客の乗り心地を考えたら、東京から博多までという長距離の〝のぞみ〟の車両として運行できないという認識がJRにはあったはずだ。それは不思議なほど早く、次の新型新幹線500系、700系が導入されたことから考えても理解できる。

鉄道専門家がそういう内容の新幹線記事を書いてもおかしくない。ところが私の知る限りない。福知山線脱線事故とあわせて考えると、JRという企業は非常に情報統制をする会社なのだろう。

参考文献

松本陽、佐藤安弘、大野寛之、水間毅、『脱線・転覆事故に対する安全性の考え方と防止策』

吉田恭一、『福知山線5418M 一両目の真実』（エクスナレッジ刊）

山口栄一、『JR福知山線事故の本質』（NTT出版、2007年刊）

神足史人、『ここまでできる科学技術計算』（丸善、2009年刊）

川島令三、『なぜ福知山線脱線事故は起こったのか』（草思社、2005年刊）

『ボルスタレス台車』、秦野エイト会のサイトより <http://www.ne.jp/asahi/davinci/code/history/jiko/index3.html>

第4章

STAP細胞と小保方晴子氏について

緑色に光る小さな細胞は本当に存在する

リケジョの星の失墜

ＳＴＡＰ細胞（stimulus-triggered acquisition of pluripotency cells）とは、刺激を受けることにより多分化能力（いろいろな細胞へと分化できる能力、ｉＰＳ細胞〈induced pluripotent stem cells〉もこの能力がある）を獲得した細胞のことである。

理化学研究所の研究員である小保方晴子《おぼかたはるこ》氏が、このＳＴＡＰ細胞の作成に成功した。その成果は世界的権威の雑誌『ネイチャー』に２０１４年1月末掲載され、理化学研究所において大々的な記者会見が行われた。小保方晴子氏は「リケジョ（理系女、理科系の研究をする女性研究者のこと）の星」として、一世を風靡《ふうび》した。

しかし、その後、見事に暗転した。「小保方晴子研究員は実験結果を捏造《ねつぞう》した」、「ＳＴＡＰ細胞など存在しない」という実験的な事実が発覚した。そして、小保方氏は、「ネイチャー」誌の論文において、改ざん、捏造を行ったと糾弾された。

彼女は２０１４年4月９日に記者会見し、すべての疑惑を否定した。しかし、その後理化学研究所で検証実験が行われたが、論文どおりに再現されることはなかった。２０１４年12月、理研の調査委員会は、ＳＴＡＰ細胞から生成されたとした幹細胞やマウスは、実際はＥＳ細胞

(embryonic stem cells　胚性幹細胞《はいせいかんさいぼう》）由来であったことを明らかにした。

私の専門は物理化学であり、近い分野の生化学（生体内の化学物質がどう働くかを研究する分野）でさえもよくわからない。だから、生物科学の最先端技術はシロウトだ。ＳＴＡＰ細胞が有るか無いかも判断できない。申し訳ないことだが、捏造があったのかどうかもわからない。

しかし、同じ実験家《じっけんか》として、なんとなく「こうなんだろうなあ」というのがある。また、マスコミがあえて取り上げない事実がたくさんある。そこで、物理学実験家あるいは実験屋《じっけんや》として、この問題について論考する。

小保方晴子女史

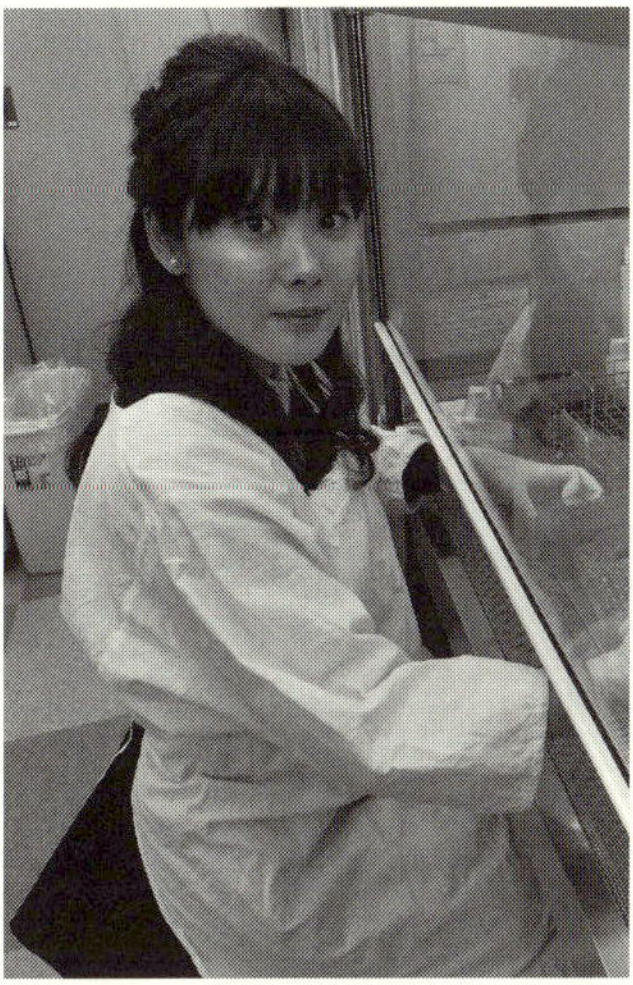

©共同通信 / アマナイメージズ

理化学研究所という国の独立行政法人

理化学研究所（略称・理研《りけん》）について、簡単に解説しておく。というのは、このSTAP細胞問題は、日本の他の国立の研究所では起こりようがない事件だからだ。例えば、同じ生物系であれば、遺伝研《いでんけん》や基礎生物学研究所《きそせいぶつがくけんきゅうじょ》が国内ではある。しかし、これらの地味な研究所では、今回のような事件は起きようがない。

これは第8章の「仁科芳雄」でも取り上げるが、理研は戦前の1917年（大正6年）に設立された。明治・大正時代、当時の日本には研究だけをするという組織はなかった。そこで、高峰譲吉《たかみねじょうきち》らが、資金集めをしてできたのが理化学研究所だ。当時の日本の優秀な研究者のほぼ全員がこの理研にいたそうだ。理研は当時〝研究者の楽園〟と呼ばれた。

当時もそして今も、理研の組織の研究者は、研究員とその研究室の長である主任研究員から成る。彼らの社会的地位は非常に高い。研究員は、普通の大学の准《じゅん》教授に相当する。主任研究員になると大学の学部長クラスだ。だから遠方の機関や学会に出張する場合、タクシーを利用しても自動的に主任研究員にはタクシー代がでる。そういうかなり偉い地位だ。

理研では、主任研究員が退職・異動すると、その研究室は基本的になくなる。ここが大学との大きな違いだ。そのときは、そこに所属していた研究員は、理研内の別のグループを探すか、あるいは自分で新しい職場を見つけなければならない。

例えば、小保方晴子氏は神戸市のポートアイランドにある理化学研究所の研究所、発生《はっせい》・再《さい》生《せい》科学総合研究センター（現・多細胞システム形成研究センター）にある若山照彦《わかやまてるひこ》教授（現在は山梨大学教授）の研究室に在籍していた（身分はハーバードの研究員だったらしい）。若山氏は、このセンターで主任研究員にほぼ相当するチームリーダーだった。若山氏は、山梨大へ移転することが決まっていた。だから、小保方氏も新しい職場を探さなければならなかったわけだ。そこで理研内でユニットリーダーという職に応募して選ばれた。

このユニットリーダーは、主任研究員ほどではないが、かなり高い地位だ。普通、30歳の研究者がなれるような地位ではない。研究費も多分、年間1億円程度使えるだろう。理化学研究所の上司である故笹井芳樹副センター長が、小保方晴子氏を大抜擢したとされている。

若い女性研究者が突如、高い地位に選ばれたことは、まわりの研究者にとってはかなりのショックだっただろう。これが、彼女を選んだ故笹井芳樹副センター長との男女のうわさが流れた主な理由だ。

しかし、師弟関係が男女関係に直接つながるのは、文科系の特色であって、理科系ではほとんどない。私のまわりでもない。以前、私の先生の副島隆彦氏が、「大学教授はだいたい自分のゼミの大学院生を愛人にしている」とあたりまえのように言ったので、びっくりしたことがある。思わず、「どうやったらそんなことができるんですか?」と、うらやましそうに聞き返してしまった。理科系では、時間もお金もない。そんな機会さえもない。

それに、変な「セクハラ」のうわさが流れると、理科系の場合、研究者としての人生が終わる。本当に終わる。ある研究者がセクハラをしていたらしいといううわさが流れた。すると、彼はある大学の次期教授に内定していたのに、その大学の教授会議でその人事が認められなかった。証拠もないのに、セクハラをしているといううわさだけで、その人は教授になれなかった。

だから、マスコミに流れていた小保方氏と故笹井氏のうわさは、文科系の雑誌記者が、自分の大学時代の教授の実情から類推して書いたのだと私は推測する。

さきほど「理研は研究者の楽園」と書いた。しかし、これは昔の話だ。現在は「研究者の地獄」に近い状況になっている。それは、正《せい》研究員(正社員と同じで定年まで勤められる)のポストが非常に少ないため、研究者のほぼ全員が、期限付き雇用、すなわち契約社員だからだ。通常2年とか5年の任期だ。優秀であれば延長することは可能だ。が、そのプレッシャーはすごいものがある。若山氏はグループリーダーという役職だったが、主任研究員の肩書きがなかったので、多分、彼も期限付きの契約社員だったはずだ。それぐらい厳しい世界だ。

若山照彦教授と小保方晴子女史

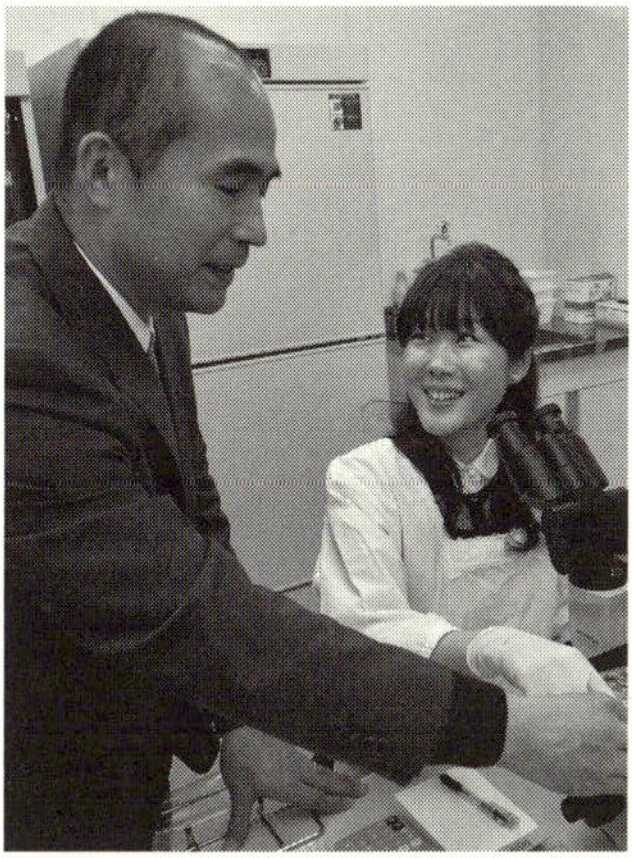

©共同通信 / アマナイメージズ

先ほど、リーダーが異動すると、その研究室は基本的になくなると書いた。だから若山氏が教授として山梨大に異動することになって、若山研究室では、研究者全員が次のポストを探さないといけない、というドタバタした状況にあったはずだ。そんな中で、小保方晴子氏はユニットリーダーに選ばれ、特進《とくしん》（特別進級）していった。

若い研究者の厳しい立場とは逆に、理研《りけん》自体はふんだんに予算をつかい、どんどんその分野を広げ、日本の各地に新しい研究所をつくっている。小保方氏が属した神戸市のポートアイランドにある研究所もそのひとつだ。この理化学研究所の一部である「発生・再生科学総合研究センター」は、以前は、京都大学の附属研究所だったらしい。小保方氏の上司である故笹井副センター長が、ｉＰＳ（アイ・ピー・エス）細胞の発見でノーベル賞をもらった山中伸弥《やまなかしんや》教授と、ライバルであり先輩であったとマスコミに書かれていたが、そのとおりだろう。

理研の中では、『ネイチャー』誌や『サイエンス』誌など世界的に超一流の学術誌にアクセプト（論文が掲載されること）されない研究は意味がないという風潮がどんどん広まっている。このことが、他の研究所との大きな違いだ。どうしても、予算との兼ね合いで、それ相当の成果を出さなくていけない。それが「一流誌に論文をアクセプトされなければいけない」という研究員たちへの過剰なプレッシャーになっている。

一流誌に掲載されると、理研は派手な記者会見をする。マスコミにＦＡＸで情報を送るということは最近どの研究所・大学もやっている。しかし、理研では、それがどんどん派手にかつ大掛かりになっている。その典型例が２０１４年1月末の小保方晴子氏のＳＴＡＰ細胞作製の記者会見だった。

30歳の研究者は、ひとりでは、まともな英語論文は書けない

次に小保方晴子氏について書く。小保方晴子氏は、博士論文を英語で書いた。が、その際に盗用、いわゆるコピペ（copy and paste の略）をしているとマスコミで話題になった。

マスコミは、「立派な研究者なら英語論文を自分ですらすら書けるだろう」と思っているわけだ。これがそもそも間違いだ。標準的な30歳の研究者がまともな英語論文を自力で書くのは無理だ。私も30歳ではまともな英語の文章は書けなかった。研究者なら、若くても書けると思うのは幻想だ。

当然、小保方晴子氏も英語論文を独力で仕上げる力はない。それはハーバード大学に留学したとしても同じだ。

しかも、彼女はＡＯ入試で早稲田大学に入学した。この「推薦入学、あるいはＡＯ入試組の英語能力の低さ」は、大学内では有名だ。日本の大学入試の英語というのは批判が多い。しかし、英文の読解力に関しては捨てたものではない。大学入試用に大量の英文を高校時代に読んでいる。この経験がないので、推薦入学、ＡＯ入試組の英語の能力はかなり落ちる。ましてや専門性の高い理科系の論文の英語文章は、学部生ではほとんど読めない。小保方氏も、英語ではかなり苦労したはずだ。

では、理科系の大学院生がどうやって論文や博士論文を英語で書くかというと、自分がこれまでに読んだ英語論文の文章の文をため込んでおく。だいたい博士課程で、１０００報ぐらいの英語論文を読むから、そこにあった適当な表現を、覚えておいたり書き留めたりしておく。これらの文を〝コーパス〟という。

そして、自分で英文を書く時は、このコーパスの中から、自分の書きたい文とよく似た文をどんどんあてはめていく。コピーではないが、別の論文から写して寄せ集めて、自分の論文に仕上げるわけだ。専門分野の文章というのは、独特な書き方、文体がある。だから、こうしないと論文らしい文章をつくれない。大なり小なり同様の工夫を大学院生たちはしているはずだ。

ところが、どうしても文意が通らないところがでてくる。あるいは言葉足らずになってしまう。一生懸命直すが、語彙《ごい》や文法の知識が不足しているのでわけのわからない文章になってしまう。仕方がないので、最後は指導教官にすべてを手直ししてもらうということになる。私は、スイスの研究所にいたときに、上司（スイス人）に論文を直してもらっていた。私の書いた文章は、ひとつの文もそのまま残らなかった。そんなものである。

小保方氏は他の学者の長い英語の文章をそのまま貼りつけた。ハーバードに留学していたので、指導教官が遠慮し、必須である手直しをやってもらわなかった。だから、昔書いた早稲田大学理工学部に提出した博士論文が、「盗用」ということになったのだと思う。彼女は「下書きが残っていた」と述べていたから、多分、本当のことだろう。ちなみに、英語の手直しがなかなかできない医学系では、他の学者の長い英語の文章を、そのまま貼りつけるのが横行しているらしい。

小保方氏はこの文章を書いている現在30歳で、博士課程を修了している。が、状況はそんなには変わっていないから、英語論文をひとりで仕上げるのは無理だ。特に世界的に有名な『ネイチャー』誌は、内容だけではなく、高い英語文章能力（ロジックやストーリー性）が強く要求される。私の友人のフランス人研究者は、「英語がネイティブな研究者でないとネイチャー掲載はなかなかむずかしい」とはっきり言っていた。いい実験データがあっても、アクセプト（掲載許可）されるためには、よほどうまく英語文章を書かないといけないそうだ。

そんなこともあって、ネームバリューもあり、これまで世界の一流学術書に何度も投稿・受理（掲載）されている理化学研究所の上司である故笹井芳樹副センター長が、小保方論文の共同執筆者にあとから加わったのだと思う。ただ、普通は共著に後から参加するということはしない。それにもかかわらず故笹井副センター長が参加したということは、発見初期のころに言われたように、STAP細胞には生物学の土台をゆるがすような大きな魅力があったということだろう。STAP細胞は環境により「初期化」される。これは非遺伝的に環境に適応できる、進化できることを意味する。ネイチャー論文は実は2つあり、笹井副センター長は、letter 論文のほうで責任著者（corresponding author）になっている。

しかし、笹井副センター長は、後から参加したのに責任者として糾弾され、最後は自殺にまで追い込まれた。多分、iPS（アイ・ピー・エス）細胞の研究者たちから、厳しく批判されたのだろう。また、彼が手塩にかけてつくった発生・再生科学総合研究センターも、多細胞システム形成研究センターに改組になり、規模も半減してしまった。この責任も痛切に感じたのだろう。

確かに存在する緑に光る小さな細胞

小保方晴子氏は詐欺師だったという論調が今もマスコミに多い。ＳＴＡＰ細胞から生成したマウスを遺伝子解析してみたら、ＥＳ（イーエス）細胞由来のマウスと、遺伝子パターンが同じだった。このことから、彼女はＥＳ細胞をわざと混入して、ＳＴＡＰ細胞を作成したのだろうと判断されている。

２０１４年12月には、理研の研究論文に関する調査委員会が正式に、ＳＴＡＰ細胞から生成したキメラマウスやテラトーマはＥＳ細胞由来であることを認めた。

しかし、小保方晴子氏が作成した緑色に光る小さな細胞（これがとりあえずＳＴＡＰ細胞）は本当に存在する。これはＧＦＰ（ジー・エフ・ピー）と呼ばれる蛍光体で修飾《しゅうしょく》した細胞だ。多能性細胞に特異的な遺伝子 Oct4（オクト・フォー）という遺伝子の発現がオンになると、この緑色蛍光タンパク質が蛍光を発する。この緑色に光る小さな細胞が実際に存在することは間違いない。

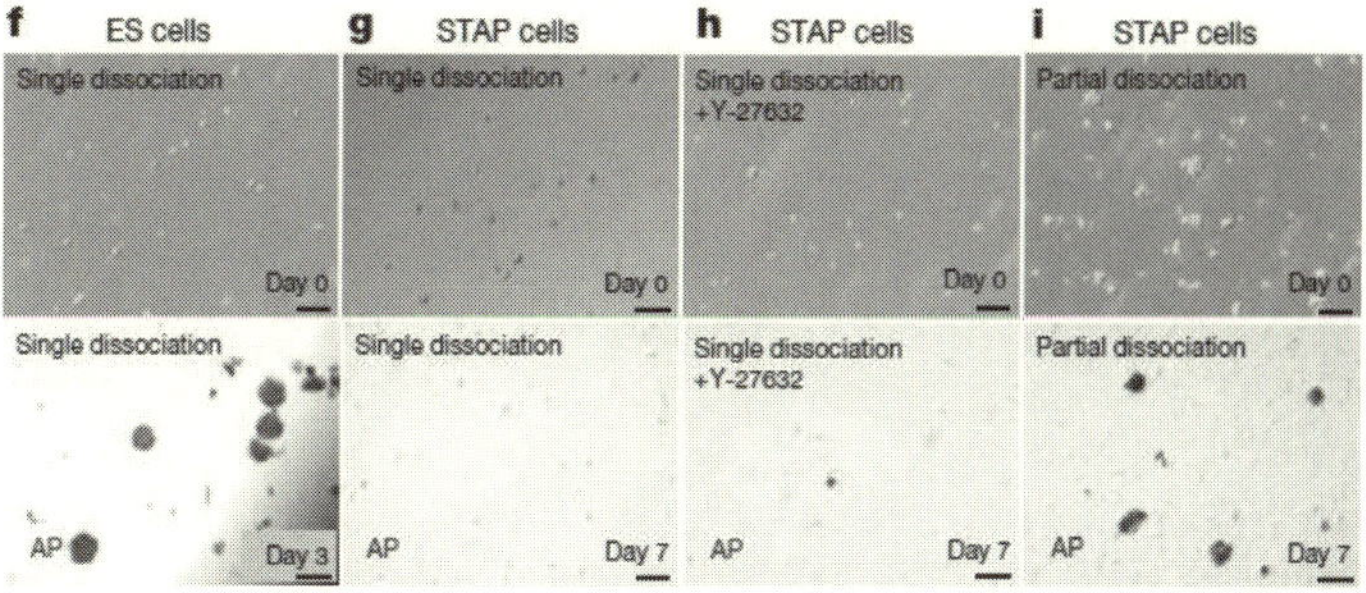

図4―1：ネイチャーの論文。ES 細胞とは大きさがちがう STAP 細胞が、確かに映像として写っている。この大きな事実をマスコミも検証委員会もまともに取り上げない

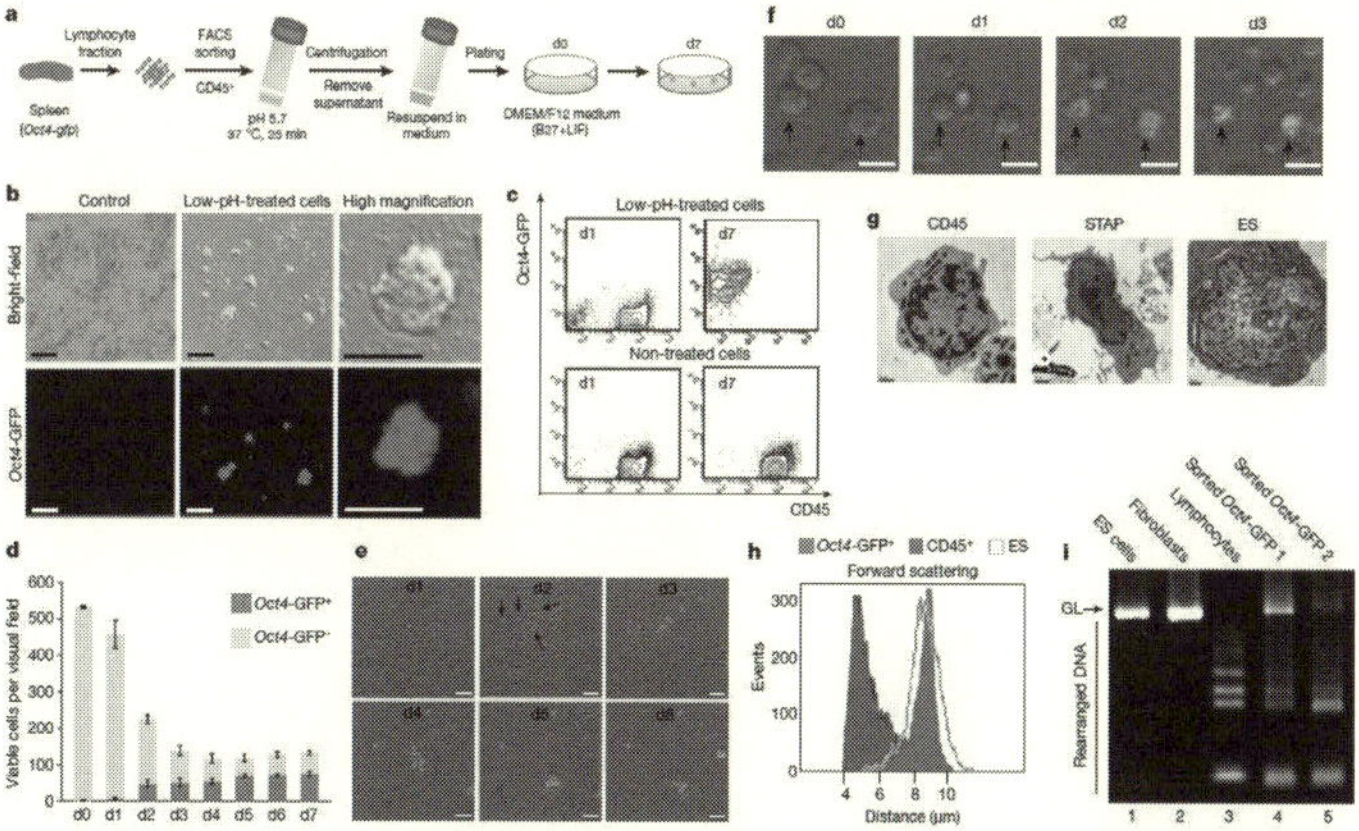

Figure 1 | Stimulus-triggered conversion of lymphocytes into *Oct4*-GFP$^+$ cells. a, Schematic of low-pH treatment. b, *Oct4*-GFP$^+$ cell clusters appeared in culture of low-pH-treated CD45$^+$ cells (middle; high magnification, right) on day 7 (d7) but not in culture of control CD45$^+$ cells (left). Top: bright-field view; bottom, GFP signals. Scale bar, 100 µm. c, FACS analysis. The *x* axis shows CD45 epifluorescence level; *y* axis shows *Oct4*-GFP level. Non-treated, cultured in the same medium but not treated with low pH. d, GFP$^+$ (green) and GFP$^-$ (yellow) cell populations (average cell numbers per visual field; ×10 objective lens). $n = 25$; error bars show average ± s.d. e, Snapshots of live imaging of culture of low-pH-treated CD45$^+$ cells (*Oct4-gfp*). Arrows indicate cells that started expressing *Oct4*-GFP. Scale bar, 50 µm. f, Cell size reduction in low-pH-treated CD45$^+$ cells on day 1 before turning on *Oct4*-GFP without cell division on day 2. In this live imaging, cells were plated at a half density for easier viewing of individual cells. Scale bar, 10 µm. g, Electron microscope analysis. Scale bar, 1 µm. h, Forward scattering analysis of *Oct4*-GFP$^-$CD45$^+$ cells (red) and *Oct4*-GFP$^+$CD45$^-$ cells (green) on day 7. Blue line, ES cells. i, Genomic PCR analysis of (D)J recombination at the *Tcrb* gene. GL is the size of the non-rearranged germline type, whereas the smaller ladders correspond to the alternative rearrangements of J exons. Negative controls, lanes 1, 2; positive controls, lane 3; FACS-sorted *Oct4*-GFP$^+$ cells (two independent preparations on day 7), lanes 4, 5.

図4―2：ネイチャー論文の図1、多能性細胞に特異的な遺伝子 Oct4（オクト・フォー）の発現をあらわしている。Oct4 遺伝子の発現がオンになると緑色蛍光タンパク質「GFP」が蛍光を発する。

マスコミは死にかけた細胞の発光を見間違えたとしている。しかし、そうではない。本当に存在する。ＥＳ細胞でもない。この細胞からキメラマウスをつくるために、小保方氏はわざわざハーバード大学から若山研究室に来たわけだ。

右の『ネイチャー』に掲載された写真を見て欲しい。ＥＳ細胞とは大きさがちがうＳＴＡＰ細胞が、確かに映像として写っている。この写真が撮れたこと自体が、すばらしい発見だ。小保方氏の業績（achievement）だ。

このＧＦＰが緑色に光る細胞が確かに存在する証拠を、２０１４年12月のＳＴＡＰ現象検証実験結果の報告書から引用する。

> 緑色蛍光で判定するＧＦＰ発現は、実際は自家蛍光に依る可能性が考えられることから、自家蛍光を赤色蛍光で判定した。緑色蛍光を有する細胞塊の多くは赤色蛍光も有しており、赤色蛍光をもたないＳＴＡＰ様細胞塊は少なかった。しかし、**赤色蛍光が低く緑色蛍光の高い細胞塊も存在し、定量ＰＣＲによりＧＦＰ発現の確認されるＳＴＡＰ様細胞塊も存在した。**
>
> （２０１４年12月19日「ＳＴＡＰ現象の検証結果」から抜粋）

「赤色蛍光が低く緑色蛍光の高い細胞塊も存在し、定量ＰＣＲによりＧＦＰ発現の確認される、ＳＴＡＰ様細胞塊も存在した」とある。だから、確かにＧＦＰ発現する小さな細胞が存在する。それをマスコミは死にかけた細胞の自家発光だと決めつけた。

『ネイチャー』誌の論文をみると、図１という最初でこの話を取り上げている。小保方氏も、この発光現象自体には、再現性を含めてかなり自信を持っている。それは２０１４年４月の記者会見のときの「２００回作成に成功しました」という彼女の発言にあらわれている。

さらに、この緑色の細胞は小保方氏でなくてもできることは、次の若山氏へのインタビューからも明らかだ。「ＳＴＡＰ細胞を守る会」という小保方氏を擁護する団体のホームページに載っていた。元はKnoepfler Lab Stem Cell Blogというところの Interview with Dr. Teru Wakayama on STAP stem cells（ＳＴＡＰ幹細胞に関する若山氏へのインタビュー）という記事だ。

I did 100% by myself, but each step was looked by Dr. Obokata. Much the same, one of my PhD student also succeeded to establish STAP-SC.

私（若山氏）は、小保方氏に見てもらいながら１００％自分ひとりでつくりました。同じように大学院の学生もＳＴＡＰ細胞をつくるのに成功しています。

In those early stages of the experiment, we did not culture ES cell nor iPS cell at same time. After that, as control, we sometimes culture ES cell at same time.

その始めたばかりの実験段階ではＥＳ細胞もｉＰＳ細胞も培養していませんでした。その後、コントロールとして、何回か同時にＥＳ細胞を培養しました。

だから、後付けだが、彼女が、このＧＰＦ発現現象を中心として、論文にしておけば、その後に大騒ぎになった「小保方晴子問題」も起きなかったかもしれない。その発表を大々的に仕組んだ理研が、山中伸弥教授のｉＰＳ細胞と張り合う意図を持っていたのだろう。ＳＴＡＰ細胞（stimulus-triggered acquisition of pluripotency cells）には、ｉＰＳ細胞（induced pluripotent stem cells）と同様のpluripotency（多分化能力）という単語を用いている。ということはｉＰＳ細胞を意識して、このＳＴＡＰという名をつけたということだ。そこで、「ＳＴＡＰ細胞は万能細胞であり、ｉＰＳ細胞よりも優れている」として、大風呂敷を広げて発表したために、再現性など不確かな危《あや》うい部分をつかれ、ぐちゃぐちゃになってしまった。

さきほどの検証委員会では、ＳＴＡＰ細胞由来と考えられてきた幹細胞、キメラマウス、テラトーマが、すべてES細胞によるものだと結論した。

しかし、一番最初の実験であるSTAP細胞からのキメラマウスの作成だけは、実は成功していたのではないかと私は考えている。それは、胎盤に分化した映像がきちんとのこっているからだ。理研のホームページにあった胎盤をつくるSTAP細胞の写真を次に示した。ES細胞では絶対に全体は光らないそうだ。ただ、検証委員会では、何かの見間違えだろうという結論だった。しかし、このキメラマウスの作成は、若山氏がSTAP細胞の大きな塊を数十個程度の小さな塊に切り刻んだときに、はじめて成功した（後で引用する）。状況から考えると、STAP細胞からできたとしか考えられない。

ちなみに2014年4月の記者会見で、彼女は、「STAP現象《げんしょう》はあります」と述べていた。いつのまにか、「STAP細胞」が「STAP現象」に変わっていた。本人も「万能細胞としての再現性は怪しい。しかし、現象（胎盤全体が発光するなど、ES細胞では絶対出ない様々な実験の結果）は本物だ」と認識しているのだなあと私は感じた。

小保方晴子氏は天才実験家である

こういうすばらしい現象や、その技術を発見・発明できる小保方氏は、ある種の天才だ。同じ実験研究者としてこう断言する。

そのことは次の文章から明らかだ。以下の文をよむと、様々なアイデアを出しながら、倦《う》まず弛《たゆ》まず実験をすすめていく小保方晴子という天才実験家《じっけんか》の姿が浮き上がる。少し長いが重要なので引用する。「梶原しげるの『プロのしゃべりのテクニック』―『その時マウスは緑色に光った！』若山教授が語った幻のSTAP細胞誕生秘話」という記事だ。

……それから2年。失敗の山を富士山より高く積み上げたすえ小保方さんは若山教授に救いを求めた。奇跡のコンビ誕生だ。二人の理化学研究所での共同研究が本格的にスタートする。

実験では小保方さんが細胞を作り若山教授がマウスの受精卵を移植する。実験の正否判定の方法は、ネズミのお腹を開いて、緑色に光るマウスの子供が生まれて来るかどうかで決まるのだと言う。実は当初から若山教授もハーバード大学の研究者と同じく「常識的にみてこれはうまく行かない。緑色が見える可能性は無いだろう」と思ったそうだ。

梶原　じゃあどうして引き受けたんですか？

若山教授　来るものは拒まず、が僕の主義。それに**彼女は、失敗すればするほどさらに膨大な実験を積み重ね失敗の原因を突き詰め、次の作戦を持って来た**。若い男性の研究者な

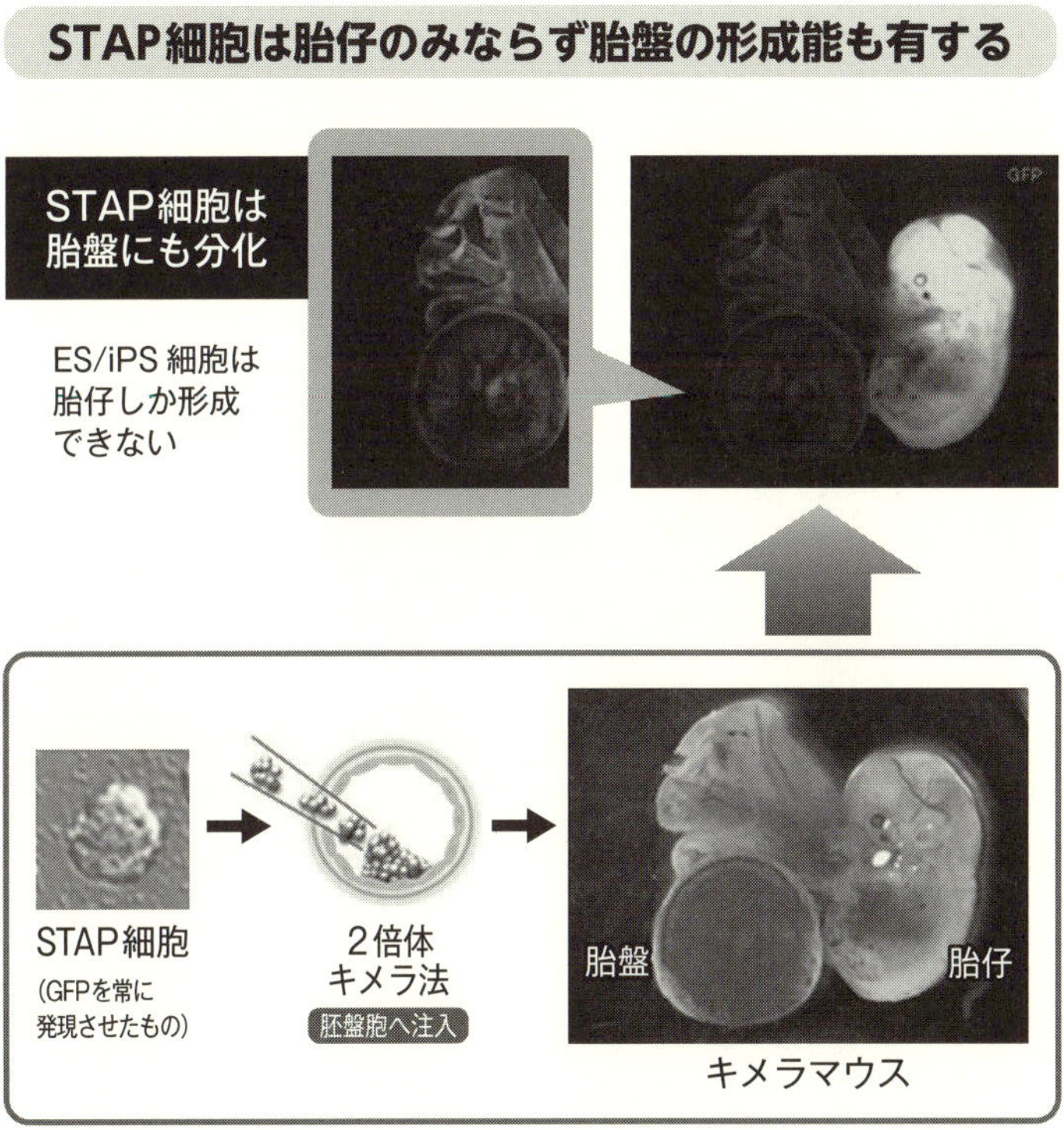

図4－3：胎盤をつくるSTAP 細胞の写真。ES 細胞では胎盤は光らない
（理研のホームページから引用）

らとっくにあきらめる。成果の出ない実験にいつまでもこだわっていると、次の就職先とか新しい研究テーマに乗り遅れる。時代に取り残される。研究者としての将来が危うくなるとあきらめるケースが多い。

そりゃあ、研究には機材、薬品、人件費など多くの経費がかかっているから研究機関に迷惑もかかる。いい加減にしたら？ という「空気」を察知することだって必要だ。ところが彼女は「次は絶対いけますので、実験、御願いします！」。普通ではあり得ない熱意にほだされたのかなあ。

来る日も来る日も、失敗が続いた。若山教授は淡々と検体を顕微鏡で覗き続けた。（中略）

梶原　で、成功した瞬間はどうだったんですか？

若山教授　いつもと同じように、彼女と一緒に研究室でマウスのお腹を見て、ライトを当てて、また何にも変化が起きないんだろうな、と思っていた。わたしも失敗には慣れていますが、彼女は失敗する度、毎回強いショックを受けているのが痛いほど分かる。さあ、今日はどんな言葉で慰めようか、と思っていたら、光ったんですよ！ 緑色に!!

梶原　やった!! 大成功って、さすがの先生も興奮したでしょう。

若山教授　小保方さんは涙を浮かべて喜んでいました。でもわたしは何かの間違え、何かの手順をミスして光っちゃったのかと不安に思いました。我々はこれまでの失敗について、すべての行程を記録しています。記憶もしています。どこで何をどうやったら反応が出なかった。それをいつでも振り返られるように行うのが実験ですから。

瞬時に今回の手順と過去の場面と比較してどの段階で何を間違えてしまったのか？　万が一のケアレスミスがあるとすれば、いつの何だろうか？　頭の中でぐるぐる考えていました。だって、万が一、緑の光が成功じゃなくて大失敗の結果だったとすると、小保方さんをぬか喜びさせたことになる。当りが大きかっただけに酷く落胆させる。残酷でしょう？

山の天辺に登らせて地面に突き落とすようなことはしたくありません。小保方さんが「やった！　やった！」と感涙にむせぶすぐ横で、わたしは「あそこでこうなって、ここはこうで」とまるで喜んでいない。ところがどう考えてもミスがない。でもあるかもしれない。私はまだ喜ぶのは控えておこうと思ったんでしょうね。

私はこの文章は本物だと思う。実際にこれに近いことがあったのだろう。

そして、マスコミの人たちや理科系の学者でも理論家の人は、実験の経験がないだろうから、若山氏が何を言っているか実感が湧かないだろう。私たち実験家が実験を成功させるためには、小さなアイデアをたくさんの実験で積み重ね、しかもいろいろな違った方法でトライしなければならない。新聞や雑誌の記事ではストーリーにおもしろさを求めるため、発見や発明は、大きなアイデアをひとつの実験で成功したことになっているが、そうではない。たくさんの実験をたくさんの手法でやればやるほど成功する確率が高くなる。優秀な実験研究者は誰でもそうしている。

しかし、私を含め凡庸な実験家は、たくさんのアイデアは出せない。まして や、同じような実験を何度もやるのは無駄が多いし疲れる。だから失敗したらそれで諦めてしまう。

ところが、「小保方晴子氏は失敗すればするほど、さらに多くの実験を積み重ね、かつ失敗の原因を突き詰め、次の作戦を持って来た」と右の文章にある。これができる小保方氏はすばらしい実験家だ。故笹井副センター長も、小保方氏に対して、「彼女は集中力がすごい」と、実験家としての才能を認める発言をはっきりしている。

小保方氏が優秀である証拠は他にも残っている。検証報告書に次のような記述がある。

⑵小保方研究員による検証結果（中略）

ＳＴＡＰ様細胞がリプログラミングを反映していることを示す最も確実な指標は、同細胞が正常な胚発生環境下で三胚葉の各組織形成に寄与し、キメラマウス（胚）を生じることである。研究論文では、ＥＳ細胞のように個々の細胞に分散してから宿主胚に注入するという方法によってはキメラは得られず、ＳＴＡＰ様細胞塊を小さな細胞塊にきざんで、宿主胚に注入する方法をとることが必要とされている。そこで、得られたＳＴＡＰ様細胞塊を丸ごと、あるいは、加工したガラス針、レーザー、眼科用のメスによりさまざまにきざみ、宿主胚としては胚盤胞胚およびモルラ胚に注入して、キメラ形成能（主として9・5日胚で）を検討した。また、STAP様細胞塊採取後、宿主胚へ注入するまでの時間も、実験の物理的環境下で最短とする工夫も行った。**以上のさまざまな組み合わせの下で、全部で1615個の細胞塊を宿主胚に移植し845個の胚発生を確認したが、リプログラミングを有意に示すキメラ形成は認められなかった。**

なお研究論文でのキメラ作成は、山梨大学の若山教授（当時発生・再生科学総合研究センターチームリーダー）によって行われたが、本検証実験でのキメラ作成は、検証実験チームの清成寛研究員（本務はライフサイエンス技術基盤研究センターユニットリーダー）により行われた。

「全部で1615個の細胞塊を宿主胚に移植し845個の胚発生を確認した」とある。1615回、繰り返し実験をしたということだ。これを小保方氏は、上司である笹井氏が自殺するという精神的にも追い詰められた状態で成し遂げた。しかも、「加工したガラス針、レーザー、眼科用のメスによりさまざまにきざみ」とあるから条件を変え試みたことになる。たいしたものだ。2015年に『ネイチャー』に再現実験論文が掲載されたが、試みた回数はたったの133回だった。

あとで引用するが、このSTAP様細胞塊を切り分ける特殊技術は、細胞工学初期の技術で、若山氏だけが持っていたものらしい。右の引用文から、検証実験では検証チームの研究員が行ったことが書いてある。だから、若山氏が参加しなかった検証実験はもともと成功しない無理な実験だったようにも見える。それでも小保方氏はがんばった。

ただ、小保方氏の将来は、残念ながら明るくない。アカデミックの世界では、改ざん、捏造《ねつぞう》、盗用が論文における「悪事の三冠王」だと言われている。彼女はミス（小さな誤り）ということで逃れようとしているが、周囲からはこの3つを確実にやったと見られている。

私のまわりの理科系の研究者で小保方氏を擁護する人は誰もいない。

STAP細胞の捏造は、小保方氏個人ではなく、若山研究室の問題である

マスコミは小保方氏ひとりを糾弾している。しかし、捏造があったとしたら、それは小保方氏が所属していた理研の若山研究室内部の問題だ。なぜなら、話題になったネイチャー論文の実験のほとんどが若山研究室での実験だからだ。小保方氏が実験結果を捏造した可能性を否定はしない。が、もし捏造があったとすれば、それは若山研の中で何か問題があったのだろうと

私は考える。

ひとつの理由は、先ほども書いたように、若山氏が山梨大に異動することになって、研究者全員が次のポストを探さないといけない状況にあったからだ。そんな中で、小保方氏が特進していった。そんな状況では若山研内には嫉妬、妬みから来る複雑な事情があっただろうと予想できる。

また次のような文章も残っている。さきほどの「STAP細胞を守る会」というホームページ上で見つけた。若山氏に対する朝日新聞のインタビュー記事だ。


キメラマウスを作るには、マウスの胚に候補の細胞を注入して育てる。ES細胞などでは、細胞の塊を酵素処理し、ばらばらにして使うのが普通だが、その手法ではSTAP細胞はさっぱり胎児にならない。失敗続きだった。共同研究を始めて1年半たったころ、手法を変えた。細胞の大きな塊を単細胞にばらさず、20〜30個程度の小さな塊にして注入する方法だ。刃渡り1ミリの極小メスを顕微鏡で見ながら操作して切り分ける。**細胞工学初期の60年代の技術だが、切り分けるのも注入も難しい。僕はその技を身につけていたからできた。すると、いきなり成功。**体に取り込まれたSTAP細胞が緑色に光るマウスの胎児を見ても、すぐには信じられなかった。「先祖返り」の技術が決め手だったと思う。

（朝日新聞　2014年2月6日）

この文章を素直に読めば、小保方氏がＳＴＡＰ細胞を捏造し、キメラマウスを作成することはできない。できたとすれば若山氏のほうだ。実際にＳＴＡＰ細胞からキメラマウスを作成したのが若山氏だからだ。ところが、若山氏には一片の疑いがかけられることもなかった。私は、木訥《ぼくとつ》とした若山氏の人間性や右の文章から、彼が捏造したとは思わない。しかし、それでも、すべてを小保方氏の責任に押しつけたマスコミはどこかおかしい。

このような事情があるからだろう。検証結果の報告書にも「小保方晴子氏の捏造」とは結論づけられていない。小保方氏にその機会はなかったからだ。機会があったとすれば、作成のあとで、こっそり、すり替えることぐらいだろう。それは誰にでもできる。

しかも、次に引用するように、もともとＥＳ細胞は若山研にはなかった。２０１０年3月に山梨大に凍結保存試料を全部移動して、理研の若山研には残されていなかったとされている。

ES細胞なぜ理研に　STAP報告書、なお核心遠く

大きな謎は、このＥＳ細胞がＳＴＡＰ幹細胞などを作る時になぜ、理研の研究室にあったかだ。ＥＳ細胞は05年に作製された後、当時の理研の若山研究室に、使われないまま保管されていた。**若山氏は、まだＳＴＡＰ細胞の作製が始まる前の10年3月、山梨大に転出**

する際にすべてのES細胞を持ち出したとしている。にもかかわらずES細胞は理研にあり、実験の過程で混入されたとみられる。（日経新聞　2014年12月26日）

だから、やはり、STAP細胞の捏造は、小保方氏個人ではなく、若山研究室の問題だ。そこには若山研に複雑な人間関係があるからだろうと私は考える。ただ、それが表沙汰になることはないだろう。

「常温核融合問題」と同じになるだろう論

最初に書いたように、私にはSTAP細胞が存在するかどうかは判断できない。「GPF発現した緑に発光する細胞」はある。しかし、それがSTAPと呼ばれる多分化能力を持った細胞かは、いまだに証明されていない。

私は、この問題は、「常温核融合《じょうおんかくゆうごう》問題」と同じプロセスをたどっていると判断する。

「常温核融合」というのは、1989年に、マーティン・フライシュマンとスタンレー・ポンズというふたりの教授が発見した現象だ。重水《じゅうすい》を満たしたガラス容器に、パラジウムとプラチナの電極を入れ、電流を流す。すると、核融合がおこり、トリチウム、中性子、ガンマ線が生成するという現象だ。

その後、この現象は再現性《さいげんせい》があやふやで、「常温核融合」などありえないという結論がはっきりとでた。ふたりの教授も詐欺師呼ばわりされた。物理学会も、今でもこの問題にはふれたくない。常温核融合関連の論文掲載を拒否している専門雑誌も、たくさんある。まるでSTAP細胞の今の状況と、うり二つだ。

実は常温核融合は実際にあった。フライシュマンとポンズが、「これでエネルギー問題は解決する」という大風呂敷をひろげたので、つぶされた。

現在は、三菱重工がこれを応用して元素変換技術《げんそへんかんぎじゅつ》に転用している。これはノーベル賞級の技術だ。というよりも錬金術そのものだ。人類は、簡便な錬金術をついに手に入れたということに他ならない。日経新聞から引用する。

放射性廃棄物の無害化に道？　三菱重、実用研究へ

三菱重工業は重水素《じゅうすいそ》を使い、少ないエネルギーで元素の種類を変える元素変換の基盤技術を確立した。

原子炉や大がかりな加速器を使わずに、例えばセシウムは元素番号が4つ多いプラセオジウムに変わることなどを実験で確認した。将来の実証装置設置に向け、実用化研究に入

> る。放射性セシウムや同ストロンチウムを、無害な非放射性元素に変換する放射性廃棄物の無害化処理に道を開くもので、原発メーカーとして実用化を急ぐ。（中略）**もともと低いエネルギーで元素が変わるのは、１９８９年に提唱された常温核融合と同じ考え方。**１億度などという超高温でなくても核融合が起こり、過剰熱が発生するという夢の現象を再現しようと世界中で再現実験が研究されたが、ほぼ否定された。
> 三菱重工も当時から研究を始めた。途中から**エネルギーの発生を証明するより、元素の変換を示す方が実証しやすいのではないかと考え、元素変換に的を絞った。**微量の元素が生まれたことは、兵庫県にある世界最高水準の物質分析技術を持つ大型の放射光施設「Spring-8」を使っても確認している。
> （日経新聞　２０１４年４月８日）

だから多くの専門家が否定した現象や技術でも、あとになって本物であったと証明されるということがある。今のＳＴＡＰ細胞の話と、初期の状況がよく似ている。

小保方氏が「ＧＰＦ発現した緑に発光する細胞」をつくったのは確かだ。そういう状況証拠がたくさんある。しかし、ノーベル賞をもらったｉＰＳ細胞との関係で、小保方氏と理研は最初に、何にでも分化する万能細胞（トーティポテンシィー・セル）ができた、と大風呂敷をひろげすぎた。再現性の欠点を徹底的につかれた。私が、「常温核融合問題」とよく似ている、あるいはまったく同じだと感じる理由だ。

だから、今後の過程もよく似たものになるだろう。

「ＳＴＡＰ細胞は存在しない」と学界では決着する。現在はここだ。しかし、今後もずるずると「いや、やっぱり有りそうだ」という実験結果が報告される。それでも、学会やマスコミは無視する。こんな風になるのではないかと私は予想する。

参考文献

梶原しげるのプロのしゃべりのテクニック、「その時マウスは緑色に光った!-」(http://bizacademy.nikkei.co.jp/business_skill/shaberi/article.aspx?id=MMACi8000C11042014)

独立行政法人理化学研究所「ＳＴＡＰ現象の検証結果」２０１４年12月19日

独立行政法人理化学研究所　研究論文に関する調査委員会「研究論文に関する調査報告書」、２０１４年12月26日

Obokata et al., Nature 505: 641-647 (2014)

Obokata et al., Nature 505: 676-680 (2014)

ＳＴＡＰ細胞を守る会「ＳＴＡＰ問題を考える」（http://stapjapan.org/）

第5章

和歌山毒カレー事件の犯人を林眞須美被告と特定した証拠は本物か？

理科系の「科学的に証明された」ということばが、いつも正しいとは限らない

皆さんは、15年ほど前におきた和歌山の毒カレー事件を覚えておいでだろうか？

１９９８年に和歌山市の園部地区の夏祭りで、配られたカレーを食べた住民がつぎつぎとヒ素中毒をおこして倒れ、４人の人が亡くなった悲惨な事件である。数カ月後、近くに住む保険外交員である主婦・林眞須美《はやしますみ》が、ヒ素をカレーに混入させた犯人として逮捕された。林眞須美被告は別途、保険金殺人もしていたとしてマスコミが取り上げ、大きな話題となった。

この事件は、その後、証拠もそろい、２００９年に林眞須美被告の死刑判決が確定した。ところが、最近、「林眞須美被告は本当に犯人だったのか？」というのが、理科系の分析化学分野で話題になっている。また、次に引用するように、弁護団も冤罪であるとして活発に動いている。

毒物カレー事件　林眞須美死刑囚の弁護団、ヒ素鑑定教授に公開質問状

和歌山毒物カレー事件の林眞須美死刑囚（53）の弁護団は、事件のヒ素鑑定を行った中井泉・東京理科大教授に公開質問状を送ったと発表した。公開質問状では、中井教授がヒ素の組成を測定したデータと、それによる鑑定結果が矛盾するなどとして、証言の撤回などを求めている。

弁護団はこれまで、確定判決のヒ素に関する判定は誤りと主張。10月には、再審請求補充書を和歌山地裁に提出している。

（産経新聞　2014年12月3日）

いったい、分析化学の分野で何が起こっているのか、和歌山毒物カレー事件の犯人は林眞須美被告という証拠は本物なのか、をここでは解説したい。

事件の経緯

1998年7月25日、和歌山県和歌山市園部。町の夏祭りで、配られたカレーを食べた住民が次々に腹痛や吐き気などの食中毒症状を起こし倒れた。カレーの中に亜ヒ酸（「As^2O^3」。正確には亜ヒ酸の無水物である）が混ぜられたことによるものである。これが、いわゆる「和歌山毒カレー事件」である。

推定では全体で200gの亜ヒ酸が混入された。夏祭りを開いた住民に対する無差別殺人であった。4人が死亡、60名以上の人たちが急性ヒ素中毒になった。

この事件が起こった3カ月後、近くに住む保険外交員である主婦・林眞須美が、殺人未遂と保険金詐欺の容疑で逮捕された。さらに12月、カレーへの亜ヒ酸の混入による殺人と殺人未遂の容疑で再逮捕された。彼女の自宅の台所に、使用された毒物である亜ヒ酸が、シロアリ駆除剤として保管されていたため、犯人であると特定された。

しかし、逮捕後も事件の詳細は明らかにならなかった。林眞須美本人は犯罪への関与を絶対に認めなかった。林眞須美被告が、ヒ素を混入させたという直接証拠もなかった。だから容疑者が逮捕されても、動機や亜ヒ酸を混入させた経緯が、不明のままだった。さらに、ヒ素の毒殺は、食べ物に少しずつ混ぜ衰弱させ、あたかも病死によるものだと見せかけるのが主流である。大量に入れて急死させることはほとんどない。この点も、林眞須美被告が犯人であるか疑わしい点だった。

しかし、検察は殺人罪で林眞須美を起訴した。第一審・控訴審の大阪高裁において被告は共に死刑判決を受けた。林眞須美側は上告したが、最高裁で2009年5月死刑判決が確定した。これで、すべて一件落着したと見られていた。

蛍光X線分析法で何がわかったのか?

この事件が最近、分析化学の分野で話題になっている。林眞須美死刑囚を犯人であると決めた大きな証拠のひとつが「蛍光X線分析」とよばれる手法である。これにより、カレー中の亜ヒ酸が、林眞須美被告の所持していたシロアリ駆除剤の亜ヒ酸であると認定された。しかも、この亜ヒ酸は少量しかなかった。しかし、林眞須美被告の有罪が、最先端の超微量分析技術により「科学的に証明された」のである。

ところが、この蛍光X線分析を専門とする京大の河合潤という教授が、鑑定結果に異議をとなえ、学会や雑誌でその問題点を指摘したのである。

まず、このカレーに含まれていた亜ヒ酸がなぜ、被疑者が所有していた亜ヒ酸であると分析かつ特定できたのかをくわしく記す。

これを決定した分析手法は、「蛍光X線分析法」と呼ばれる超微量分析技術である。X線を

林眞須美死刑囚

照射し、そこからでてくるX線の発光（蛍光）のエネルギー分布（スペクトルと呼ばれている）を解析したものである。

量子力学が支配するミクロの世界では、電子はある特定のエネルギーを持ってイオン核のまわりに存在する。X線を照射すると、原子内の内殻電子と呼ばれている電子が放出され空孔をつくる。そして、瞬時に外側の電子がこの空孔に移る。そのときに原子は特定のエネルギーのX線を放出する。この光のエネルギーは原子ごとに異なり、特定の原子は特定のX線を放出する。また、あとで見るように、この光はエネルギー分布の図（スペクトル）では幅の細い線を示すため、はっきりとその物質を特定できる。したがって、スペクトルを解析することで、そこに含まれる物質やその量の比率が決定できるのである。

といっても亜ヒ酸（ヒ素）を分析するわけではない。実際に分析するのは、亜ヒ酸といっしょに含まれる微量の不純物元素、ここではモリブデン、スズなどである。これらの不純物が、ヒ素に対してどれだけ含まれているかを調べる。同じ薬品（この場合シロアリ駆除剤）なら、当然、不純物も同じだけ含まれるからだ。実際には、２つの蛍光X線スペクトルを比較し、含有量の比から同一の薬品であると結論する。

このような犯罪では、押収される毒物の量が少ない。化学分析するとすぐなくなってしまう。そこで、非破壊の分析技術としてこの蛍光X線分析法はある。

この事件では、ごく微量の不純物を解析するために放射光施設が利用された。ほぼ光の速度で進む電子を揺動させると進行方向にX線を放出する。この光は放射光と呼ばれ、高強度で微小領域に集光したX線を生み出すことができる。鑑定では兵庫県にあるSPring-8《スプリングエイト》と茨城県にあるPF《ピーエフ》という2つの放射光施設が使用された。このSPring-8は世界最先端の施設である。事件当時、「世界最先端の放射光施設によって微量の分析が可能となり、犯人が特定できた」と盛んに宣伝していた。

この測定の結果、カレーに含まれる微量不純物元素のパターン、カレー鍋のそばで見つかった紙コップに付着した亜ヒ酸付着の微量元素パターン、そして被告の家にあったプラスチック容器に付着した亜ヒ酸付着の微量元素パターンの3つが一致していることがわかった。つまり、カレー鍋の亜ヒ酸と林眞須美被告が持っていた亜ヒ酸入りシロアリ駆除剤が「同じもの」であると結論づけられた。これで、林眞須美被告が、所持していたシロアリ駆除剤を紙コップで持ちこみ、カレー鍋に混入させたと結論できる。

この蛍光X線分析の鑑定実験を主導したのは、中井泉という東京理科大の教授である。最近、尾形光琳《おがたこうりん》の「紅白梅図屏風《こうはくばいずびょうぶ》」（国宝）を分析し、背景は金箔、また、川の部分は銀箔であるとして、従来説をひっくり返したことで有名である。

彼が記者会見で発表した内容が新聞記事として残っている。

「鑑定したのは、▽なべに残っていたカレー　▽現場近くで回収した紙コップ　▽眞須美容疑者の自宅から押収したプラスチック容器のそれぞれから検出された亜ヒ酸と、夫の健治被告（五三）＝詐欺罪で起訴＝がかつてシロアリ駆除で使っていたドラム缶から取り分けたとみられる五点の亜ヒ酸。

このうち、カレーに入っていた亜ヒ酸については、溶けきらずに残っていた結晶が顕微鏡で初めて見つかった。分析の結果，モリブデン、アンチモン、スス、ビスマスの四種類の不純物の種類と含有比率のパターンが一致した。

中井教授らは『同じ工場がある特定の時期に製造した亜ヒ酸の製品だと言える』と述べた。亜ヒ酸は中国産とみられる。

（朝日新聞　1998年12月27日）

鑑定結果に対する疑問点

ところが、この鑑定結果に対する不審の声が専門家内ではあった。どのようなデータだったのか、公にされなかったからだ。Anthony.T.Tuという毒物を専門にする化学者が書いた『ニュースになった毒』という本から引用する。

またSPring-8による分析で、何回測定しても同じ結果が出てきたかどうか、その各回の「生データ」は公表されていない。微量の重金属の分析は非常に困難なもので、本当に毎回同じような結果が出たのであろうか。同じであれば、どの程度同じだったのだろうか。

（Anthony.T.Tu著、『ニュースになった毒』）

はっきりと「本当に毎回同じような結果が出たのであろうか」と書いてある。スペクトルだけで同一の亜ヒ酸であると決定できるのかという疑問を持っていたことは明らかだ。記者会見で中井泉教授は、「同じ工場がある特定の時期に製造した亜ヒ酸の製品だと言える」と述べた。検察も冒頭陳述で「同一物、すなわち、同一の工場が同一の原料を用いて同一の時期に製造した亜ヒ酸であるとの鑑定結果が得られた」と述べている。しかし、それほどの精度があったかが疑問であった。

のちに発表された、兵庫県にあるSPring-8で測定された実際のスペクトルを紹介する。

図5—1が鑑定資料のスペクトルである。林眞須美被告が台所に置いていたプラスチック容器に付着していた亜ヒ酸のスペクトル（C）、その他が現場に残されていた亜ヒ酸のスペクトルであり、A：カレーの中に塊で残っていた結晶、A'：カレーから抽出された亜ヒ酸、B：ゴ

ミ袋の中から発見押収された紙コップに付着していた亜ヒ酸、である。また、下には、参照として、産地ごとの亜ヒ酸のスペクトルが示してある。

中井泉教授は、このスペクトルから、少量の金属、具体的には、Sn（スズ）、Sb（アンチモン）、Pb（鉛）、Bi（ビスマス）の4つの金属がどれほどの割合で存在するのかを決定した。そして、これらの強度比の傾向が一致するので、図のC（林眞須美被告が台所に置いていたプラスチック容器に付着していた亜ヒ酸）と現場で見つかった亜ヒ酸が、同一の亜ヒ酸であると結論した。また、モリブデンがこのスペクトルにはのっていないが、別の測定で含有量を確認し有力な証拠とした。

実際のスペクトルを詳細に見てみると違いがみられる。これは主に、放射光の強度が強すぎて「飽和した」ことによる効果である。このような効果を除き、スペクトルの類似性から判断すると、A、A'、B、Cの4つが同じであると結論できる。

しかし、それだけではない。図5―2には中国産の亜ヒ酸の蛍光X線スペクトルが示してある。この中国産のスペクトルも、A、A'、B、Cの4つとほぼ同じである。これは別の試料だ。したがって、これらのスペクトルからは、「林眞須美被告が所持していた亜ヒ酸も犯行現場の亜ヒ酸も、共に中国産である」という事実だけしか示せない。

この事実は非常に重要である。なぜなら、既述したように、実験を行ったSPring-8は、世界

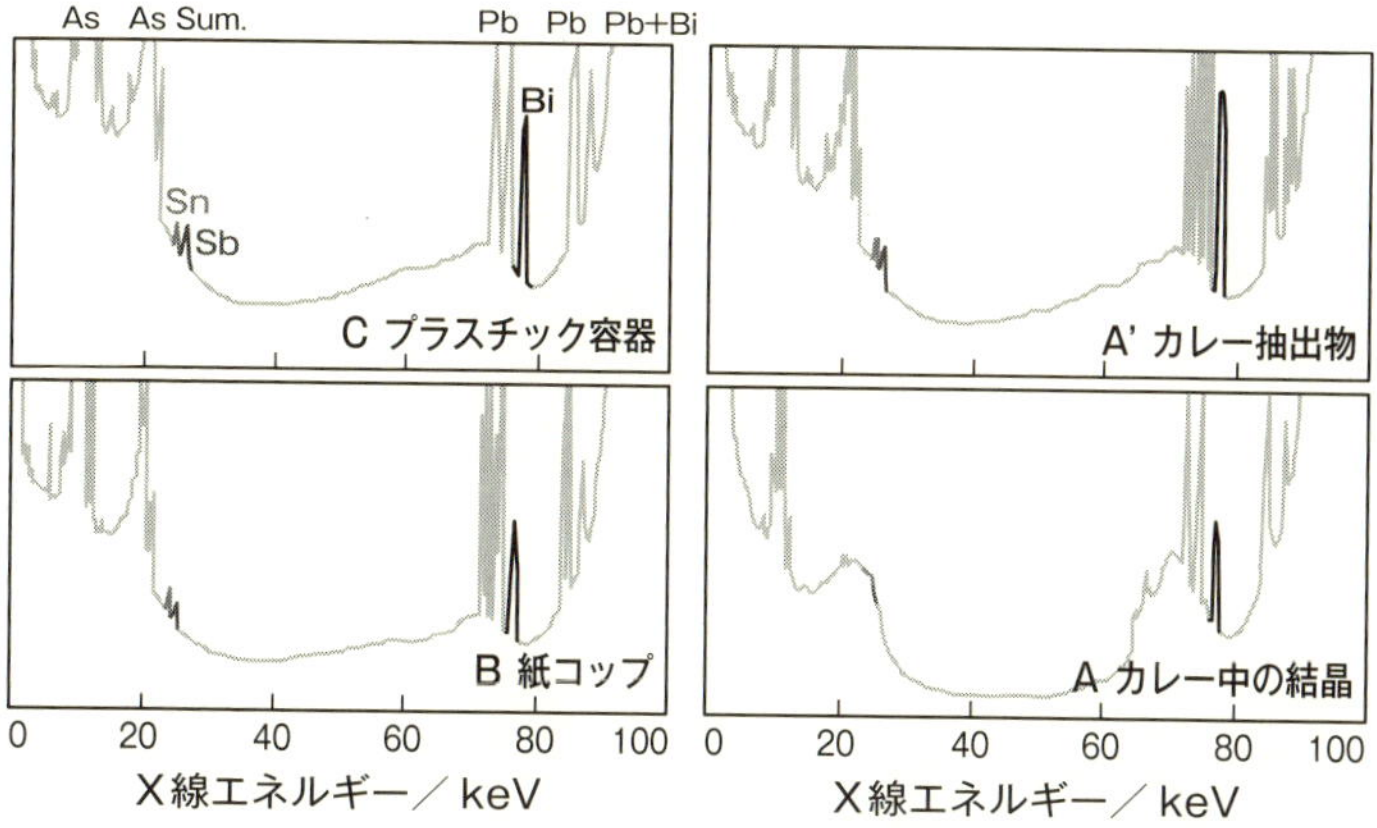

図5－1：鑑定資料の蛍光X線スペクトル。４つのスペクトルがほぼ一致することから同一の亜ヒ酸であると結論できる（『現代化学』509号 8月号〈2013〉）

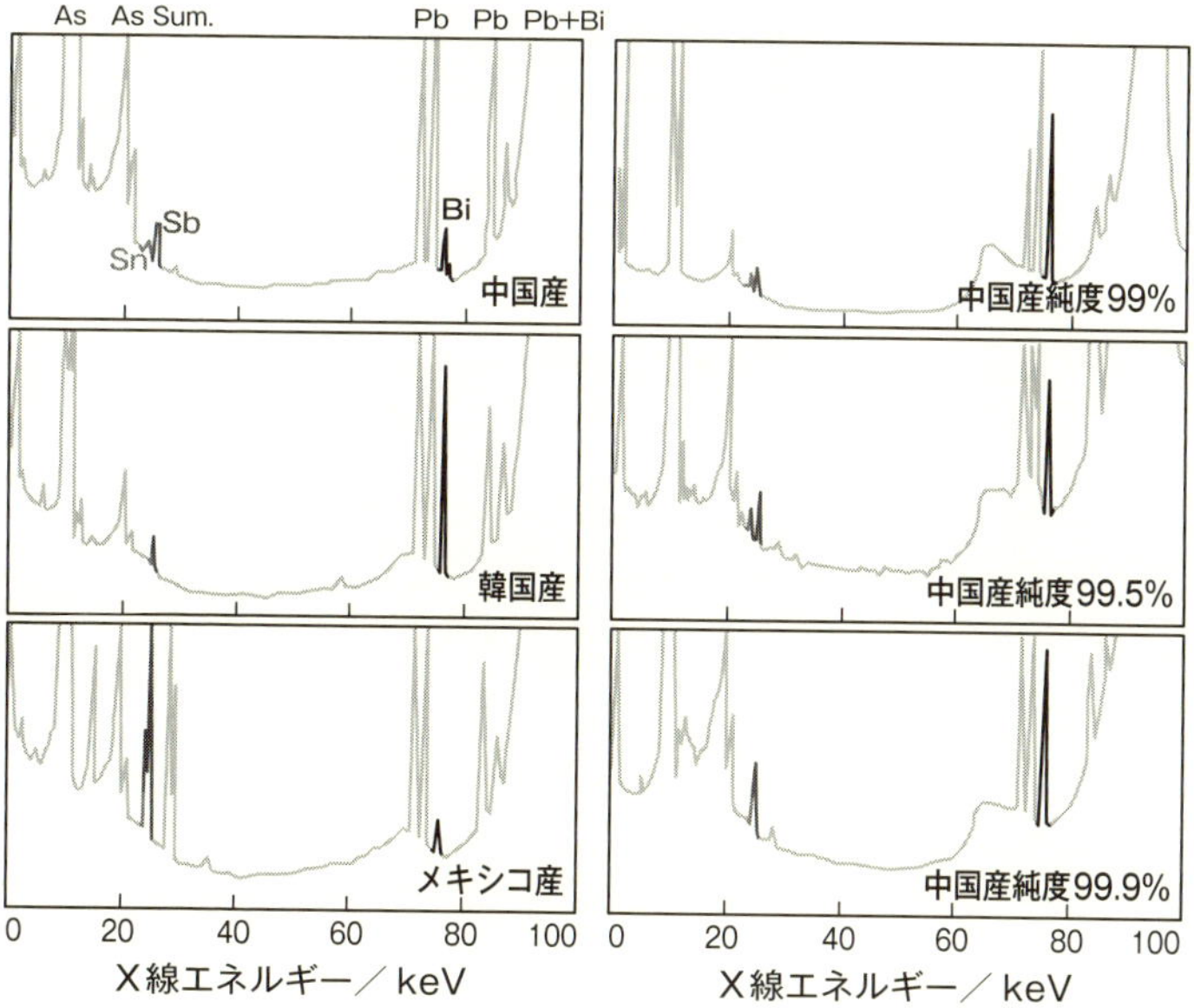

図5－2：産地・純度の異なる亜ヒ酸の蛍光X線スペクトル。中国産の亜ヒ酸（上とは別の試料）は上の４つのスペクトルと酷似している
（『現代化学』509号 8月号〈2013〉）

最先端の分析技術により犯人が特定できたと宣伝していたからだ。事実は、SPring-8の測定では「2つの亜ヒ酸が中国産である」という証明しかできなかったということだ。先ほど引用したTu氏は、「（分析結果は）中国の工場でつくられたヒ素のある製造部分（ロット）が同じ」ということであり、「ほかの人が同じヒ素を持っている可能性を完全には排除できないのではないか」という疑問を呈していた。そのとおりだったことがわかる。

では、どうやって証明したかというと、中井泉教授は別の放射光施設（PF）で測定したモリブデン（Mo）の含有量から、林眞須美被告の所持していた亜ヒ酸と犯行現場の亜ヒ酸が同じであるという証明を行った。事件に関係した亜ヒ酸以外には、モリブデンは含まれていなかった。だから、**このモリブデンこそが有力な証拠である。**

鑑定に異議をとなえた京都大学・河合潤教授

このように、「鑑定結果は本当に被疑者を犯人と特定しているのか？」という疑問があったところに、2013年6月、「この鑑定結果はまちがい」であるという指摘があった。この指摘をしたのは、同じ「蛍光X線分析法」を専門とする研究者である京都大学の河合潤教授である。

これには、さすがに、びっくりした。同じ分野の研究者を批判することはほとんどないからだ。批判した結果、その分野の評判が落ちるだけで、災いは批判した自分にも返ってくる。なにより、著者の河合潤教授自身が「若手の研究者数名から、同業者を批判する論文を出版するべきではなかった、と言われました」と、はっきり書いて残している。

主要な論文は2つある。2013年3月の『X線分析の進歩』に「和歌山カレーヒ素事件鑑定資料の軽元素組成の解析」という題で、2013年6月の『現代化学』に「和歌山毒物カレー事件の鑑定の信頼性は十分であったか」という題で掲載された。河合潤教授は、学会でも口頭で鑑定結果に関する問題点を何度か指摘したようである。

「和歌山毒物カレー事件の鑑定の信頼性は十分であったか」という論文で、**河合潤教授はカレー事件の鑑定は不十分であると主張した**。しかし、それだけでなく、同じ測定結果を軽金属元素に適用すれば、むしろ結論は逆になる、つまり「**林眞須美被告は無罪であると証明できる**」**という主張を併せて行った**。「林眞須美は犯罪者であり、その有罪は科学的に証明されている」と私を含め、一般人は皆そう思っていたから、この論文は衝撃的だった。

【ふたりの論争内容その1】鑑定結果が意味するもの

さすがに、放置することはできなかったのだろう、実際に鑑定解析を行った理科大中井泉教授の反論が2カ月後の『現代化学』2013年8月号に掲載された。

河合潤教授と中井泉教授の2つの投稿論文から、重要と思われる部分を見てみる。まず、解析結果または鑑定結果が意味する結論が何なのかという点である。我々はマスコミの報道から「解析により、カレー鍋に付着していた亜ヒ酸は、被疑者の持っていたシロアリ駆除剤であると同定された」と思い込んでいる。

しかし、河合潤教授は、そうではないと主張した。「この**2つの亜ヒ酸が『同種である』と認定されたにすぎず、犯人が所持していたシロアリ駆除剤と同定されたわけではない**」と述べた。この証拠だけで林眞須美被告を犯人と特定することはできないということだ。

もし林眞須美被告のみが、この「同種」の亜ヒ酸を所持していたのならば、犯人と特定できる重要な証拠となっただろう。ところが、**同じ亜ヒ酸が複数の家庭に分散していた**。以下、引用する。


その経過は、1995年春ころ、被告人夫婦の依頼で被告人の親族のM氏宅に、D1とD2の亜ヒ酸が引き取られました。また1995年秋に、被告人の夫のもとでシロアリ駆除作業に従事していたK氏を通じて、同様にM氏宅にD2とD3の亜ヒ酸が引き取られました。一方、被告人の夫の知人のT氏宅にT氏のあずかり知らないまま、D5の亜ヒ酸が

置かれていました。（中略）
D1からD5の亜ヒ酸はすべてDという亜ヒ酸が起源になっていることが裁判の関係証拠からわかっています。

（河合潤『現代化学』507号〈6月号〉、42〈2013〉）

この文章から少なくとも他に5つの同種の亜ヒ酸が別の家にあったことがわかる。そして、河合潤教授はこれらの亜ヒ酸は、上記の中井泉教授の手法では区別することはできず、同一なものになってしまうと主張した。

死刑が確定するほどの証拠なので、犯罪の決め手となる元素Mo（モリブデン）はH氏（注：林眞須美被告のこと）宅台所のプラスチック容器の亜ヒ酸だけに含まれていたかのような印象をうけましたが、どうもあいまいではっきりしないので、H氏宅の亜ヒ酸と、カレーのそばにあった紙コップのものだけが同じだったのか、この地域から集められた他の亜ヒ酸も同じだったのかを質問しました。**その回答は意外なもので、表1に示した亜ヒ酸はすべて同じものでした。**（中略）
ここで問題となるのが鑑定の目的、すなわち「異同識別」・同一・「同じ」とは何を意味するかです。

(i)表1の亜ヒ酸すべて（試料2～7、10）が緑色ドラム缶（試料1）に由来するものなのか、そうでないのかを調べることが異同識別の目的だったのでしょうか？
(ii)どの家（試料1～6）に保管されている亜ヒ酸が、紙コップ付着（試料7）やカレー鍋の亜ヒ酸（試料10）と一致し、どれが違うものだったかを調べるのが異同識別の目的だったのでしょうか？
私は、当然、(ii)が科学鑑定の目的だったと思っています。中井さんの鑑定書には鑑定の目的がはっきり書かれていなかったため、(i)が証明されただけの**鑑定結果を裁判では(ii)が証明されたと誤解されたのではないか**と思います。

（河合潤『現代化学』507号〈6月号〉、42〈2013〉）

これに対して、中井泉教授は、あっさり、この事実を認めている。つまり、「鑑定結果は被告を犯人と決定する証拠ではない」ことを認めている。

検察庁からわれわれが依頼されたことは「亜ヒ酸の証拠資料についての異同識別でした（法医学では「試料」ではなく「資料」と使います）。ここで異同識別とは、たとえば犯罪現場で見つかった証拠資料Aと容疑者が所有する資料とが、同一であるかどうかを明らか

表1：鑑定試料の由来と試料番号

試料の由来	M氏 緑色 ドラム缶	M氏 ミルク缶	M氏 白色缶 (重)	M氏 茶色 プラスチック容器	T氏 ミルク缶 つよい子	H氏 白アリ駆除剤 プラスチック容器	青色 紙コップ 付着	カレー既食分
試料番号	1	2	3	4	5	6	7	10

「試料1は 50 kgのドラム缶で中国から輸入した亜ヒ酸です。裁判の証言によると、ドラム缶から小分けされてさまざまな人手にわたりました（試料2～6）、試料6はH氏台所から発見されたプラスチック容器に付着した亜ヒ酸で、100μm 径の微細な粒子が複数付着していました。H氏が台所から青色紙コップに入れてカレー鍋まで亜ヒ酸を運び、カレー鍋に投入後、この紙コップはゴミとして捨てられたと考えられています。紙コップには約 30 mgの亜ヒ酸が付着していました。指紋は検出されませんでした。カレーの中の亜ヒ酸は再結晶した／しないという議論があります。試料1に小麦粉やセメントを混ぜて白アリ駆除剤として使われていました」（『現代化学』507号 6月号〈2013〉）

にすることで、法科学鑑定ではよく使われます。（中略）

われわれの鑑定からいえることは、カレーの中の亜ヒ酸（Ａ、試料10のこと）、紙コップの亜ヒ酸（Ｂ、試料７）、Ｈ被告人の台所のプラスチック容器の亜ヒ酸（Ｃ、試料６）は昭和58年ごろＨ被告人の夫がシロアリ駆除作業のためにＮ商店から購入した緑色ドラム缶に入った亜ヒ酸（Ｄ、試料１）と同一の起源をもつということだけですが、重要なのはＡとＣを分析できたことです。**河合さんは、われわれの結果だけでＨ氏が有罪か無罪かを判定しようとされていますが、われわれの鑑定だけで判決が下せるものではありません。**たとえば、図１のＥに示すように、Ｄと同時に同一の起源の亜ヒ酸が複数輸入されていますので、その亜ヒ酸が第三者の手によってカレーの中に入れられた可能性は、我々の鑑定結果からは否定できません。これは、司法機関が別途調べるべきことで、我々の鑑定書の範囲外です。なお、当時西日本に流通した亜ヒ酸37種の分析を我々が行ったところ、それらはことごとくＤの亜ヒ酸の特徴と明らかに違っていました。したがって、他の市販品Ｆの中にＤと起源が異なる亜ヒ酸でＱ１とＱ２の特徴をもつ亜ヒ酸が存在する可能性はきわめて低いといえます。（中井泉、寺田靖子『現代化学』５０９号〈８月号〉、25〈２０１３〉）

右にあるように、「Ｈ氏が有罪か無罪かを判定しようとされていますが、われわれの鑑定だけで判決が下せるものではありません」と述べている。鑑定結果は犯罪者として証明した「証拠物件の一部」にすぎず、「決定的な証拠ではない」とはっきり認めた。

わかりやすく言えば、「犯人は犯行に使われたのと同種の凶器を所持していた、だから、もし被告が犯人だとしても矛盾はない」ということだ。この証拠だけで、犯人として特定することはできない。

なお、警察は、同種の亜ヒ酸を所持していた関係者は、カレーへの亜ヒ酸混入の機会がなかったことから、唯一その機会を持った被告を犯人であると証明したようである。

【ふたりの論争内容その2】犯人ではないことを証明した蛍光X線分析測定

では、有罪にせよ無罪にせよ、もっと具体的な証拠はないのか。

それを試みて、無実であることを証明したと主張したのが、先ほどの河合潤京都大教授だ。上にも書いたように、蛍光X線分析は、亜ヒ酸そのものではなくて、その亜ヒ酸に少量ふくまれる微量な不純物から同一性を判断する。中井泉教授はこの不純物としてモリブデン（Mo）、スズ（Sn）、アンチモン（Sb）、ビスマス（Bi）を使った。しかし、世の中には他にもいろいろな金属原子がある。別の金属を調べて比較することも可能だ。それと比較した場合どうなるのだろうか。

そこで河合潤教授は、同じスペクトルの鉄（Fe）と亜鉛（Zn）を用い比較を行った。具体的には、先ほどの図のエネルギーの低い部分を解析し、他の原子との強度を比較した。

左に示したのが、測定結果である。鉄（Fe）、亜鉛（Zn）、モリブデン（Mo）、バリウム（Ba）、ヒ素（As）のピークを比較している。

林眞須美被告が犯人であれば、6と7、つまり、台所に置いていたプラスチック容器に付着していた亜ヒ酸(6)と現場の紙コップに付着していた亜ヒ酸(7)が同じ強度比を示すはずだ。しかし、そうはなっていない。ふたつは明らかに違う。図5―3は実際の6と7の蛍光X線スペクトルで、それをみると、さらによくわかる。6の鉄（Fe）のピークが非常に強い。

河合潤教授も、はっきり書いている。


図に示すように、H氏台所の亜ヒ酸（試料6）と紙コップ付着の亜ヒ酸（試料7）とではFe：Zn：Asの強度比が異なることがわかります。

（河合潤『現代化学』507号〈6月号〉、42〈2013〉）


では中井教授はこれについて、どのように反論したのだろうか？　以下に引用する。

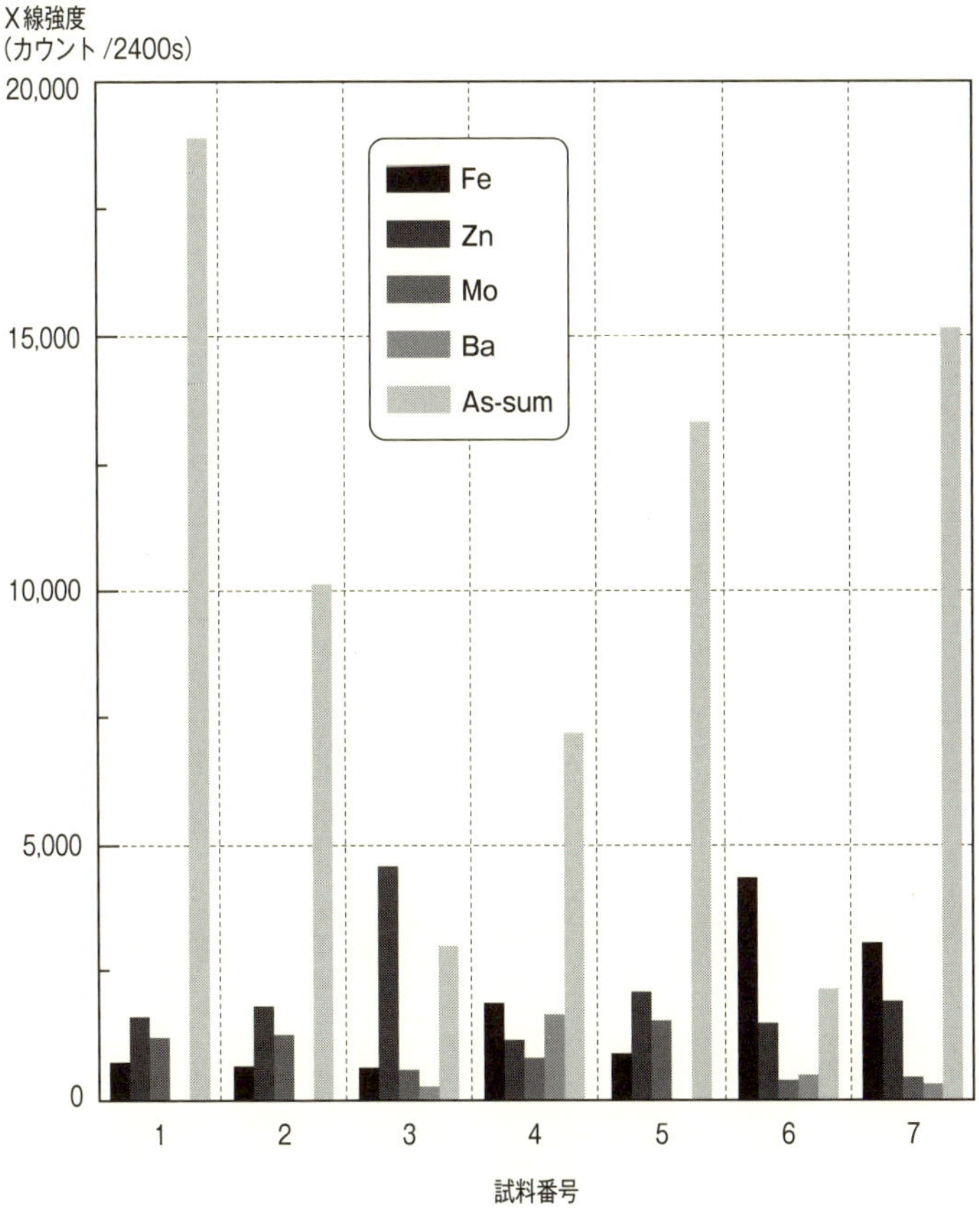

図5―3：試料1〜7のピークの強度の比較。被告が犯人であれば6と7が同じ分布にならなければならないが、そうはなっていない
（『現代化学』507号〈6月号〉、42〈2013〉より引用）

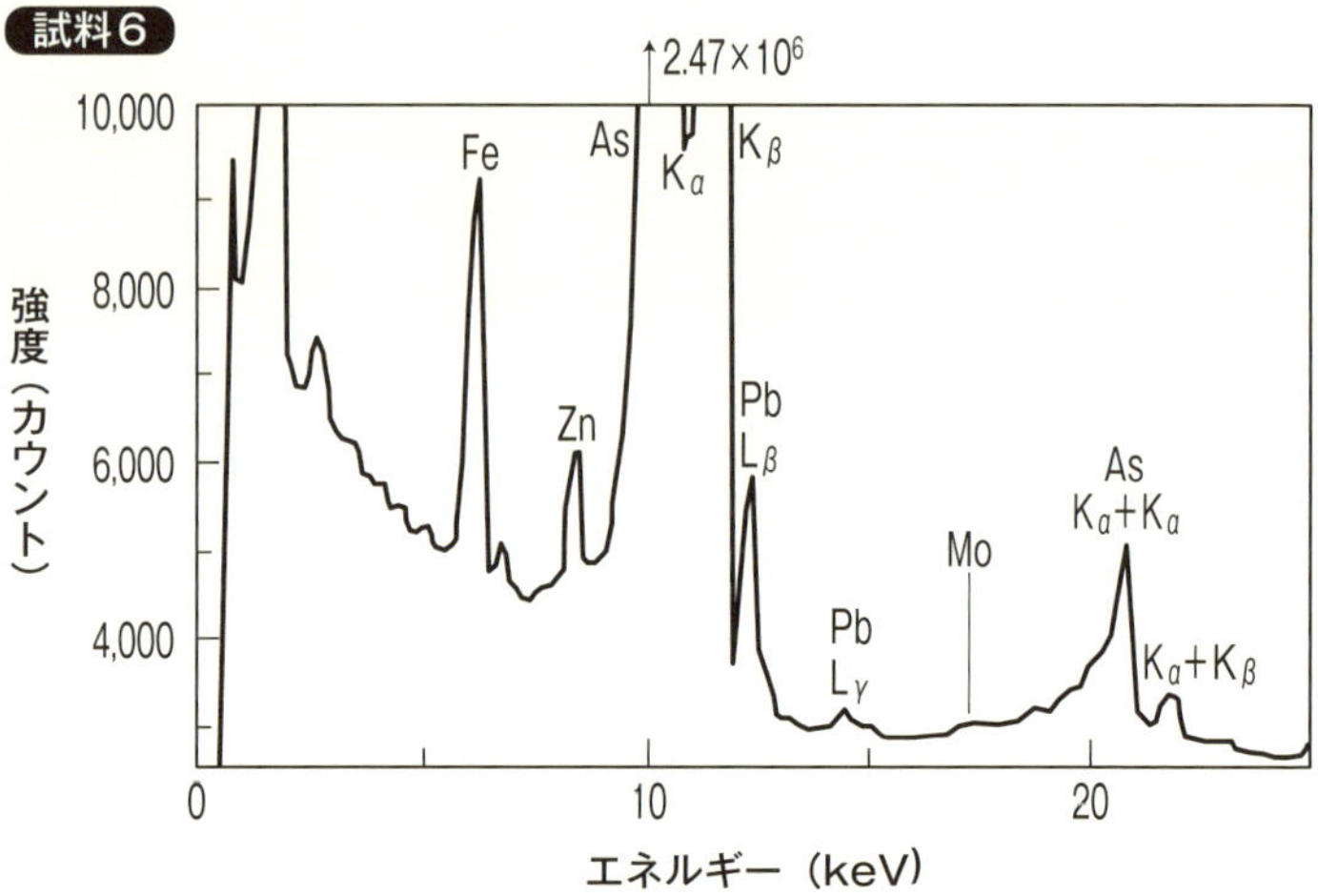

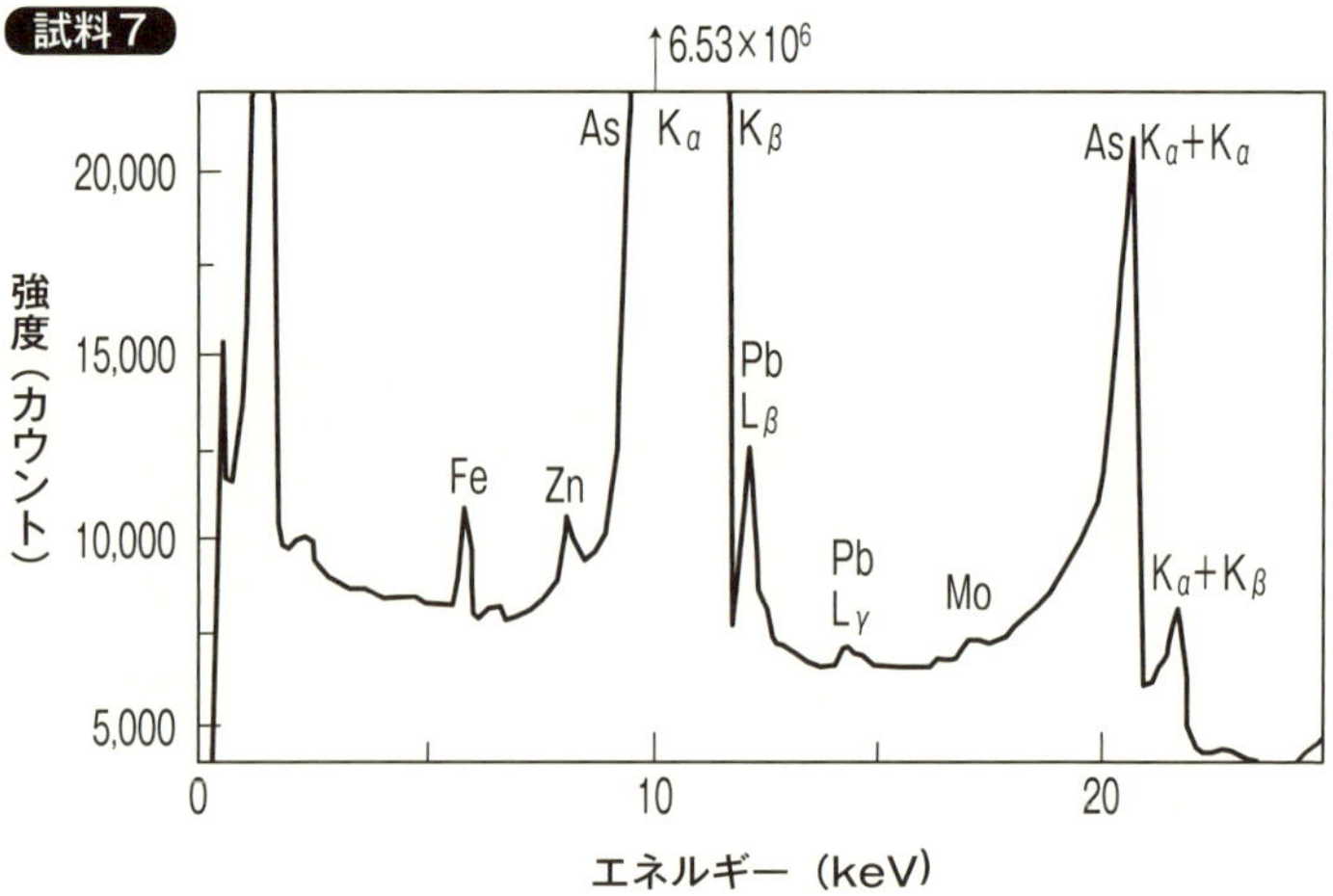

図5―4：試料6と7のエネルギーの低いところの蛍光X線スペクトル。
試料6のFe（鉄）のピークが強く出ている
（『現代化学』507号〈6月号〉、42〈2013〉より引用）

ドラム缶の亜ヒ酸Dは１９８３年ごろに購入され、１９９８年にヒ素事件が起こり、最終的にM氏宅、T氏宅、H氏宅で警察の手によって押収される15年の間に、セメントが加わったり、缶の錆がついたりさまざまな汚染が起こります。もし、それが試料を均一に汚染していれば、河合さんが試みられたように異同識別が可能です。ところが、**錆びた缶に入っているものでは場所によりFe（鉄）の量はばらつきます。あとBa（バリウム）は亜ヒ酸をシロアリの駆除に散布するとき、粘着性をよくするためにあとから加えたセメントに由来する**ものであり、原子レベルで均一にまざることはありません。（中略）

したがって、今回のような混合物に対して今回のようなFe、Zn、Mo、As、Baの強度を比較して異同を論ずることはできません。一方、我々の異同識別では、亜ヒ酸のAsをSbやBi原子が原子レベルで置換（固溶）しているため、亜ヒ酸は純物質ですので、試料のどこにX線を照射しても量比は一定に保たれます。

（中井泉、寺田靖子『現代化学』５０９号〈８月号〉、25〈２０１３〉）

つまり、鉄やバリウムは購入後にそれぞれの容器内で不均一に混ざった不純物である、だから、比較しても、意味がないという主張である。

【ふたりの論争内容その3】谷口・早川鑑定について

中井泉教授は、その後で行われた同様な実験を根拠に、きちんと証明されているとした。大阪電気通信大工学部の谷口一雄教授と広島大の早川慎二郎教授のふたりが別々に鑑定を行っている。

一般には、これで確定されたと思われているが、これにも河合教授は強く反論している。

谷口・早川鑑定の結論は、「**鑑定資料6は**2種類あり、そのいずれもがその**量が極めて少ないために**鑑定資料1~5との間で含有量を用いた議論をすることができないために**異同識別の判断をすることができない**」、「鑑定資料7については（中略）鑑定資料1~5と同種である」というものである。ここで鑑定資料6とはH氏台所プラスチック容器、鑑定資料7とは紙コップ付着亜ヒ酸である。このように谷口・早川鑑定の結論は、中井さんの鑑定結果と全く異なる。これを「筆者らの鑑定結果を支持する」というのは言い過ぎである。

（河合潤『現代化学』511号〈10月号〉、68〈2013〉）

6（被告台所容器の付着物）と7（紙コップ付着物）が同じ亜ヒ酸であることが犯罪証明の根幹をなしているが、それは証明されていないという主張である。また、右の文から考えると、6（被告の台所容器内の亜ヒ酸）の鑑定ができたのは中井泉教授だけだということになる。

犯罪者である証明責任は、検察側にある

さて、以上ふたりの論争を見てきた。

実は、このふたりの議論、専門家としての議論としては中井泉教授のほうが正しく思える。つまり、鉄や亜鉛などは、様々な品の材料やメッキに用いられているから、あとから不均一に混入したと考えてもおかしくない。私も研究者として、そう判断する。

しかし、現実の裁判の場では、河合潤教授の主張のほうが優れている。ここが、科学者としての分析評価の議論と裁判における証拠の信頼性の議論との違いである。

中井泉教授の主張は「蛍光X線スペクトルが同じであれば、同一の試料（この場合亜ヒ酸）である」という学問の方法論（土台、メソトロジー）の原理にしたがっている。それなのに、中井泉教授は河合潤教授の同じ方法による結果と主張を「不均一に混入したもの」として否定している。すると、方法論の信頼性そのものが揺らいでくる。つまり、中井泉教授は「河合教授

の解析は成立しません」と主張することで、自分の学問の方法論（土台）を自ら破壊している。このことを英語で undermine という。土台から腐っていくことをあらわす。

同じ手法でも、ある条件では証明でき、別の条件では証明できないことは当然起きる。しかし、その境界がはっきりと認識されていない場合、どうやって決めているのかという問題がでてくる。今回の河合潤教授のように、その専門家がはっきりと異議をとなえた場合は、中井泉教授が恣意的にその境界を定めているのではないかという疑問がでてしまう。

また、裁判においては、被告つまり河合潤教授の主張のほうが圧倒的に有利である。それは、犯罪を証明するのは、検察側、つまり中井泉教授側だからである。つまり、河合潤教授の主張をはっきり否定する証拠がなければならない。私がさきほど書いたような、「鉄や亜鉛などは様々な材料やメッキに用いられているから、あとから不均一に混入したと考えてもおかしくない」という主張は許されない。後から混入したと主張するなら不均一に混入したという事実を明確に証明しなければならない。

小室直樹という政治学者が、この検察側の重い証明義務を説明した文を次に引用する。

デモクラシー（刑事）裁判においては、**状況証拠がいかに揃おうと、確定的証拠がなければ、絶対に無罪である。**デモクラシー裁判の最大の目的は、国家という巨大な絶対権力から国民の権利を守ることにあり、（刑事）裁判とは検事に対する裁判である。

（小室直樹『日本いまだ近代国家に非《あら》ず』）

同じ本の中で、さらに明確にこのことを叙述している。

デモクラシー裁判であるのかないのか。そのための判定条件を一言で言えと言われたら何と答えますか。

正解は、刑事裁判において、裁判官は被告の味方であること。これです。むろん、裁判官は公正でなければならない。しかし、中立であってはならないのである。行政権力である原告（検事）から被告（の権利）を守る。これが、デモクラシー諸国における裁判官の役割である。（中略）

裁判で裁かれる人とは、検事である。デモクラシー裁判とは、検事への裁判である。

（小室直樹『日本いまだ近代国家に非《あら》ず』）

つまり、**中井泉教授は一片の曇りもなく、被告の家にあった亜ヒ酸とカレー鍋の亜ヒ酸が同一であることを証明しなくてはならない。また、鉄は購入後に不均一に混入したものであると**

主張するのなら、明確に、混入した径路を証明しなければならない。

このことから弁護団は、最初に引用したように積極的に中井泉教授に質問状を送っている（p168参照）。

この事件からわかることは、よく言われる「科学的に証明された」という100％真実であるような説明にも、多くの不確実性があるということだ。先ほど、引用した記者会見で、中井泉教授は「悪事は裁かれるという社会的正義を（この分析という科学的手法によって）実現する」と述べたらしい。この言葉を聞いた人は誰でも、「この蛍光X線分析によって林眞須美死刑囚が犯人であるという事実が科学的に明らかになった」と考えたはずだ。

しかし、見てきたように、その証拠というのは「同種」の亜ヒ酸を所持していたということにすぎない。指紋、DNAなどとは違い、犯人と特定することはできなかったということである。

参考文献

河合潤、現代化学、№511（10月号）、68（2013）.
A.T.Tu、『ニュースになった毒』東京化学同人（2012）
河合潤、現代化学、№507（6月号）、42（2013）.
中井泉、寺田靖子、現代化学、№509（8月号）、25（2013）.

第6章

排出権取引に利用された地球温暖化問題

科学では地球の未来はわからない

地球温暖化や寒冷化は本当に起きているのか?

ここ10年ほど地球温暖化問題が話題にならない日はなかった。夏に最高気温が更新されれば「地球温暖化の影響」、豪雨があれば「地球温暖化の影響」、大雪や豪雪になれば寒冷化しているはずだが、なぜかこれも「地球温暖化の影響」だった。マスコミの「地球は温暖化している」という宣伝はすごいものだ。

私は、「二酸化炭素は地球温暖化の真犯人か?」(『エコロジーという洗脳』SNSI編 成甲書房 2008年)という文章を、2008年に書いた。これを書いている現在から7年前のことだ。

そのとき調べてわかったことは、いろいろな説があるが、ほとんどは根拠が曖昧だということだ。まず、二酸化炭素により地球全体が温暖化して、今世紀末には6℃程度上昇する可能性があると当時言われていた。しかし、二酸化炭素がどの程度増えると気温がどれだけ上昇するかの見積もりは諸説あり、正確に決まっていなかった。また、「近年、温暖化している」といわれ、確かに、真夏日のような高温の日が多くなっている。しかし、実際のところ、温暖化というよりは都市化の影響が強く、地球全体として温暖化しているのかよくわからなかった。

さらに、寒冷化すると言っている人も少数だがいたが、その人たちの根拠も曖昧だった。なぜなら、太陽の活動が弱まっているとか、まだ証明されていないメカニズムを主張の根拠に置いていたからだ。今、現在でも、太陽の活動が弱まったから寒冷化するという証拠は存在しない。

だから、「二酸化炭素は地球温暖化の真犯人か?」という文章では、冒頭に、**「地球は温暖化するかもしれないし寒冷化するかもしれない。科学では地球の未来はさっぱりわかりません」**とはっきりと書いた。今でも、この一文が、地球温暖化問題については一番正確な表現であると思っている。科学は現象を理解するものである。地球の未来は予言できない。

地球温暖化を取り巻く政治的な環境も、右の2008年頃とは大きく変化した。リーマンショックで、排出権取引権が暴落、そのために排出権取引市場はなくなろうとしている。また、「クライメートゲート事件」と「IPCCゲート事件」という一連のスキャンダルで、地球温暖化を主導してきた研究者たちが、データを捏造・改ざんしていた疑惑がでてきた。さらに、地球温暖化問題は、原子力発電と大きく結びついていた。火力発電は石油や石炭の燃焼時に多量の二酸化炭素を出すが、原子力発電は出さないからだ。だから2011年3月の福島第一原発事故以来、温暖化にかんする報道が劇的に減った。最後に引用するように、排出権取引が終息するのと同時に、地球温暖化議論はそのまま消え去ろうとしている。

ここでは、一体、地球温暖化論議に何が起き、今現在、どう収束しようとしているのかを、論述する。

まず、地球温暖化や寒冷化は本当に起きているのかということについて述べる。先に「寒冷化」について見てみよう。

「近年、地球は寒冷化している」という主張する人たちがいる。その一人である、広瀬隆氏が『二酸化炭素温暖化説の崩壊』という本を出した。彼のこの本の最初のページに、ここ約20年間の地球全体の平均気温の変化が図として記してある。それが左の図だ。

この図を証拠として、広瀬隆氏は「寒冷化している」と述べている。彼の本から当該部分を引用する。

私はまず一枚のグラフを示して、「ここ10年、地球の気温はまったく上昇していません。むしろ寒冷化しているのに、なぜ、温暖化と騒ぐのですか？」と尋ねた。会場は寂《せき》として声がなかった。（中略）

もしＣＯ$_2$温暖化説を主張したいなら誰もがまず気温を調べてから発言するべきである。

「地球を愛する」という言葉がテレビコマーシャルに氾濫しているが、地球を愛するとは、

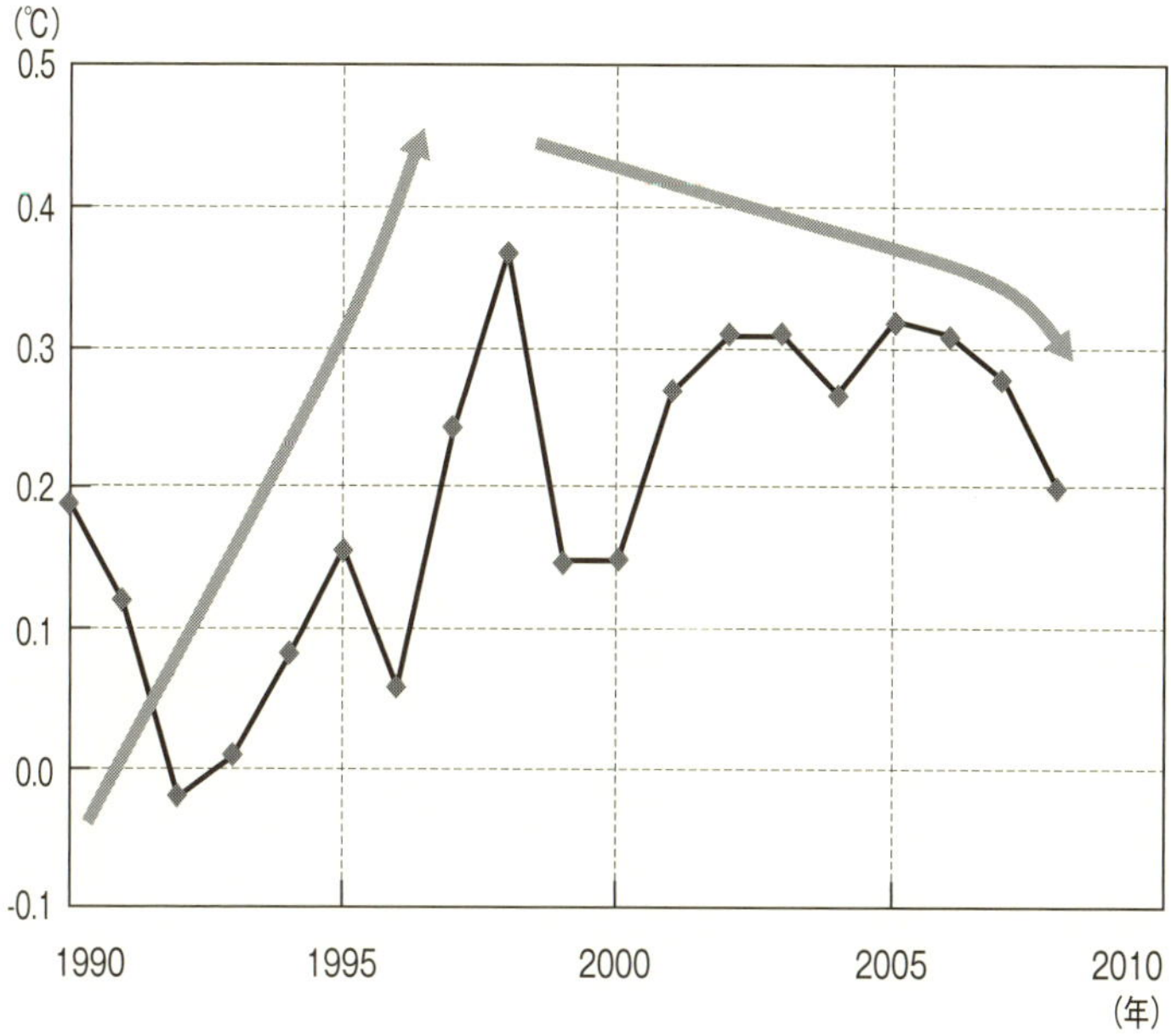

図6—1：最近20年間の地球全体の平均気温の変化。一見、2000年以降温度が低下しているように見える

（広瀬隆『二酸化炭素温暖化説の崩壊』より引用）

「気温を調べたこともない」企業や子供のたわ言ではなく、流行語でもない。大いなる好奇心を持って、真剣に事実を調べて考え、それなりの骨折りを要することである。

（広瀬隆『二酸化炭素温暖化説の崩壊』p8、冒頭部分）

「むしろ寒冷化しているのに、なぜ、温暖化と騒ぐのですか？」と、この図6—1を寒冷化している証拠に挙げている。実はこれは広瀬隆氏だけではない。同様な主張を、桜井邦朋という有名な宇宙物理学者もしている。『眠りにつく太陽』という本の中で「世界の平均気温は、2000年以降、上昇の傾向を見せてはいない」とはっきり述べた。

ところがだ。実は、その後、2010年に温度が跳ね上がった。左に示したのが、最新の気温観測の結果だ。気象衛星による観測結果などが示してある。図の矢印のところが温度が跳ね上がった時期だ。2010年に温度が上昇し、1998年並になったのがわかる。さきほど示した『二酸化炭素温暖化説の崩壊』の中の図は、この直前で終わっていた。

このことからわかることは、10年ほどの地球の気温を取り上げて、「温暖化している」「寒冷化している」と主張してもあてにならないということだ。あるとき（例えば2009年）は、寒冷化しているという主張がもっともらしく思える。しかし、そのわずか数年後、逆の傾向を示すことがある。**だから、地球が温暖化しているのか寒冷化しているのかというのを本当に知**

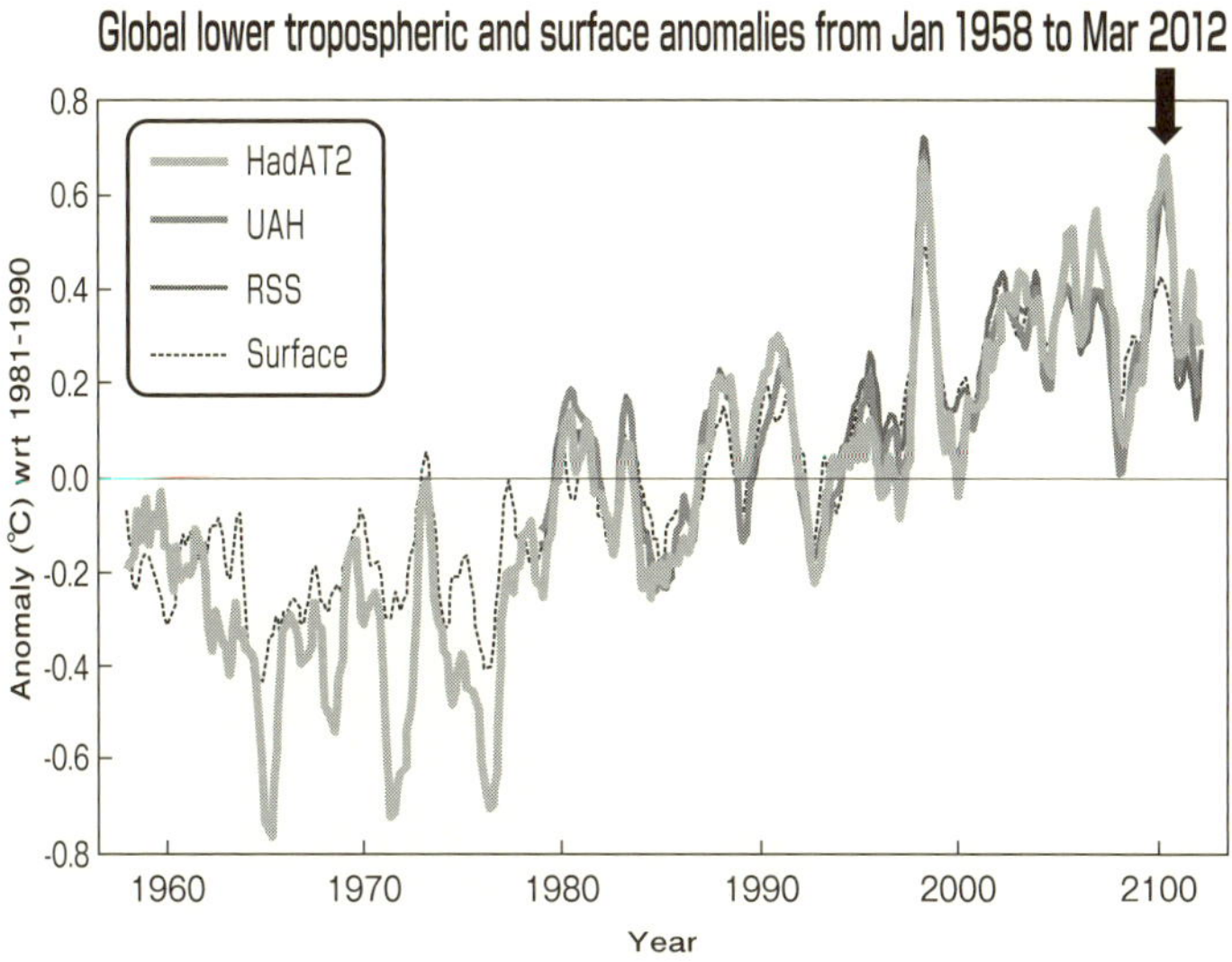

図6－2：1960年から2012年5月までの低対流圏および地上の気温変化。「2000年以降は温暖化はしていない」という数々の指摘にもかかわらず、2010年の夏は異常気象により1998年並に温暖化した

るためには、長期間、例えば数十年、辛抱強く気温を測定しなければならない。そうしなければ結論はでない。

また、長期間と同じく重要なのが、**同じ観測方法で測定する**ということだ。違う観測方法に変更して、温暖化傾向が見られたら、実際に温暖化しているのか、測定方法の変更により温暖化しているように見えるのか、判断がつかない。これが実は大切なことだ。

例えば、人間が温度計の目盛を目測により記録する方式を、電気式の自動記録にしただけでも、装置の発熱によって温度の上昇が記録される。だから、このような疑問を起こさないためにも、愚直に同じ機器で同じ場所で、何十年にわたって辛抱強く測定をする必要がある。

ところが、これは気温に関しては非常にむずかしい。地上の測定では実質不可能だろう。

例えばＮＯＡＡ（National Oceanic and Atmospheric Administration　米国海洋大気庁）が、世界各地で気温を測定している。これらの記録の観測所はＧＨＣＮと呼ばれている。このＧＨＣＮ観測点の数をなぜか何度か変えている。左に示したのはその図だ（「nytola の日記」というアメリカの研究者のサイトから見つけたものだ。この図自体は、ジョセフ・ダレオという気象学者が明らかにした）。

使われる気温観測所（ステーション）の数が１９８０年ごろまでは増えていた。しかし、その後、データ処理に時間がかかるという理由で、その数が減らされた。図をみると、気温観測

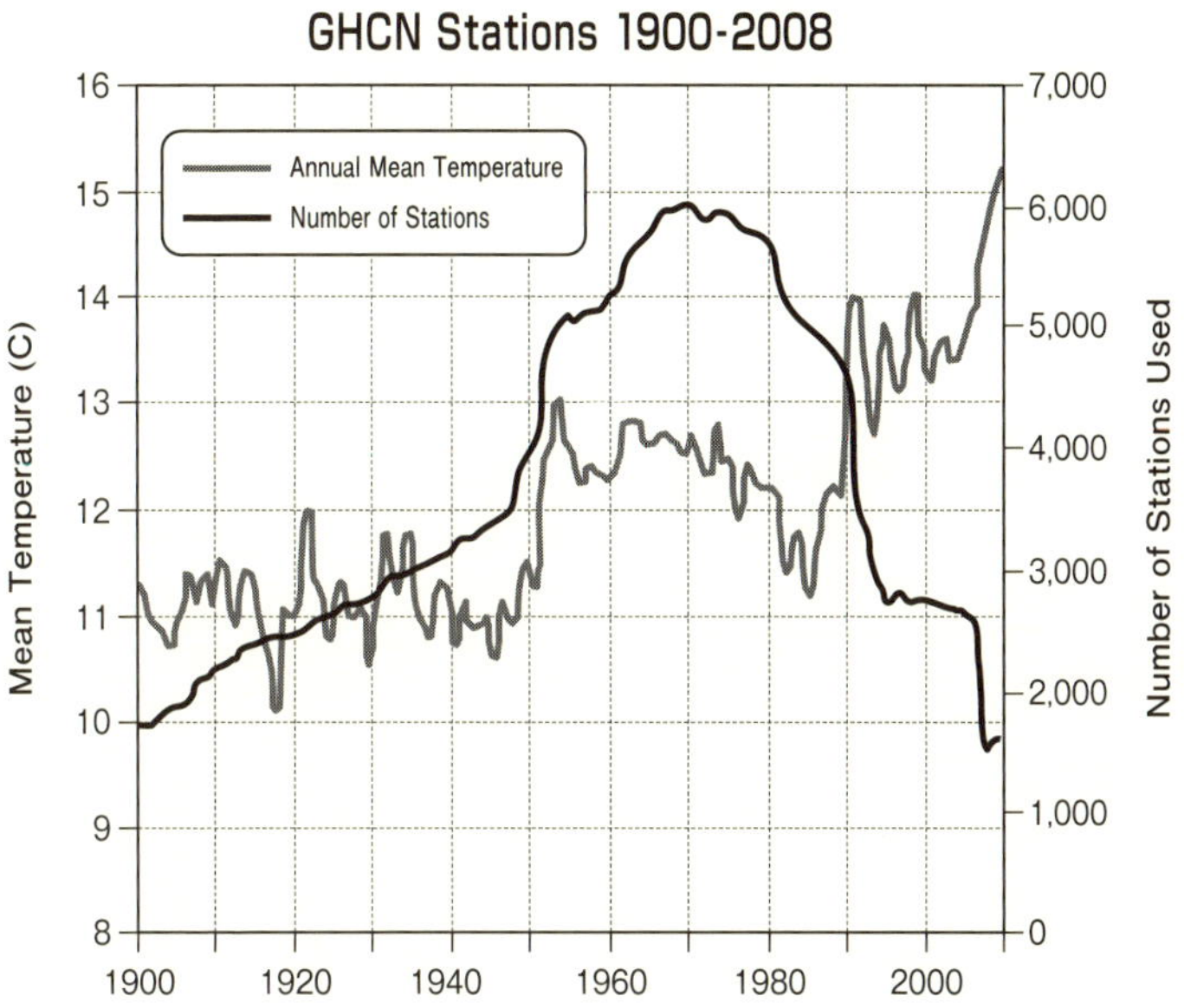

図6—3：平均気温と気温観測所の数の関係。２つには大きな相関があり、1990年と2008年頃に、気温観測所の数を減らすことにより気温が増加していることがわかる。

所の数を減らすと同時に平均気温（mean temperature）が急上昇しているのが、はっきりわかる。また、2008年ごろ、1500程度にまで減らしたら、さらに平均気温が上昇した。それだけでない。図を見ると、1950年頃にも観測地点の数の変更（気温観測所を増やした）があり、そこでも平均気温が上昇しているのも、はっきりわかる。

これらのデータは、CRUという地球温暖化を評価している気温測定システムにも使われている。だから、これだけでも地球は本当に温暖化しているのか懐疑的になる。同じ測定方法で続けなければ信頼性そのものがゆらぐのだ。

また、観測方法に加えて、環境も同じにすることも重要だ。周辺が都市化しただけで温暖化の影響がでてくる。左に示したのは、気温観測点の人口密度と温暖化の影響を示した図だ。通常、人口が少ないのところでは都市化の影響はあまり考えられないと思いがちだ。しかし図からは、平方㎞あたり人口100人程度でもプラス1度ほどの影響があることがわかる。つまり、わずかな人口の増加でさえ気温の変動に大きく影響するのである。

また、木の年輪や湖の土壌に含まれる物質から温度を推定する方法がある。古代までの数千年間の気温を推定する方法の1つだ。ところがこの方法も同様に、都市化の影響が強いようだ。あとで紹介するように、湖の土壌に含まれる物質から温度を評価する方法では、それが顕著にみられる。

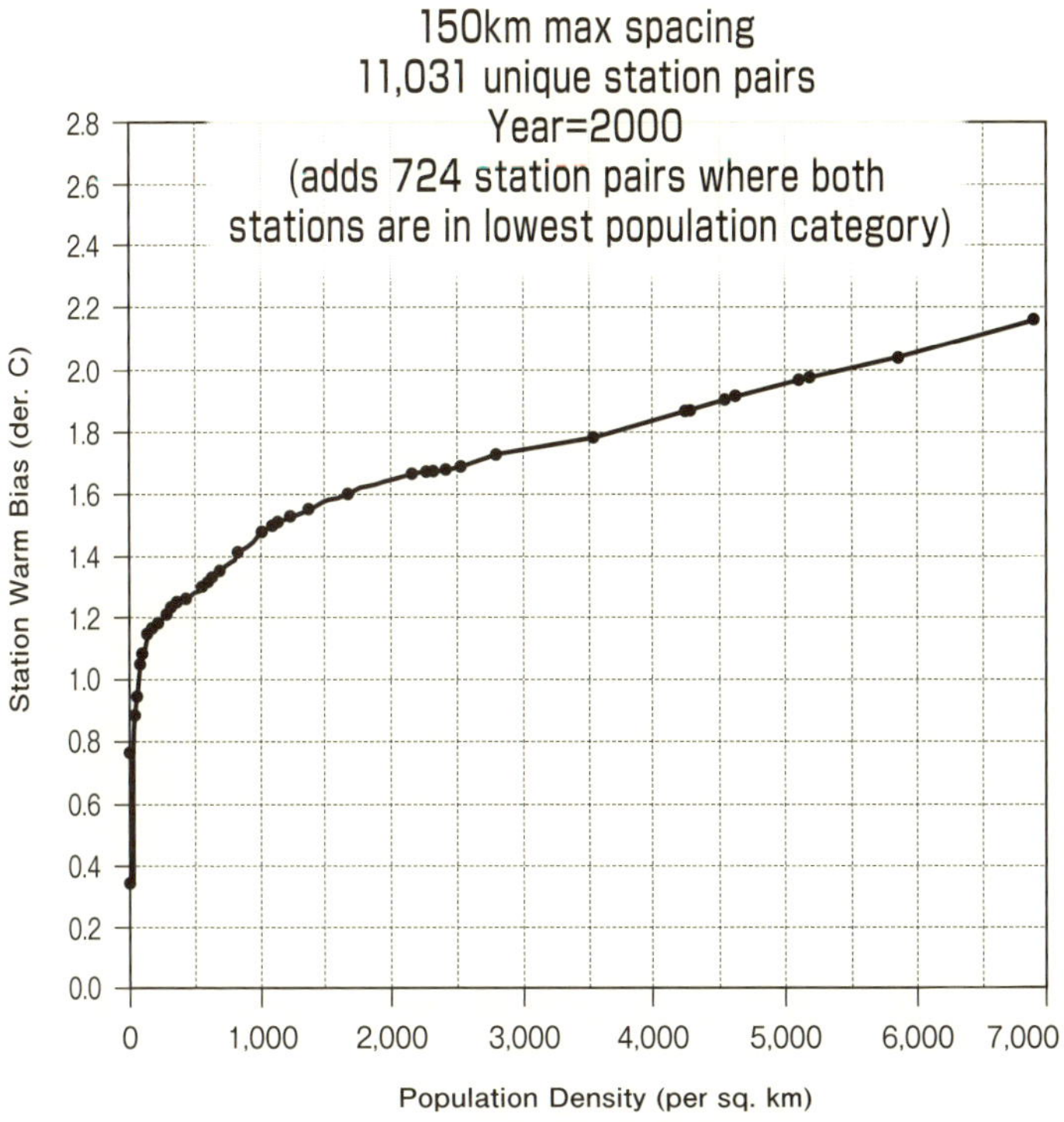

図６―４：気温観測点の人口密度と温暖化の影響を示した図（現代化学2011年7月号より引用)。人口（Population Density）が多いと測定温度差（Station Warm Bias）が大きくなり平均気温が高くなる。気温測定に都市化の影響が強くあることがよくわかる。人口が少ない100人以下のところでも、＋１度程度の影響がある

また、最近では、すす（煤）の気温に対する影響が非常に大きいことがわかっている。北極圏での気温上昇の7割は、すすなどのエアロゾルと呼ばれる小さい粒子が氷の表面に付着して、それが太陽光を吸収するためだという指摘がある。

このような、人為的作為的な要素を避け、「同じ測定方法で」「同じ環境で」地球の温度を測定するためにはどうしたらよいのか？

1つの解は、気象観測衛星システムによる気温測定だ。これには人為的な要素が入らない。だから、この測定は信頼できる。先ほど図6―2に示した低対流圏の気温変化には、1980年から2012年5月までの気象観測衛星システムによる気温測定も掲載されている。

しかし、現在まで30年間程度のデータしかない。たしかに、右肩上がり、つまり温暖化しているようにも見える。しかし、毎年の変化も大きく、地球は温暖化しているとか、寒冷化していると判断できるほどの長い蓄積はない。

以上を考えてみると、多くの人は1900年以降、地球全体として温暖化していると主張している。しかし、それさえ、判断を下すにはまだ早いと私は考える。さらに、何十年かのデータの蓄積が必要だ。

クライメートゲート事件とホッケースティック曲線の捏造

「地球が温暖化しており、それは二酸化炭素が原因である」というのは、IPCC（Inter-governmental Panel on Climate Change　気候変動に関する政府間パネル）という団体の主張だ。IPCCは1988年に設立された国連の組織で、地球温暖化に関するあらゆる科学的・経済的な評価を行い、それを広報してきた。IPCCの「地球が温暖化しており、それは二酸化炭素が原因である」という主張は、一部では反論もある。しかし、世間ではその主張はおおむね正しいとされてきた。

この流れが大きく変わったのが、いわゆる「クライメートゲート事件」と「ヒマラヤゲート事件」だ。

「クライメートゲート事件」とは、2009年の11月17日にイギリスのイーストアングリア大学の気候研究所のコンピュータにハッカーが侵入して、そこにあった13年間の電子メールとデータが流出した事件だ。このイーストアングリア大学の気候研究所はCRUと呼ばれ、IPCCの科学データを統括している。地球平均気温のデータなどでも「CRUによるデータ」としてよく登場する。先ほどのGHCNもCRUのシステムの一部だ。

この流出したメールには、平均気温の上昇に関するデータを捏造していたという会話が含まれていた。ここから、気候変動のデータを改ざんして、20世紀後半の急激な気温上昇を捏造しているという疑惑がでてきた。また、地球温暖化に批判的な研究者を非難するメールも見つかり、気候研究者たちが地球温暖化問題を意図的に主導してきた可能性も浮かび上がってきた。

ここで言う「ゲート」というのは、1974年のニクソン大統領のウォーターゲート事件以来つけられるようになったスキャンダルをあらわすことばだ。

その後、「ヒマラヤゲート事件」（グレーシャーゲート事件とも言う、アフリカゲート事件と併せて、IPCCゲート事件とも呼ばれている）というのも起きた。「2035年には地球温暖化によりヒマラヤの氷河がすべて溶けて消失する」とIPCCの第4次の報告書には記されている。これが実は誤りだった。ある環境保護団体の報告書からの引用で、学術的な裏付けがあったものではなかった。また、IPCCの議長のパチャウリが主宰する研究所が、このヒマラヤ氷河の消失の研究に、多額の研究費をもらっていたため、スキャンダルとなった。

これらのことは深井有著『気候変動とエネルギー問題』（2011年、中公新書）という本に詳しく書かれている。

これを組織的な捏造とみるのか、単なる個人のスキャンダルとみるのかはむずかしいところだ。実際、「これらクライメートゲート事件、ヒマラヤゲート事件は、地球温暖化に対する科学的な根拠にはまったく影響を与えない」と考える科学者、特に気候学者も多い（後で引用する）。

しかし、私がみるところ、次の「マンによるホッケースティック曲線の捏造」が決定的だった。これによって、ＩＰＣＣの述べる地球温暖化議論は最初から間違っていた、あるいは、捏《ねつ》造《ぞう》されていたことが、はっきりと示されてしまったからだ。マスコミはほとんど報道しなかったので、一般には知られていない事実だ。

この内容は、化学の専門誌である『現代化学』という雑誌の２０１０年1月号に掲載された。伊藤公紀という横浜国立大学の教授が、「ホッケースティック曲線の何が間違いなのか　―本当の気温変動はわかったか？―」という記事で、この事実について詳細に解説した。

この伊藤公紀教授は、物理化学を専門とする科学者であり、ここ10年、地球温暖化について積極的に発言している。彼は、自著や論文で「地球は温暖化しているかどうかさえわからない」と述べた。地球温暖化で二酸化炭素を原因とするのに反対する人はたくさんいるが、温暖化そのものに疑問を投げかけているのは、この伊藤公紀教授だけだ。彼は、これまでの気温の測定方法を詳細に検討して、温暖化そのものが怪しいと判断している。

伊藤公紀教授は『地球温暖化―埋まってきたジグソーパズル』という本も書いている。さらに次でとりあげる2つの総説も、理論がきちんと解説してあり、丁寧でわかりやすい。通常は専門分野の知識を基に主張するので、その分バイアスがかかり、中立な主張はむずかしい。しかし、伊藤公紀教授は多量な論文を読みこんで、中立な立場から主張しているので信頼ができる。伊藤公紀教授の主張が地球温暖化問題では、日本では一番正しいと言っても過言ではない。

さて、それでは、伊藤公紀教授の「ホッケースティック曲線の何が間違いなのか　—本当の気温変動はわかったか？—」という総説から、どのような捏造がされたのかを見ていく。

ホッケースティック曲線というのは、アメリカのペンシルバニア州立大学教授のマイケル・マンという人が1000年間の地上の気温変化をあらわした図のことだ。IPCCの第3次の報告書に掲載されたため、以来、マスコミを賑わしてきた。図6—5がその図だ。近年（1900年以降）になり気温が急上昇する様子がはっきりと見て取れる。曲線のカーブがホッケーのスティックのように最後に急激に曲がっているので、ホッケースティック曲線と呼ばれている。この図から、「地球の気温はほぼ一定であったが、二酸化炭素の影響で近年異常な温暖化が起きている」という主張が可能だ。

伊藤公紀教授は、様々な論文を読むことで**ホッケースティック曲線と呼ばれるこのグラフはデータ処理の間違いによってつくられたことをあきらかにした。**

図6—6に示したのが、「ホッケースティック曲線の何が間違いなのか」の記事の中からとってきたものだ。ホッケースティック曲線は、1つのデータではなく、ここ1000年間の様々な気温データーを平均することによって得られる。この図6—6に示したのは、そのうち

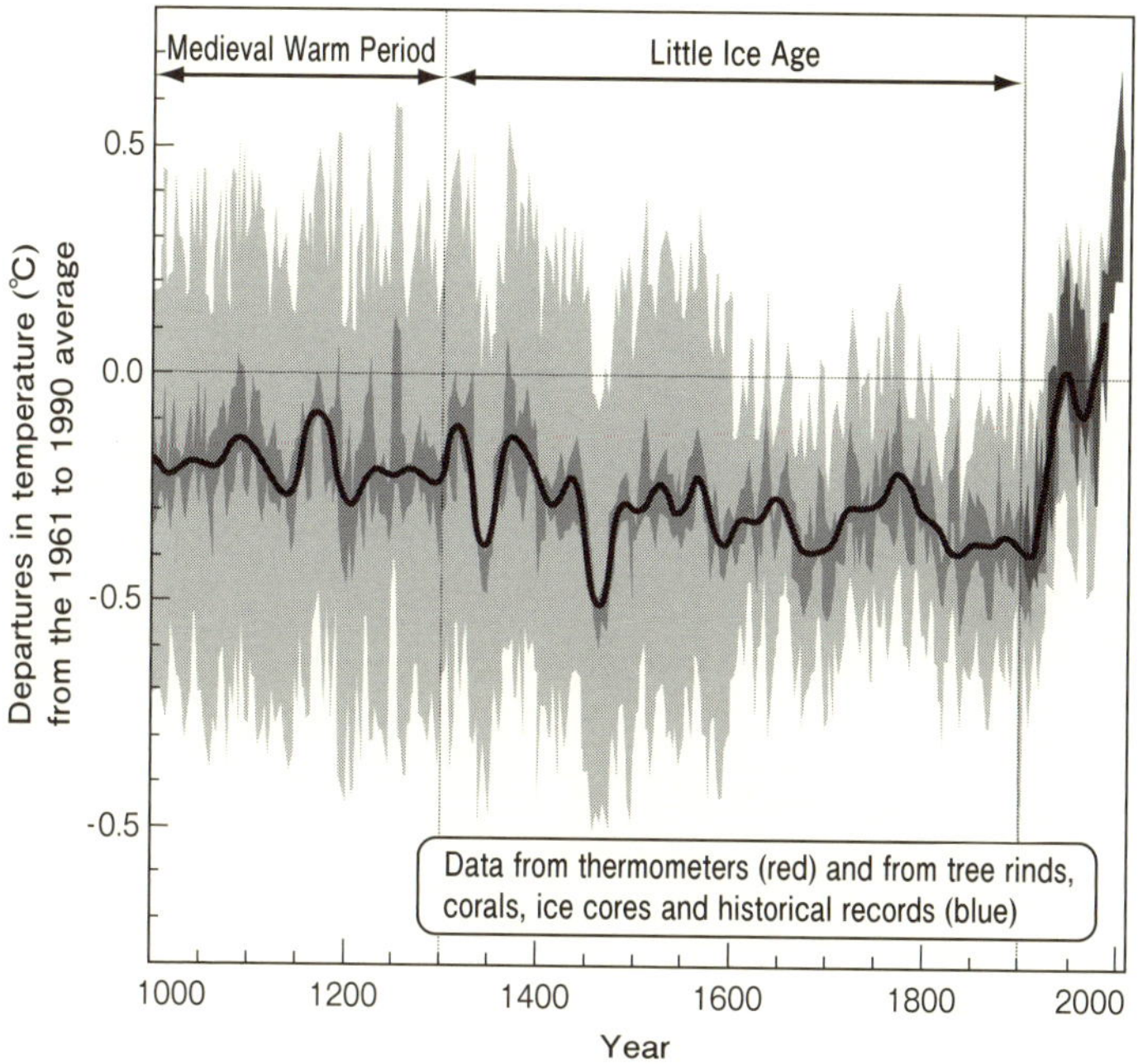

図6―5：ホッケースティック曲線。ほぼ一定だった地球上の気温が、近年になって急上昇している。二酸化炭素の排出によって温暖化された証拠のデータとして有名になった。

の1つだ。ティルヤンデルという人がフィンランドの湖で採集した湖底の地層（コア）を深さ方向に採取し、地層ごとにX線の透過強度を測定し、地層に含まれる物質の違いから気温を推定したものだ。最近、大昔の津波の検証のため、海に近い池や湖の深い地層を調べる調査を盛んにしている。あれとよく似ている。

図6―6の左側に縞模様が見える。この縞模様がX線の透過強度をあらわす。X線は電子で散乱されるので、電子の多い重い元素は透過性が悪く、逆に軽い元素は透過性が高くなる。植物は酸素、炭素、窒素という軽い元素で主にできている。だから、濃い（透過性が高い）ところが、植物が多く繁殖していた時期、すなわち温暖化していた時期だ。例えば、西暦1100年頃は濃いので、この頃は温暖な気候だったことがはっきりわかる。

ところが、このデータは、逆、つまり薄いほうが気温の高いときのデータ、濃いほうが気温の低いときのデータとされてしまった。つまり、温暖化している時期を気温を低く、寒冷化している時期を気温を高くして他のデータと合算された。マッキンタイアというカナダの統計学者が、この事実を暴いた。

当然、この計算により、全体のデータそのものが大きく歪められた。1100年頃はヨーロッパで温暖な気候だったと伝えられる中世温暖期に相当する。そこが逆に寒冷期になっている。またいわゆる、小氷期（本当は小氷期と記述するべきであるが、little ice age をそのまま「小

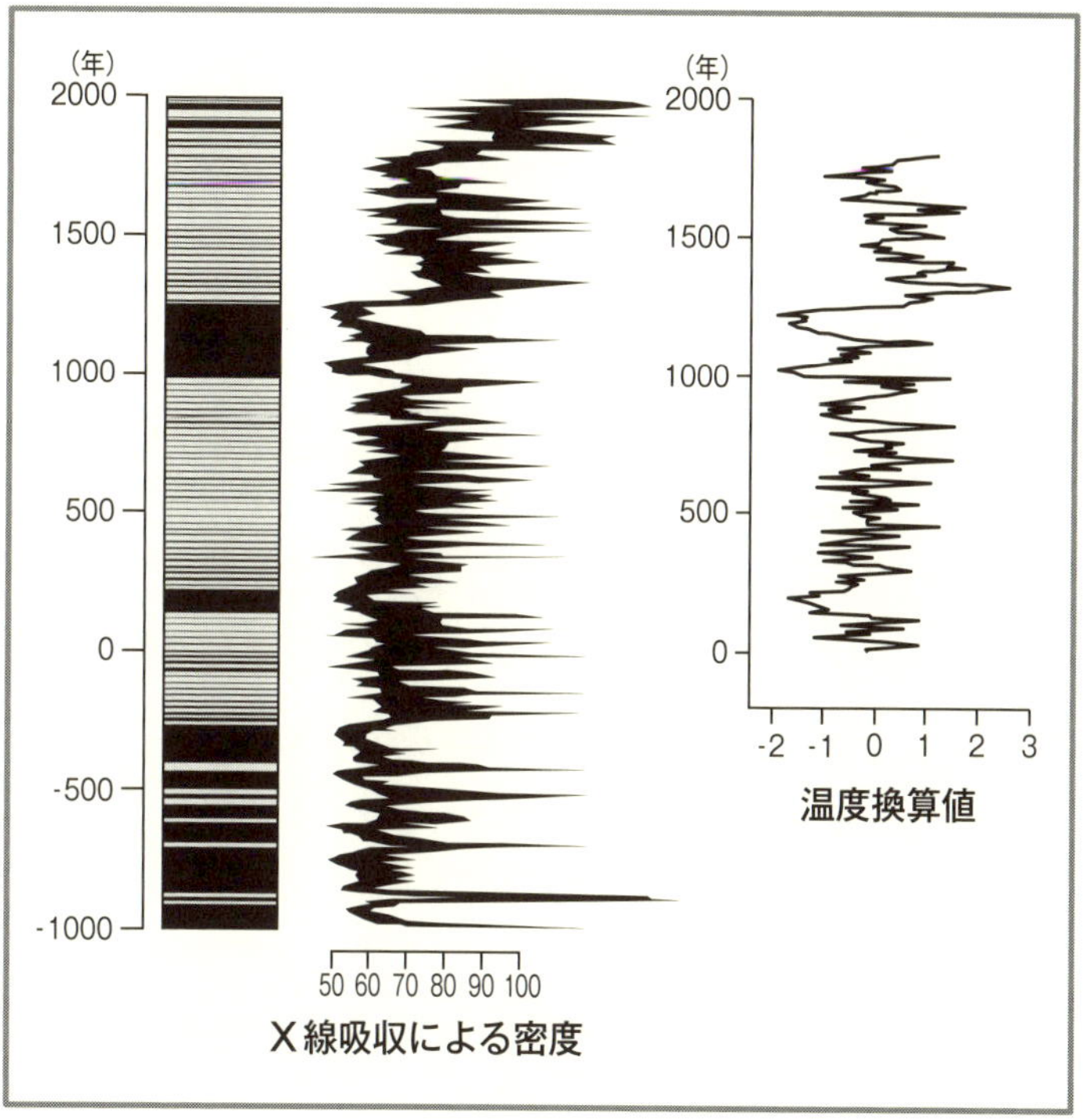

図6—6：ホッケースティック曲線をつくるために利用した、X線吸収から求めた湖底地層密度の図。左図の縞模様は、濃い色のところが、有機物が多いことをあらわし、地球が温暖であったことを意味する。ホッケースティック曲線では、この図は逆に使われ、薄い方が温暖であったとして計算され、近年の高い温度傾向が出現することになった。

氷河期」と専門家以外が訳すので、だんだんと小氷河期ということばが定着しはじめている）と呼ばれる寒冷期が、ホッケースティック曲線ではなくなっている。つまり中世期の温暖化、その後の寒冷化がなくなり、「近年を除けば地球の気温はほぼ一定であった」という事実がつくられた。

また、図6―6のオリジナルの図を見ると近年になり薄い縞になり、寒冷化しているように見える。これは、都市化による湖水の腐葉による影響で、気温とは関係ない。本来は、この部分のデータだけ除かれるべきだ。ところが、このデータが、先ほどと同様に逆に合算されて、温暖化の影響としてホッケースティック曲線に加えられた。伊藤公紀教授はそう指摘している。彼は、ブログで「マンたちの論文を見ると20世紀に気温が急上昇しているデータは、このティルヤンデルの湖底コアデータしかない」とはっきり述べている。

マン本人はとぼけて何も言わないらしい。ただ、これにより、1900年以降の急激な温暖化が、つくられたものであることがはっきりした。地球の気温というのは、数十年、数百年の周期でも大きな変化をしている。たとえ、この数十年温暖化していたとしても、それは、過去の気温変動と比べて特異的な現象ではない。そういうことが明らかになってきたわけだ。

地球の二酸化炭素濃度が2倍になると気温は何度あがるか？

二酸化炭素の温暖化に対する影響にかんする実験結果も多数でてきた。実は従来は観測によるものはほとんどなく、シミュレーション計算による予想がほとんどだった。

水蒸気や二酸化炭素が地球を温暖化している事実は、昔からよく知られている。これらは赤外光をよく吸収するため、地上から宇宙へと放出される赤外光を吸収し、再び地上に向けて放出することで、地上の温度の低下を防いでいる。この効果はおよそ33℃だ。

だから、二酸化炭素が増加すれば、当然地上からの赤外光の吸収が増え、地球表面の温度はあがる。「二酸化炭素による吸収はすでに飽和しているから、これ以上増えてもなにも変わらない」「水蒸気ですべてが決まるから二酸化炭素は関係ない」という意見も時々ブログなどで散見する。しかし、そういう事実はない。二酸化炭素増加による温暖化メカニズムそのものは、科学的に考えれば納得のいくものであって、本物だ。

問題は、「二酸化炭素の増加により、どれだけ地球大気は温度上昇するのか」という量的な（quantitatively）部分だ。科学的にはっきり決着がついていない。複雑なシミュレーション計算はたくさんある。しかし、実験的に二酸化炭素が増えるとどの程度温度が上がるのかわかっていない。

さて、大気の研究者は、二酸化炭素増加に対する地球大気の温度変化効果を「地球の二酸化炭素濃度が2倍になると気温は何℃あがるか?」という数字で評価する。先ほどの、伊藤公紀教授は、『観測による気候感度の推定　―　CO_2濃度が2倍になると気温は何℃上がるか』という題の総説で、二酸化炭素濃度が2倍になると何℃上昇するかを求めた実験が、次々と報告されていることをあきらかにした。

IPCCの報告書では、この「地球の二酸化炭素濃度が2倍になると気温は何℃あがるか?」(以後この上昇する気温をΔ《デルタ》Tとしてあらわす)が、1・5℃〜5℃だ(『現代化学』2009年3月号)。別の報告では、ΔTは2℃〜4・5℃になっている(『現代化学』2011年7月号)。1・5℃だと、東京の気温が奄美大島の気候になる程度だ。しかし、4・5℃とか5℃あがると地球全体に大きな影響がある。

これに対して伊藤公紀教授の総説には、3つの研究グループによる、このΔTの実験結果が記してある。順にみてみる。1つめのグループは、レディング大学のフォルスター博士とグレゴリー博士によるもので、彼らは観測衛星で地球からの熱放射強度を測定し、そこから計算でΔTを求めた。ΔTの中心値は1・6℃だ。右のIPCCの予測の下限だ。ただし、測定には不確定な幅があって、結果としてΔTは1・0℃から4・1℃の間のどこかということになる。

2つめのグループは、人工衛星による気温測定で有名なスペンサー博士らによるものだ。彼らは先ほどののグループと同じ手法を使い、さらに精度をあげて、ΔTを評価した。ΔTはなんと0・6℃だ。ICPPの予測の下限をさらに下回っている。これは実は、二酸化炭素がふえても、その影響でできた水蒸気により雲が増加し、太陽光が遮られ温度上昇がおさえられるということを意味する。これを負のフィードバックという。

3つめはロチェスター大学のダグラス博士らのグループ。彼らは、二酸化炭素濃度に加え、海水温変化や噴火の効果も取り入れて、地球対流圏下部の温度変化を評価した。これによれば、ΔT＝1・1℃となる。

これら三つのグループの値は、いろいろだ。しかし、いずれにしても、コンピュータシミュレーションによる地球温暖化の見積もり（2℃〜4・5℃）の下限値か、それ以下であることがわかる。シミュレーション計算を信頼していた人たちには、びっくりな実験結果だ。

いろいろ調べてみると、ここ数年、マスコミでは、だんだんと、「二酸化炭素による温暖化」とはいわず、フロンやメタンなどを含めた「温暖化ガスによる温暖化」と言いかえている。テレビでも新聞でも注意しているとよくわかる。学術的にも二酸化炭素の影響が少ないということがわかってきたので、言い換えているのだろうというのが私の推測だ。

では地球は寒冷化するのか?

地球はこれからは寒くなり、長期にわたって寒冷化すると言っている人もたくさんいる。冒頭に紹介した広瀬隆氏や桜井邦朋氏がそうだ。

この主張の根拠となるのは、最近太陽の活動が低下していることによるものだ。といっても別に太陽から地球に届くエネルギーの総量が大きく変化しているわけではない。地球の気温を変化させるほどの太陽光の変化はない。だから、別のメカニズムが必要だ。

スベンスマルクという人は「太陽の活動が低下し、放射線が減少することで、雲の核となるイオンが減少し、雲が減ることで気温に影響するのではないか」という説を提唱している。ただ、この説も、証明されるまでには至っていない。環境分野に精通している友人にきいたところ、雲が発生するメカニズムさえ、はっきりとはわかっていないそうだ。

周期的に温暖化寒冷化の気候変動が起こっていると述べている人もいる。太平洋十年規模振動(Pacific Decadal Oscillation〈PDO〉)という海水温や気圧の周期的な温度変化を考慮したイーストブロックという人の今後100年の気温予想図を示しておく。

この図をみると、今後、温暖化が収まり、その後、2050年頃、再び温暖化傾向が大きく

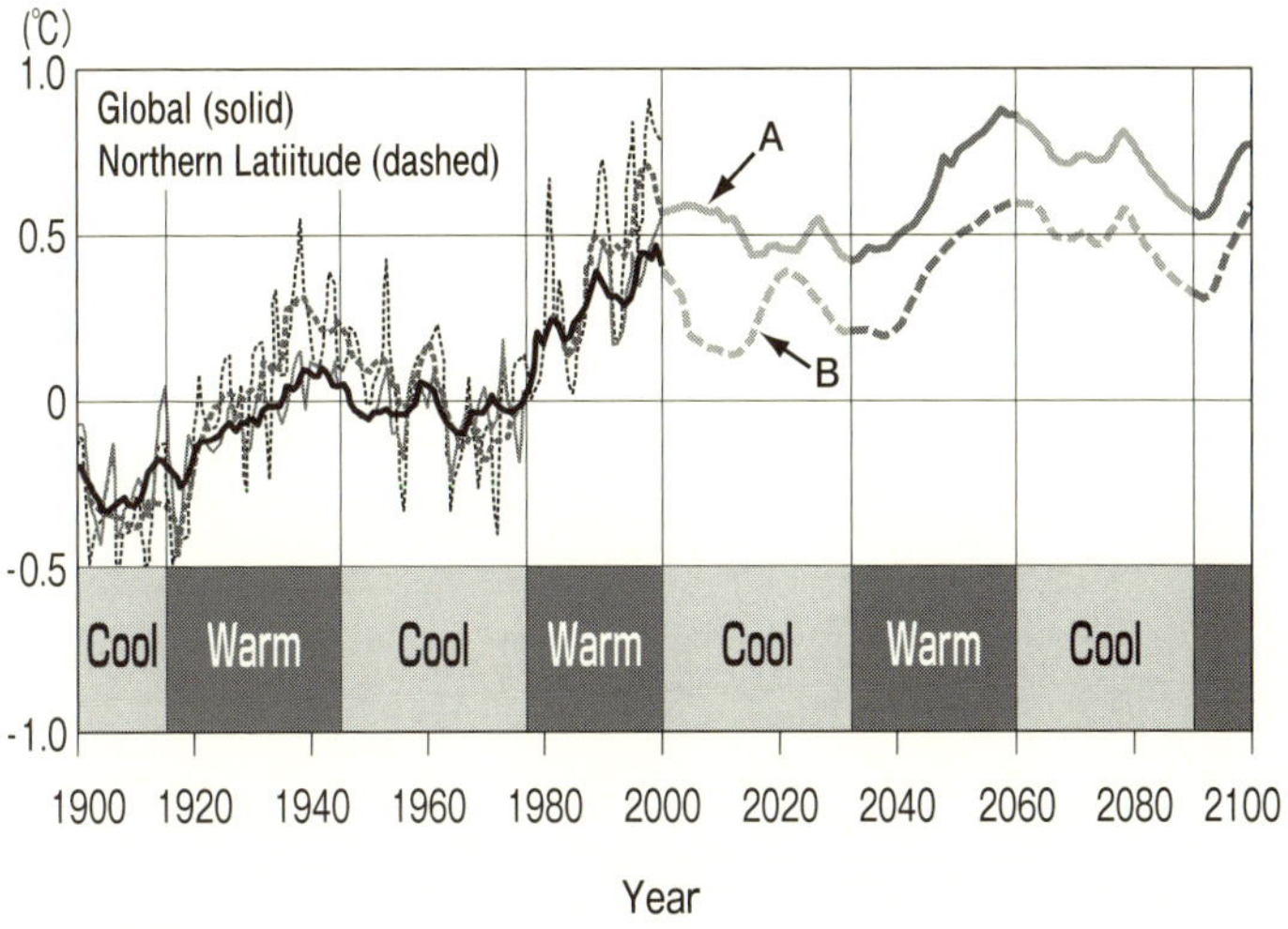

図6—7　イーストブロックという人による気温変化予測。ほぼ27年周期で温暖化と寒冷化が交互におきているのがわかる。

なると予測していることがわかる。これが、大気や海水によって温暖化・寒冷化の気候変動が起こっていると述べている人の典型的な見方だ。

古気候学者の中には、過去数十万年の気象を調べている学者がいる。彼らは「心配するべきは寒冷化であって温暖化ではない」と述べている。その決め手となっているのは、実は左の図だ。

左の図6―8は現代までの30万年間の気温を記録したものだ。温暖化してもその期間は短く、数千年で氷河期に逆戻りしていることがわかる。つまり、数千年温暖化した後は、必ず、氷期（氷河期）にもどって寒冷化する。これは、歴史的に何度も繰り返されていることだ。だから、必ず起こる。気候学者の中に寒冷化すると明言している人がいるが、その根拠はこの図だと私は考える。この図からみると現在は温暖化の期間が長くわずかだが寒冷化しつつある。したがって、**まもなく地球は寒冷化するとはっきり予測できる。ただし、それが10年後なのか、100年後なのか、いつ始まるのかはわからない。**

コンセンサスという名の世論誘導

次に引用するのは、リチャード・サマービル、スーザン・ジョイ・ハソルという気象学者が

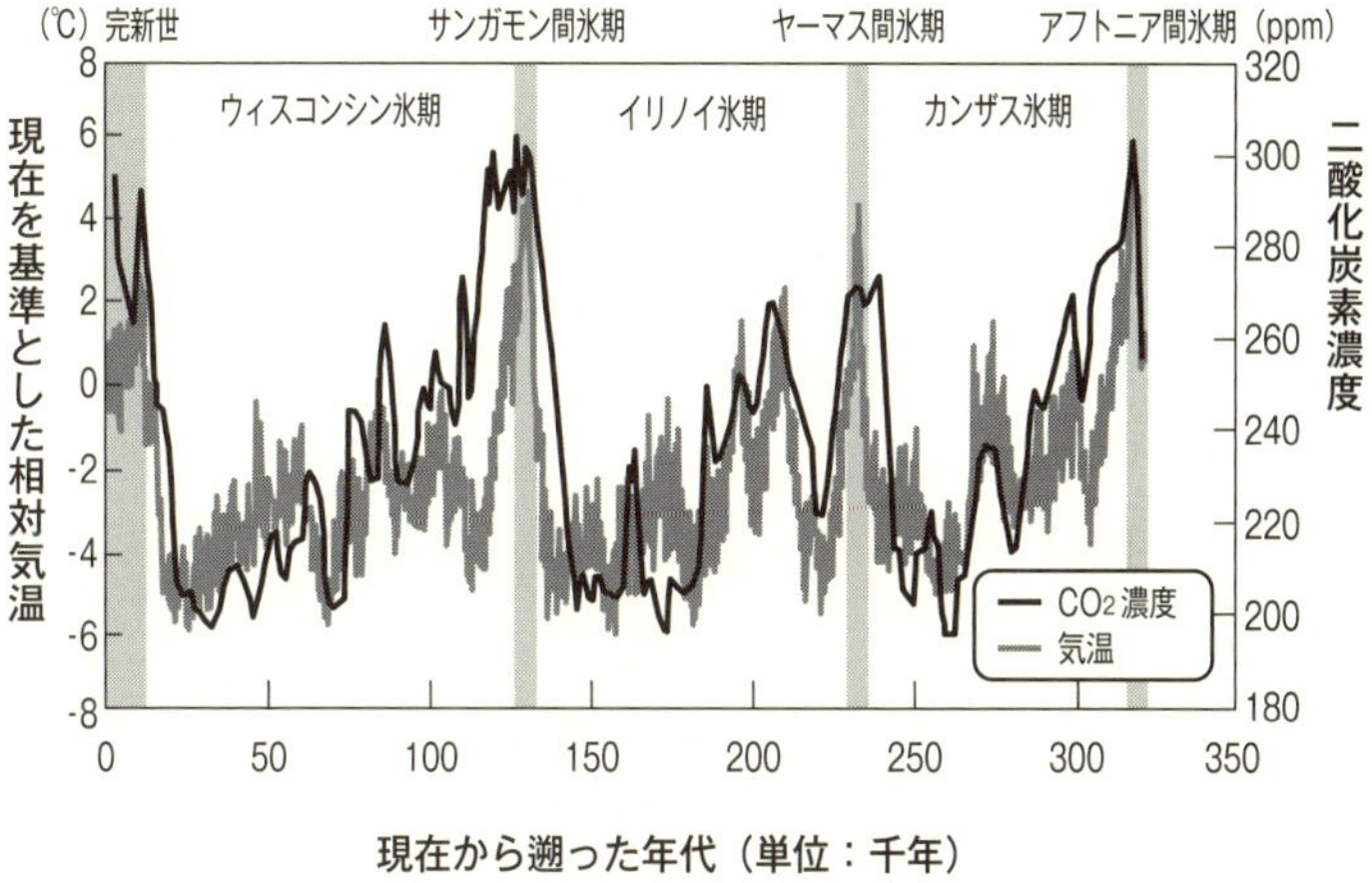

図6—8：年代ごとによる相対気温の変化（IGBP/PAGEより)。もうすぐ寒冷化することが、この図からはっきり読み取れる。ただ、それがいつなのかは予想がつかない。二酸化炭素濃度は、気温に比例して増えたり減ったりしている。

寄稿した文だ。『パリティ』という物理学の雑誌に掲載された。温暖化懐疑論が巻き上がっているることに対する気象学者の反撃文だ。

人間の活動（著者注：人間の活動により二酸化炭素が排出されていること）が気候変動を生じるという事実はより強固になり、より説得力を増し、そして毎年ますます緊急を要するようになってきていることを気候研究者は知っている。（中略）

米国人はまた、科学上の合意がどれほどゆるぎないものか知らないのか。**この分野で非常に活発に論文を書いている研究者の97％は、気候変動が起きており、それは人間のせいであるということに同意している。**（中略）

著名な気象科学者が書いた電子メールが盗まれて、２００９年にネットで公表された。そして科学者がデータを改ざんし、もっとほかの不正行為をしていたと公に非難された。**しかしその後に数多くの調査が行われ、非難された研究者の罪を晴らしている。彼らは詐欺を行ったのでもなければ、科学的な不正行為をしたわけでもなかった。**

（『パリティ』Vol.27 No.9 p41　リチャード・サマービル、スーザン・ジョイ・ハソル「気候変動の科学をどのように伝えるか」）

この文章は、気候研究者には「二酸化炭素が地球温暖化の原因である」というはっきりしたコンセンサスがあるという主張だ。クライメートゲート事件はぬれぎぬであり、改ざんの証拠はなにもないとも述べている。

また、「多くの研究者が同意している」「専門家によるコンセンサスがある」とも述べている。この手の文はよく目にする。特に基準や正否があいまいで、科学的に、はっきりと決着がつかないときによく使われることばだ。

これは、実は、科学哲学の基本問題だ。**「どちらが正しいか」については、普遍的な基準はない。本当にない。だから決められない。**そこで、科学哲学には、**「科学者集団あるいは専門家集団がそうであると受け入れたもの対しては、実際そうであると認めよう」**という基本的な考えがある。これを「自然な存在論態度（natural ontology attitude）」という。「専門家間でコンセンサスがあるから正しい」というのも、この考えから派生したものだ。

しかし、実際にコンセンサスがあるのかどうかは、その専門外の研究者にはわからない。さらに、自分の専門外の議論に口を出すことはタブーだ。上の文章でも、「この分野で非常に活発に論文を書いている研究者の97％は」としているが、これは、逆に気候研究の専門家以外には認められていないかもしれないことを暗に示している。

先ほど引用した横浜国立大の伊藤公紀教授のブログには、気候研究の専門家ではない、地球物理学者のアラスカ大学の赤祖父俊一教授の手紙として次の文があった。

アメリカ・アラスカ大学の赤祖父教授が、地球温暖化について意見を書いてこられましたので、紹介させていただきます。

「地球温暖化について

英国の Roy Soc（ロイヤル・ソサイエティ）も、米国の AGU（アメリカ地球物理連合学会）、Academy（アメリカ科学アカデミー）も、IPCCの非について認めるのが、あまりにも遅かったと思います。

しかも、まだ残党が多いのではないかと思います。NSFがまだ、コンピューター・シミュレーションのプロポーザルを云っています。おそらく、シミュレーションで多くのポスドクとPhD学生を抱えた連中が、困って資金をNSFに要求しているのでしょう。

私が驚いたことは、日本ではまだまだ温暖化を信じている人が多いことです。報道が何も云わないからでしょう。

赤祖父俊一」

英国のロイヤル・ソサイエティやアメリカの科学アカデミーは、日本の日本学術会議に相当する。そこでは、地球温暖化もIPCCの主張もまったく信頼されていないという、告発文だ。

アメリカの地球物理学者の間では、逆のコンセンサスがあることがわかる。

ここから「コンセンサスがある」というのはある学術団体（コミュニティ）に限定されていることがわかる。大きくても数千人程度の団体だ。だから、ある主張が正しいのかというのは、どの学術団体（コミュニティ）に支持されているのかをはっきり認識することが重要だ。

政治的には終わってしまった地球温暖化議論

さて、それでは、今後、地球温暖化問題はどうなるのだろうか？

地球温暖化問題はマスコミが話題とする機会がどんどん減っていき、アカデミックな研究だけが残っていく、そんな予想をしている。同様な例がある。エネルギー問題だ。1970年代の石油危機に端を発したエネルギー問題・代替エネルギー開発問題は、1990年には、ほとんど語られることがなくなった。

そんな予兆は水面下で進んでいる。次に示したのは電気新聞と日経新聞に掲載された記事だ。「米シカゴ、排出量取引中止へ」という記事は、電気新聞という小さな新聞に、2011年にそっと出た記事だ。

「米シカゴ、排出量取引中止へ　連邦大の導入めど立たず」

米国シカゴの温室効果ガス排出量取引市場「シカゴ気候変動取引所（CCX）」が1月末で市場取引を中止する。**連邦大の排出量取引制度の導入見通しが立たず、取引が低迷していることが理由だ。**一方でカリフォルニア州は州内の排出量取引制度を12年に導入する方針を固めた。政府大の排出量取引制度の導入が当面凍結され、地域単位の施行が中心になる日本と米国の状況は似ているが、統一規制がない中での自主的市場の限界を浮き彫りにしたシカゴの事例は日本の排出量取引論議にも一石を投じる可能性がある。

CCXは北米における民間主導、自主参加型の排出量取引市場として03年に始動した。加盟者は10年までに温室効果ガスを基準年の排出量に比べて6％削減する義務を負う。

（電気新聞　2011年1月8日）

「排出量価格、日欧で低迷　1年で6～7割安く」

二酸化炭素（CO2）**など温暖化ガスの排出枠を売買する日欧の排出量取引市場で、取引価格の下落傾向が強まっている。**欧州債務危機を背景に、鉄鋼など素材産業を中心に生産が停滞。増産に向けて温暖化ガスの排出枠を買う需要が後退しているためだ。**日欧で指標となる取引価格は1年前に比べて6～7割下落。**企業は排出枠を買いやすくなるが、ガス削減に向けた取り組みが遅れる懸念もある。

（日経新聞　2012年4月24日）

この2つの記事から、「二酸化炭素が増えて地球が温暖化しても、排出権取引市場が崩壊したのでお金にならない」ということがわかる。これは、実は「二酸化炭素による地球温暖化」をマスコミが取り上げる機会も激減することを意味する。排出権取引そのものが、二酸化炭素による地球温暖化説のもっとも有力な動機だったからだ。

あとに残るのは、二酸化炭素の影響がどの程度地球温暖化に寄与するのかという学術的な議論だけだろう。

参考文献

深井有、『気候変動とエネルギー問題　CO2温暖化論争を超えて』中公新書

伊藤公紀、『地球温暖化の向かう先　―クライメート事件、原発事故が及ぼす影響―』現代化学2011年7月号

伊藤公紀、『ホッケースティック曲線の何が間違いなのか―本当の気温変動はわかったか?―』、現代化学2010年1月号

伊藤公紀、『観測による気候感度の推定　―CO2濃度が2倍になると気温は何℃上がるか―』、現代化学2009年3月号

広瀬隆、『二酸化炭素温暖化説の崩壊』、集英社新書、2010年

桜井邦朋、『眠りにつく太陽　―地球は寒冷化する―』

リチャード・サマービル、スーザン・ジョイ・ハソル、『気候変動の科学をどのように伝えるか』、パリティ Vol.27 №9

森田邦久、『理系人に役立つ科学哲学』、化学同人

第7章

現代物理学は本当に正しいのか？

正しさの判定基準は、物理学の体系との整合性にある

世に出回る数々の現代物理「否定」本

1995年ごろ、私が書店の科学のコーナーに行くと、「相対性理論は本当か?」とか、「ビッグバン理論は間違っている」という現代物理を否定する本がたくさん平積みで置いてあった。相対性理論では、運動している物体としていない物体では時間の進み方がちがうという奇妙なことが起きる。また、ビッグバン理論では宇宙の起源は138億年前であるとはっきり決定しており、それ以前は宇宙も時間も存在していなかったという。

どちらも、我々の常識から大きくはずれている。なんとなく、うさんくさい。そんなこともあって、この手の現代物理学を否定する本がたくさん売れた。

私はこれらの本を「異端本」と呼んでいる。異端(heresy)とは、異端者(heretic)が唱えた異説のことだ。異端者(heretic)は、ローマ教会に逆らって正統でない学説をとなえたために火炙りにされた。ローマ教会が正統と認める天動説に対して地動説を唱えたガリレオ・ガリレイは、火炙りにはされなかったが、まさに異端者(heretic)だった。多くの物理学者が正統と見なしている現代物理学を否定する人たちは、まさに現代の異端者(heretic)だ。

私は物理の専門家なので、理論の初歩のところは正確に理解している。だから、相対性理論の「異端本」のいくつかは、相対性理論の基本的な理解でつまずいていた。このことだけは私でもわかった。我々は日頃、簡単に「同時」にという言葉をよく使う。しかし、相対性理論では、この「同時」が、見る人によって違う。だから、この「同時」を我々の日常生活と同じ「同時に」として考えるとたくさんの矛盾がでてきて、相対性理論が間違って見える。つまり、相対性理論（relativity theory）とは、「時間」と「長さ」はその測定者によって違う、時間は独立しているのではなく、測定者そのものと「関係（relate)」している（×相対的ではない）という理論なのである。

同じく異端本で取り上げられる「ビックバン理論」のほうはどうだろうか？　近藤陽次《こんどうようじ》というNASAにいた天体物理学者が書いた『世界の論争・ビッグバンはあったか──決定的な証拠は見当たらない』（講談社ブルーバックス、2000年）という本がある。私はこの本を読んで、どうもビッグバン理論は宇宙物理学者の間では、まだ正しいとは認められていないとずっと思っていた。だから、「ビックバン理論」を異端とする本には、それほど違和感はなかった。

ところが、最近、高校の物理の教科書を開いて見たら、「ビッグバン理論」がすでに取り上げられていて私はひどく驚いた。なぜなら、高校の教科書で習ったことが、後年、間違っていた（wrong）として、ひっくり返ったら、人びとはとんでもない教育を受けていたことになる。だから、教科書に掲載されるような内容は100％確実でなければならない。教科書に掲載されたということは、「ビッグバン理論は正しい、ビッグバンは本当にあった」と認められたことと等しい。だから、私は日本の高校の物理の教科書に、当たり前のように取り上げられたのを見て驚いた。

ビッグバン理論から派生する「インフレーション理論」も高校の教科書に掲載されていたので、さらに驚いた。これも仮説の理論だと私は思っていたからだ。「ビッグバン理論、インフレーション理論は正しい理論である」と、教科書執筆者とこれを検定した文科省ははっきり宣言したわけだ。

相対性理論や宇宙物理学などの高度な数学を使う現代物理学は、専門家以外はほとんど理解できない。私は物理学者のはしくれ（原子分子物理という分野の専門家）だが、ビックバン理論や相対性理論は間違っているのか？　と訊かれても、この領域の専門家ではない。だから、正しいのか正しくないのか、まったくわからない。

ビッグバン理論や相対性理論が正しいことを、数学をつかって確かめることはしない、できない。そこで、ここでは「科学哲学」を使って現代物理学そのものを疑ってみる。**そもそも「哲学」とは、あるものごとが正しいか、間違っているかがわからないときに、その判断の指標を与えてくれるものである。**アイン・ランドというアメリカの哲学者が、『哲学：誰がそれを必要とするか』という本の中でそう語っている。

マッハの科学哲学

バートランド・ラッセルというイギリスの有名な哲学者兼数学者がいる。彼が中心となり、「科学哲学」と呼ばれる哲学の一分野をつくった。この科学哲学は、「科学（science）とは何なのか、何をするための学問か、科学が記述することははたして正しいのか」を取り上げる学問である。

「科学哲学」は、もともとは科学に対しては、中立的な立場である。中立とは、科学そのものについては肯定も否定もしていないということだ。

しかし、だんだんと、科学哲学は現代科学を擁護つまり賞賛するために使われるようになっている。

例えば、有名な科学哲学者のカール・ポパー（Sir Karl Raimund Popper　１９０２〜１９９４）とファイヤアーベント（Paul Karl Feyerabend　１９２４〜１９９４）は「反証可能性（Falsifiability）」という理論をつくった。この「反証可能性」は訳が変で、本当は「科学は間違うことができる」という理論である。科学では、間違う可能性が高い仮説ほど価値があるという考え方だ。

ところが、それがなぜか、「反証する理論に対して批判が生まれたとき、それを論破して証明できれば、それは科学であり、反証することができなければ、それは科学ではない」という考え方に変わっている。「似非《えせ》科学」「疑似《ぎじ》科学」を排除し、正確に科学・非科学の境界を定めることができるとされている。

しかし、このやり方で科学・非科学の境界を定めると、現在、科学のようだと考えられているものでも、厳密な反対尋問に耐えられない限り、科学とは認められない。例えば、民間療法のようなものは、科学的でないとして、「似非科学」というレッテルをはられ、否定される。逆に、厳しい反対尋問に耐えられれば科学と認められるため、些細《ささい》な重箱の隅をつつくような研究も、重要な研究として重宝されている。

しかし、科学哲学というのは、我々が、今まさに、「これは科学であり真理である」と認めていることが、本当に正しいのかを議論する学問である。むしろ、疑いようのない立派な説を疑うための試金石であり、現代の科学が取り扱う理論そのものを疑うためのものだ。**科学哲学は、「疑似科学」「似非科学」として未完の科学を排除するための学問では決してない**。このことがわからないと科学哲学の偉大さが理解できないと私は思う。

そこで、科学哲学を理解するために、オーストリアの物理学者で、科学史家・哲学者でもあるエルンスト・マッハ（Ernst Waldfried Josef Wenzel Mach　1838～1916）という偉大な科学哲学の先駆者を紹介する。この「マッハの科学哲学」がわかると、科学哲学そのものが、なぜ存在するのかがよく理解できる。

前述したカール・ポパーの「反証可能性」とか、トーマス・クーン（Thomas Samuel Kuhn　1922～1996）の「パラダイム理論」も、本当はマッハの科学哲学から派生したものだ。だから元祖であるマッハの考え方を知ることで、ポパーとクーンの理論が実感をもって理解できる。

マッハの考え方を具体的に説明する前に、マッハが現在生きていたら現代物理学についてどういうか、逆に現代物理学者がマッハをどう思うかについて書いておこう。

佐藤文隆《さとうふみたか》京都大学名誉教授が書いた『職業としての科学』（岩波新書、2011年）という本がある。この本に、マッハの科学哲学のことが詳細に書かれている。佐藤教授は、ビッグバンなどの宇宙物理で有名な理論物理学者だ。

彼は温厚であり、かつ自分の学識業績に自信がある学者である。だから、自分の属する理論物理学の世界から嫌われている相手であるマッハをも、自分の好敵手として取り上げたのだろう。

普通の理論物理学者であれば、マッハに言及することはできない。なぜなら、マッハが生きていたら、理論物理学者に面と向かって、彼の理論を罵倒《ばとう》したはずだからだ。

マッハが現在も生きていて、佐藤教授の理論を聞いたとしよう。マッハはバカにするように、佐藤教授にこう言ったと思う。「佐藤くん、君がビッグバンが本当にあったというのなら、隣の実験室で、実際にビッグバンを起こして私に見せてくれないか？　え、できないの？　じゃあ、あったことがどうしてわかるんだ？　どうやって、証明するんだ？」

そして、もし、私が佐藤教授の立場にいたら、逆襲して、「お前の頭では、俺の理論は理解できないんだよ！　この大バカ！」と反論する。そして、マッハの本を、彼の目の前で切り刻んで、足で踏みつけにして、唾をかけ、最後に燃やす。マッハとは、そういう人物であり、理論物理学者たちにとっては、激しく憎むべき相手なのである。


エルンスト・マッハは、19世紀末・20世紀初頭のヨーロッパで流体力学（hydrodynamics）、波動論（kinematic wave theory）で大きな貢献をした。彼こそがオーストリア学派＝ウィーン・ブント（ウィーン学団）の偉大なる創始者である。

マッハ自身の評価は、今も高くない。特に物理学者たちの間で評判がよくない。マッハは「人間に見えない原子というものがはたして存在するかどうかわからない」と断言した。そのことで原子論を唱えたボルツマン（Ludwig Eduard Boltzmann　１８４４〜１９０６）を自殺に追い込んだ、とうわさされている。そのためにマッハの科学哲学は、現在では「道具主義(instrumentalism)」と言われ、おとしめられ、低い評価しか受けていない。

マッハの科学哲学は、いかなるものなのか。以下エルンスト・マッハの「力学」から引用してみよう。

　あらゆる科学は、ある事実を人間の思考の中に模写し転写することによって、経験に置きかえる。そうすることで経験を節約するという使命をもつのである。**模写は経験それ自身よりも手軽に手許においておけるし、多くの点で経験を代行できる。科学のもつ、この安上がりですますことの機能こそが、科学の本質を貫いている。このことは一般的に考え**

エルンスト・マッハ

ても明らかとなろう。（中略）

私たちは事実を思考の中に模写するとき、私たちは決して事実をそのまま模写してはいない。私たちにとって重要な側面だけを模写するのである。**このとき私たちは直接的にせよ間接的にせよ、ある目標をもった実益をめざしている。**私たちが模写するときはいつも抽象（abstract）しているのだ。ここにもまた経済的性格（思考時間を節約している）があらわれている。

（エルンスト・マッハ『力学』）

マッハはこのように書いている。ここに、「科学は、実験結果・経験的事実をより分かりやすく、より経済的（economic）に、より労力を節約して理解するための道具に過ぎない」としている。ここには「真理」は存在しない。さらにマッハは人間の「感覚」の大切さを力説している。

人間の感性的諸事実こそが、こうして、物理学者のありとあらゆる思想適応の出発点であり、また目標である。人間の感性的諸事実に直接に従おうという思想は、私たちに最も馴染み深い、最も強い、最も直接的な思想である。新しい事実に直ちに従うことができない場合には、その事実に、より豊富でより明確な形を与えるべく、最も強力で最も馴染み深い思想が押し迫ってくる。科学上の仮説や思弁は、いずれもこれに基づく。

（エルンスト・マッハ『感覚の分析』）

ここでマッハは、あらゆる自然科学で議論するときの「事実（facts）」なるものは、経験的に確かめたもの、私たち人間感覚でとらえることができるものであるとしている。そうでなければ、その事実は事実として認められないと述べている。

マッハだけでなく、彼が属する、いわゆる「ポジティビスト（人定《じんてい》主義者、positivists）」あるいは「実証《じっしょう》主義者」と呼ばれる学者たちは、次のように考える。

理論（theory）はある場合は成立し、ある場合は成立しない。しかし観測した事実、体験した諸事実は確かな科学の基礎と土台になる。だから、これらの観測した事実、体験した諸事実こそが、科学的な推測（reasoning）や推論を始める最初の第一歩でなければならない。多数の人びとに認められている理論が先にあるのではなく、私たちの目の前に確かにある事実こそが、マッハの手法の土台である。

この主張は至極当たり前のことのように見える。しかし、このポジティビスト（人定主義者）がこうはっきりと定義したことで、科学なるものはその基礎を、極めてしっかりと決めることができた。我々も日頃、経験するように、あやふやな伝聞、間違って広められた事実など、「不確かな事実（uncertain facts）」がたくさんある。また、対立する複数の視点から傍観すると、同じ出来事がまったく違う出来事だったことに気づく。例えば、この手法により観客を混乱させたのが、黒澤明《くろさわあきら》監督の名作映画『羅生門』である。この映画では、盗賊、武士、その武士の妻の3人の登場人物が、同じ出来事を三者三様のとらえ方をしている様子を描き出していた。

マッハは、人間の感覚でとらえられたもの、よく体験する事実だけを真の事実とした。それ以外はどんな理論でも前提にすることはしなかった。

そして、私が前述したとおり、科学なるものを、それらの諸事実を簡潔あるいは思考節約して理解するための道具として定義づけた。そうして科学の役割を明確に定義づけ、かつ限定した。

このことは、**ある科学理論が正しいか正しくないかよりも、その科学理論が有用であるか有用でないかのほうが世の中にとっては重要だということだ**。だから、マッハのこの立場は、「実用主義（pragmatism）」とアメリカの学者世界で呼ばれるようになった学問の祖である。

このアメリカの学問世界では主流派である実用主義の考え方は、「科学とは真理を求めるためのものである」という普通の人びとがもつ考え方とは、大きなズレがある。

例えば竹内薫という物理学者がいる。彼が書いた本に『99・9％は仮説―思いこみで判断しないための考え方』（光文社新書、2006年）という本がある。この本に書かれているとおり、真理といわれているものは疑われるべきである。しかし、この題名には、逆に言えば「仮説として出されたものでも、反論とその再反論を繰り返すうちにいつかは0・1％の真理に辿り着く」という意味が含まれている。実はこれはカール・ポパーの反証主義そのものである。

ところがマッハはこの考え方さえ取らない。「科学はもともと真理とは関係ない」とマッハは強く断言している。

イギリスの代表的な英語の辞書であるOxford Advanced Learner's（OALD）にも、「科学」とは次のようなものであると、はっきりと定義されている。

Science knowledge about the structure and behaviour of the natural and physical world, based on facts that you can prove, for example by experiments.

訳＝科学とは、人間が実験などで証明できる事実に基づいていること。それによって証明された自然界と物理的世界の構造と振る舞いについての知識。

（Oxford Advanced Learner's）

ここには、明確に、科学は自然界と物理的世界の構造と振る舞いについての知識にすぎないと述べてある。**そして、法則（law、ラー）とは、この「自然界と物理的世界の構造と振る舞いについての知識」をもっとも経済的かつ簡潔に記述したものに過ぎない。これがマッハの主張である。**

この考え方は、今考えても、非常に過激である。マッハは「見えない原子というものが存在するか、人間にはわからない」として、原子論を唱えたボルツマンと対立し、激しい論争を繰り広げた。このことは既述した。そのために、ボルツマンはうつ病に苦しみ、自殺した。当時、すでに、原子や分子なるものが存在するだろうという間接的な証拠がたくさんあった。現在の我々から見れば、原子の存在を認めてもいいと思う。**それに対し、マッハは「感覚する（見る、触る）ことができなければ、それは存在するかどうかはわからない」**として原子の存在を認めなかった。恐るべき頑固さである。

だから、前に書いたように、マッハが生きていたら、「ビッグバンが本当にあったというのなら、実際に起こして私に見せてくれないか？　できないのか、じゃあ、あったことがどうしてわかるんだ？」と本当に言ったと思う。これがマッハという希代の大天才学者が築き上げた科学哲学である。マッハは「実際に人間の五感で確かめられないものは、存在しない」といった。だから、マッハの目からすれば、ビッグバン理論やそこから派生した宇宙生成時のインフレーション理論も空想や戯言《たわごと》に過ぎない。

現代物理学の最高峰とされる素粒子物理も同じだ。もし、マッハが生きていたら、「クオークという素粒子が存在するというのなら、ここでそれを見せてくれないか」と必ず言ったはずだ。クオークは、陽子、中性子などの素粒子を構成している究極の物質だとされている。しかし、クオークという素粒子は、検出することができない。

クオークは実は架空の粒子なのだ。今でも観測されていない。「存在する」と仮定すると、存在する素粒子（陽子、中性子、中間子）の性質が実にうまく説明できる。だから、その存在が世界の物理学会で認められている。矛盾する実験結果もない。ところが、不思議なことにクオークそのものは、どんな実験装置を使っても今なお検出できていない。観測できないのはクオークが「色」の性質をもっており、合わせて「白色」にならないと観測できないという理論までできている。

理論的にはあるが観測できない。つまり、人間の五感では確かめられないということだ。そのような粒子は、マッハに言わせれば「存在しない」のである。

しかし、現代物理学では、直接に検出不可能なものであっても、数学的にその存在が証明されていれば、存在していると認められている。このことを普通の人びとが理解していない。2008年にノーベル物理学賞を、南部陽一郎、小林誠、益川敏英の日本人3人が受賞した。この中で、小林・益川の理論は、新しいクォークを予言したことで有名だ。「CP対称性の破れ」という実験結果から、クォークは3つではなく、さらにもう3つなければ実験結果とあわないと数学的に証明した論文が認められ、両氏はノーベル物理学賞を受賞した。これが「予言された6つのクォーク」の正体である。この6つのクォークはあくまで数式の中でのみ存在する。実在することを、直接、確かめるのに成功した実験はない。

マッハの哲学を思想の歴史からひもといてみる

現代に生きている我々からすると、このマッハの哲学は、現代科学を理解しようとしない酔っ払いオヤジの戯言《たわごと》とよく似ている。「へー、それじゃ、先生。それが本当に有ると言うのなら、ここで見せてくれませんか」と、酔っ払いがくだを巻いて言いそうなことだ。

それでも、マッハが築き上げた科学についての哲学は、今も西洋哲学の主要な学派の1つだ。だから、彼の属する学派の考えを大きく理解しないと、マッハがいったい何を根拠にして、彼の科学哲学を主張するのかが理解できない。

そこでマッハの属する学派である中世のノミナリスト（Nominalist　唯名論者、個物派）について説明する。

ヨーロッパでは、14世紀に普遍《ふへん》論争（universalienstreit）と呼ばれる神学論争が行われた。ノミナリスト（唯名論者、個物派）と、これに対抗するイデアリスト（観念論者）の間で繰り広げられた論争である。ノミナリストは「実在するのは個物だけである。すなわち、ものは、ただ個々のものとしてあるだけだ」と主張した。それに対し、イデアリストは、「個物に先立って、普遍なるものが実在する。この世界には普遍的なもの、すなわちイデアなるもの（観念や理論）が存在する」と、強く主張した。だから普遍戦争とは、「普遍は、個物に先立って実在する（実念論）」のか、あるいは「個物の後に人間がつくった名辞（唯名論）に過ぎない」のかという中世スコラ学中の最大の論争である（英語で言えば、定冠詞〈the〉と不定冠詞〈a,an〉の違いに相当する）。

つまりマッハが属するノミナリスト（唯名論者、個物派）の系譜の思想（ノミナリズムという）は、「ひとりひとりの信者（個々の人）」を優先する。それに対して、イデアリスト（観念論者）の系譜には「いつ、どこでも変わることなく有る（普遍としての）教会」がある。なぜなら、カトリックという言葉そのものが「カトルー（普遍）」という形容詞に由来するからだ。彼らイデアリストは普遍主義であり、体制派である。教会およびローマ法王擁護の立場であった。これを否定する思想がノミナリストということばに含まれていた。だからこの論争のあった14世紀では、ノミナリストの思想はイデアリストの体制派（トーマス・アクィーナスなど）と対立する過激かつ危険な思想だった。
ノミナリストの思想は、このように、人間ひとりひとりとしての個体を認める思想だ。だから、当然、個人を尊重する啓蒙思想（enlightenment）、近代思想（modern thought）につながっていく。

そして、マッハの哲学は、このノミナリストの思想を、20世紀の現代科学において極限まで追究したものだ。
有名なドイツの大哲学者、マルティン・ハイデガー（Martin Heidegger　１８８９〜１９７６）もノミナリストに分類される。ハイデガーはマッハと同じことを別のことばで、書いている。マルティン・ハイデガーの『存在と時間』の一節から引用する。

ニュートンの法則も、矛盾律も、一般にいかなる真理も、現存在（引用者注：人間のこと）だけが存在している間だけ真であるのである。現存在がまったく存在していなかった以前には、そして現存在が、もはやまったく存在しない以後には、いかなる真理も存在していなかったし、いかなる真理も存在していないであろう。

ここで「現存在」とは、死んでしまう我々人間のことだ。人間は死んでしまうので存在が「現（いま）」に限定されている。そこで無限（永遠）の存在（神）に対して、現存在という呼び方をしている。

「我々人間（人類）がこの地上からいなくなったとしても、ニュートンの法則などの物理法則はそのまま存在する」と考えるのが普通だ。一般的な日本人が持っている考え方だ。しかし、ハイデガーは、それをきっぱり否定した。「我々人間が死に絶えて滅びれば、そもそも、ニュートンの法則などは存在しないのだ」と彼は主張した。だから、ハイデガーの主張はエルンスト・マッハの言論とそっくり同じであり、同じ学派なのである。

ノミナリストは、「自分が死んだら、世界そのものが終わる」と考えている。つまりノミナリズムでは、人間の感覚と思考そのものが、極限まで高く評価されている。言い換えれば「人間が死ぬとはその感覚と思考が停止すること」であり、だから死ぬと「世界が終わる」のである。

ノミナリストは、さらに突き進んで、人間の感覚と思考に反する絶対的なもの、つまり絶対神とか、この世を支配する自然法則を、人間が勝手に頭で考えた妄想（それはただの「名前」である）として、認めない。本当に認めようとしない。

ノミナリストの思想は、ヨーロッパ全体を支配するローマ教会という体制派の神学との激しい戦いの中から生まれてきた。だから、少々のことでは揺らがない。

現代物理学は、観測不可能のものを、実際に存在しているとみなしている

このようにエルンスト・マッハは観測可能なものだけが実際に存在する、すなわち実存していると考える。これが西洋哲学の基本にある考えである。かつ同時に最高級の考え方でもある。今でもこれ以上のものはない

だから、エルンスト・マッハの科学哲学にしたがえば、現代物理学および現代科学には大きな欠点があることになる。

では、具体的には、どこに問題があるのか？　本当に現代物理学が間違っている可能性があるのか？　もし間違っている可能性があるとしたら何なのか？

このことを、「ビッグバン理論」を対象にして考えてみよう。

あまり知られていないが、ビ﹅ッ﹅ク﹅バ﹅ン﹅を﹅否﹅定﹅す﹅る﹅実﹅験﹅事﹅実﹅は﹅、実﹅は﹅昔﹅か﹅ら﹅た﹅く﹅さ﹅ん﹅あ﹅る﹅。特に天体観測の実験結果と矛盾するそうだ。最近でも、日本が誇る天体望遠鏡「すばる」によって、宇宙の果て130億光年ぐらい先のところに古い銀河があるという事実が得られた。この

ことはビッグバン理論と矛盾する実験結果だ。「ビッグバン（宇宙の始めの大爆発）が起こってから銀河ができた」とされているのに、古い銀河が宇宙の果てのほうにあると、ビッグバン以前にすでに銀河があったことになってしまう。

次に引用する文は、先ほどの佐藤文隆《さとうふみたか》という、京都大学名誉教授でビッグバン理論を長い間研究してきた宇宙物理学者に対して行われたインタビュー形式の文章である。あらかじめ断っておくと、引用する文の前では、ビッグバン理論がいかに正しいかを佐藤教授は述べていた。ところが佐藤教授自身が論調を急に変えた。以下に、そこを書き抜きする。佐藤文隆教授が、口を滑らして本音が出たと私は思う。

> **ビッグバン批判の記事に書かれていることは、大半がもっともである。**逆にいうと、批判としては何も目新しいことを言っていない。だがこのような批判があるにもかかわらず、私たち多くの専門家はなぜ「ビッグバン宇宙はもう駄目だ」と思わないのか。宇宙論に興味のある人は、まずこの事実（これは宇宙物理の「事実」とは異なり、シンプルに「事実」である。）にこそ注目すべきである。それが宇宙論の理解を一番早める。
>
> 筆者（引用者注：佐藤教授のこと）の考える理由は、ここで話題になっている宇宙論の研究が物理学の一環をなしているという事実である。つまり、**宇宙論での〝もっともらし**

さ〟の判定基準は、物理学全体の体系との整合性にあるといえる。宇宙論という言葉は本来は、人類が自分たちの住む世界を描写しようとする試みを意味する。これに対して、いま（私がここで）問題にしている宇宙論は「物理学の宇宙論」である。天体宇宙を餌食にして物理学の宇宙論を謳歌しているのである。

実験物理のようにゴチャゴチャしていない何かスッキリした教えが宇宙論にはあるかもしれないと読者が期待しているなら、この分野はそれとは無縁である。宇宙論では物理学の応用が行われているのであり、また物理学の基礎はこのような応用で、より広範な普遍性が確かめられたのである。

（佐藤文隆京都大学教授「ビッグバンのみが科学理論だ！」学研『大科学論争』所収、1998年）

佐藤教授の発言の中で最も重要なのは「宇宙論での〝もっともらしさ〟の判定基準は、物理学の体系との整合性にある」という部分だ。実はビッグバン直後の理論と高エネルギーの素粒子の理論の2つはうまくあう。つまり物理学全体の体系がうまく整合しているのである。

この発言を、さらにわかりやすく私が説明すると次のようになる。「ビッグバン理論と天体観測の結果は、いくら矛盾を起こしてもいい。ビッグバン理論を否定する天体観測結果がたくさんでても構わない。それだけではビッグバン理論は間違いであるとはならない。既存の物理

学の諸法則と宇宙物理学の理論とが矛盾を起こしたときにだけ、そのときだけ、ビッグバン理論は否定される」。

宇宙理論物理というのは、「すごい」学問分野だと物理学者のはしくれの私でもそう考える。

さて、では、もしビッグバン理論は間違っているとしたら、どこが間違っているのだろうか？「①赤方偏移《せきほうへんい》（redshift）」「②元素の存在比」そして「③背景放射《はいけいほうしゃ》の分布」の3つの観測結果がビッグバン理論の証拠であるとよく言われている。ビッグバン理論の正しさがこの3つにあるのだから疑うならばこの3つがビッグバン以外の理由で起きているという証拠（反証）を出さなければならない。その中でも、特に、ビッグバン理論が生まれた最初の実験事実となった「①赤方偏移」が、ビッグバン以外の別の原因によるものであると明らかにする必要がある。

ここでは、「①赤方偏移」についてだけ、簡潔に説明しておく。赤方偏移とは、地球から遠ざかっていく天体から出てくる光のスペクトル線（光を分光器で分解して波長の順に並べたもの）の波長が赤いほうにずれている事実をあらわす。赤方偏移は、ドップラー効果により、どんどん遠ざかるときに観測される。だから、赤方偏移が観測されたこと自体が、宇宙が広がっていることを意味し、これがビッグバンのひとつの証明となる。

ここでビッグバン理論が間違っているという理由を見つけるヒントを上げるなら、それはまさしく、先ほどの佐藤文隆教授の文章の中にある。「宇宙論の正しさは物理学全体の体系との整合性によって保証されているのだ」と書いてある。したがって、ビッグバン理論は、既存の物理学の法則や定理が否定されると崩れる。逆にそういう既存の物理学全般の定理や法則が崩れない限り、いくらビッグバン理論への否定的な実験事実・観測事実が見つかり、それをいくら公然と指摘しても間違いとはならない。

それでは、もしビッグバン理論が間違っているとしたら、既存のどの物理法則が否定されるのだろうか？　考えられる例をひとつだけ挙げておく。

シカゴ大学にウイリアム・マクミランという物理学者がいる。彼は「光が長い距離を走る際には、その光は徐々に自分のエネルギーを失って、波長を変えるのではないか」と述べた。たったこれだけの理由付けでも、赤方偏移という現象が説明できてしまう。だんだん波長を変えるので、遠くから来る光はその波長を大きく赤いほうにずらす。つまり、光の波長がずれるのは、光そのものの性質でドップラー効果ではない、ということだ。しかし、このことは現代物理学では簡単に否定できる。なぜなら「エネルギーを失って」と述べているように、これは「エネルギー保存の法則」と矛盾するからだ。つまり、真空中を走る光は、常に一定の波長にしかならない。だから、このような「エネルギー保存の法則」に反することがないかぎり、この理論は成立しない。

このように現代物理学は、既存の物理の定理、法則、原理の上に成り立つ。まさに、佐藤文隆氏が言うように、「〝もっともらしさ〟の判定基準は、物理学の体系との整合性にある」の通りだ。

数学的にだけ証明されている現代物理

「自然という偉大な書物は、数学という言語で書かれている」という有名な言葉がある。これは、ガリレオ・ガリレイ（Galileo Galilei　1564〜1642）の『贋金鑑識官《にせがねかんしきかん》』という書の中の言葉だ。現代物理学は「自然は数学という文字で書かれている」から、さらに進んで、「現代物理学は、数学的に証明されている」に、そしてついには「現代物理学は、実は数学である」となってしまったように私には見える。

数学という学問には必ず「公理（axiom）」がある。公理とは、論証がなくても自明の真理として数学者たちに承認され、他の命題の前提となる根本命題であり、前提条件とされるものだ。数学は、この公理をもとにして、いろいろな定理を証明していく。前提となる公理が変わると、まったく違う数学体系となってしまう。公理として、一番有名なのは、「ユークリッド幾何学」と「非ユークリッド幾何学」だ。「2つの点を結ぶ直線はただ1つ引くことができる」あるいは「平行な直線は交わることはない」というのが我々には自明のことだ。これらを公理としてできたものが「ユークリッド幾何学」である。ユークリッドというBC300年ごろのギリシャの数学者が「平面幾何学」としてつくりあげた。これに対して、逆に「2つの点を結ぶ直線は無数に存在する」「平行な2つの直線であっても交わる」を公理としてできたものが「非ユークリッド幾何学」だ。このようにしてある公理が否定されると、まったく別の新しい数学体系ができあがる。

このことが、現代物理学にもまったく同じようにあてはまる。物理学にはさまざまな法則、原理、理論がある。これらは、まさに、数学の「公理」に相当する。例えば、この章の最初に取り上げた「相対性理論」は、完全に「光速度一定の法則」という「公理」によって成立する。光速度が一定でなければ、そもそも相対性理論は成立しない。ビッグバン理論も前述したように「エネルギー保存の法則」を前提にして成立している。そして、数学でいう「公理」にまで高まった物理学の法則や理論を前提にする限り、ビッグバン理論であれ素粒子理論であれ、否定されることはないだろう。

逆から言うと、前提となる既存の物理法則や原理がひっくり返ると、ビッグバン理論も素粒子理論も揺らいでしまう可能性がある。それが現代物理学だ。2012年に光速度以上で走るニュートリノがあると話題になったことがある。ニュートリノとは、レプトンのグループに属し、電荷が0《ゼロ》、スピン半整数（2分の1）の素粒子の1つだ。1987年に物理学者の小柴昌《こしばまさ》俊氏《とし》（２００２年ノーベル物理学賞受賞）がこのニュートリノの観測に成功し、有名になった。このニュートリノが光速度を越えるとして世界中で話題になったわけだ。しかし、光速を越える物質の存在は「測定の間違い」で決着がついた。

このような実験結果で出ると、体系がその土台から崩れてしまう可能性が本当にあった。結局間違いだったということだが、ここで私が説明したように、基本定理（数学上は公理）に間違いがあると、すべての理論がちゃぶ台をひっくり返したように怪しくなる。だから物理学者の多くが疑心暗鬼におちいりながらも、この実験の結果の正否を固唾をのんで見守っていたのである。

参考文献

『職業としての科学』佐藤文隆、２０１１年、岩波新書

『大科学論争　科学の歴史は、論争の歴史』最新科学論シリーズ、１９９８年、学研

『科学論の展開』A・F・チャルマーズ、１９８３年、恒星社厚生閣

『英文法の謎を解く』副島隆彦、１９９５年、筑摩書房

『世界の論争・ビッグバンはあったか　決定的な証拠は見当たらない』近藤陽次著、２０００年、講談社ブルーバックス

第8章

仁科芳雄《にしなよしお》こそが「日本物理学の父」である

政治的に葬られた日本の物理学の英雄をここに復活させる

仁科芳雄《にしなよしお》という物理学者がいる。この人が日本の最高の物理学者であり、日本の物理学を立ち上げた最重要人物である。1949年に日本で最初のノーベル物理学賞を受賞した湯川秀樹《ゆかわひでき》でも、1965年に、やはりノーベル物理学賞を取った朝永振一郎《ともながしんいちろう》も日本の最高の物理学者ではない。なぜなら、2人のノーベル物理学賞受賞者の先生は仁科芳雄であり、湯川秀樹も朝永振一郎も、仁科芳雄なくしては、賞を取れなかったからだ。**仁科芳雄（1890〜1951）こそが、本当の「日本の物理学の父」である。**

だが、仁科には「第二次世界大戦中に日本陸軍の委託をうけて原爆開発を指導していた」という暗い過去がある。彼はウラン濃縮のために熱拡散による同位体分離法を試みていた。中根良平《なかねりょうへい》という仁科の研究室の研究員の証言がある。

仁科は敗戦直後、米軍が上陸するとすぐに、手塩をかけてつくった「サイクロトロン（電磁石を用いて、イオンを螺旋《らせん》状に加速し、原子核の人工破壊、放射性同位体の製造などに利用する装置）」を危険な研究であるとして米軍にただちに破壊された。そのサイクロトロンは解体されて東京湾に捨てられた。それだけでなく、仁科が所属した理化学研究所は米軍の厳しい管理下に置かれた。彼は理化学研究所を存続させるために、慣れない金策に走りまわり、大変な苦労もした。仁科は敗戦後6年間生き、1951年死去した。死後、彼の業績に見合った正しい評価をされることもなかった。物理学者の世界では、仁科芳雄の名は非常によく知られているが、理科系の人びとを含めて、一般の人びとには、もう、彼の名前はほとんど知られていない。

本章では、仁科芳雄がいったいどのような人物で、何をしたのかを、物理学に詳しくない人にもわかるように解説する。そして彼の業績を再評価する。

新庄《しんじょう》尋常《じんじょう》小学校の神童

仁科芳雄は1890年に岡山県の新庄村（現在の里庄町《さとしょうちょう》）で生まれた。家は製塩業と農業

仁科芳雄（1890～1951）

を営んでいた農家である。

日本文教出版という出版社が、〝岡山文庫〟という郷土色の強い文庫本を出している。ここに仁科芳雄の伝記がある。仁科芳雄が、幼少の頃からどれほど優秀であったが詳細に書かれている。新庄尋常小学校では「神童と呼ばれる秀才」だった。高等小学校卒業時には優秀賞と郡長賞、さらに県内2名だけがもらえる知事賞の赤間関《あかまがせき》の硯《すずり》をもらった。

性格は温厚でまじめだった。「小さいときから良くできた子で、決して無理なことを自他ともにせぬうえに曲がったことは絶対にきらいで潔ペキ症の子でした」と仁科芳雄を評した実姉の言葉がある。また、仁科の弟がまだ中学生のときに次のような手紙を書いている。「必ず徳育、知育、体育のいずれかに費やさざるべからず。これ以外のものに費やすを、時間の浪費というなり。古《いにしえ》より時間を最もよく利用せるものが、最も偉大なりし事を忘るるなかれ」有名人の伝記の描写は眉唾ものが多い。しかし、仁科芳雄のその後の人生を見ても、この伝記の通り勤勉実直であった。

1914年に仁科芳雄は岡山市第六高等学校を卒業し、その後、東京帝国大学工学部電気工学科に入学した。彼は交流モーターの研究を行い、その卒業論文が認められ、首席で卒業し、「恩賜《おんし》の銀時計」をもらっている。

その後、仁科は、理化学研究所という国策の研究所に入り研究生となる。仁科芳雄は高校と大学で2回、病気で休学しているため、このときすでに28歳であった。

理化学研究所設立

今では多くの人が、理化学研究所という独立行政法人を知っているだろう。研究者の間では、「理研」と呼ばれる有名な半官半民の研究機関である。現在は、「京《けい》」というスーパーコンピュータ（スパコン）を富士通と共に立ち上げたことで有名だ。第4章に書いたように、2014年には、理研のユニットリーダー小保方晴子氏がSTAP細胞と呼ばれる万能細胞をつくり出したと報じられ、それが捏造であるという疑惑でマスコミに大きく取り上げられた。

理研は1917年（大正6年）に設立され百年の歴史がある。明治・大正の大学は教育と人材育成が中心の機関だった。現在のように大学教授が研究を行い、その片手間で学生を教育するというスタイルではなかった。だから、人材育成ばかりが先行して、研究そのものは日本ではほとんど行われていなかった。すべての新技術は外国からの直輸入である。もっと言えば、当時の日本に科学的な基礎研究を本格的に行えるような機関は、大学を含めてどこにも存在しなかった。

そこで、高峰譲吉《たかみねじょうきち》（1854〜1922）という化学者で実業家になった人が、築地の精養軒で「国民科学研究所設立の必要性」を、官・財界の主要な150人を前にぶちあげた。1913年（大正2年）のことだ。これが発端となって新しい資金が集められた。高峰譲吉は、アドレナリンを分離精製したことで世界的に有名な化学者である。彼は、「軍艦を造っても10年か15年経てば使いものにならなくなる。だが、それを基礎研究に使えば、10年、15年経てば、思いもかけない大発見があり得る。そういうところにお金を使え」と言って、新しい研究所設立のための資金集めをした。

当時、第一次世界大戦でヨーロッパからの医薬品の原料や肥料の輸入が止まった。化学の基礎知識が日本では不足していた。企業経営者たちからも、日本独自でこの状況をどうにか打開しなくてはとの気概が生まれた。〝日本資本主義〟の父と言われる渋沢栄一《しぶさわえいいち》（1840〜1931）が、この声に押されて、1917年（大正6年）に駒込に研究所をつくった。これが財団法人理化学研究所、略して「理研」の始まりである。

設立当初、この理研は、運営がうまくいかなかった。皇室から御下賜金《ごかしきん》を賜り、資金調達もした。しかし、基礎研究にそんな大金は出せないと、政府と財界が、資本投資するのを渋った。資金がなければ、組織の中も乱れる。物理の長岡半太郎《ながおかはんたろう》（1865〜1950）と化学の櫻井錠二《さくらいじょうじ》（1858〜1939）の2人の大御所がケンカをして、運営がうまくいかなくなったという話が残っている。長岡・櫻井の両人は、当時の日本を代表とする大科学者である。

しかし、1921年（大正10年）になって、物理学者で貴族院議員でもあった大河内正敏《おおこうちまさとし》（1878〜1952）が理研の所長に就任した。彼は商才もある人で、一転して、理研はうまく軌道に乗り始めた。大河内は、研究だけでなく金儲けもするという現在のスピンアウトの先駆けの人物であった。スピンアウトとは企業内の事業部門や活用されていない研究開発成果・ビジネスアイデアなどを切り離して、一企業として独立させて新たな事業展開を行うものである。つまり、研究の成果で売れそうなものは事業化して、子会社に販売させた。そして、その利益を理研の研究費に充てた。事業化し成功した製品が、理研の吸湿材「アドソール」、ビタミン剤「理研ビタミンA」、人造酒「利休」などである。その一連の子会社は「理研コンツェルン（理研産業団）」と呼ばれた。現在のリコー、リケン、科研製薬、オカモトなどが、昔の理研コンツェルン経営の会社である。

そのときに導入された「主任研究員制度」は当時としては画期的であった。これは、独立した研究室それぞれの独自性を保証し、主任研究員に、割り当てられた研究費の使い道、人事などすべての権限を集中させる、研究者にとっては夢のような組織制度である。実際にこの制度のため、1921年頃の理研の主任研究員は、日本人で世界に通用する科学者全員であると言っても過言ではなかったそうだ。この主任研究員制度は現在の理研にも残っている。

理研の創業者である渋沢栄一はフランスで株式会社や銀行業について学んで、ヨーロッパと深く関係している。理研も、先端科学技術の導入においてヨーロッパと深いつながりがある。仁科が死んでつくられた仁科記念財団の初代の理事長は、渋沢栄一の孫の渋沢敬三《しぶさわけいぞう》（１８９６～１９６３）が務めた。だから、理化学研究所は、渋沢家と仁科芳雄が中心となって動いた時期があり、両者は長年にわたって深い関係にある。渋沢栄一は日本における三井ロスチャイルド家の代理人のような役割の人物だ。だから理研は当然、ヨーロッパと深いつながりがある。

多くの理研研究者がイギリスやドイツに留学した。また理研の歴代所長は、フランスから勲章をもらっている。私は、２０００年頃、フランス大使館で学会の打ち上げパーティーがあったときに、理研の理事が勲章をもらうためにフランス大使館に来ていたのを目撃した。

仁科芳雄は、東京帝国大学を卒業した後、１９１８年（大正7年）、理化学研究所に入り研究生となった。同時に、物理学を学ぶため、東京帝国大学大学院に入学した。前述した長岡半太郎という有名な物理学者のもとで勉強した。そして、１９２０年（大正9年）に理研の研究員補になると、長岡の推薦でイギリスのキャベンディッシュ研究所のラザフォード（Ernest Rutherford　１８７１～１９３７）というイギリス人物理学者のところに行った。長岡もラザフォードも共に土星型原子モデルを提唱したことで有名だ。この原子モデルは、中央に正電荷を帯びた原子核があり、その周りを電子が回っているという、現在ではよく知られたものである。

渡欧した仁科は、ラザフォードの研究室で、ガイガーカウンターでコンプトン散乱（電子による光の散乱）による電子の分布を測定した。実験技術を習得するため、実習のようなことをしていたようだ。物理学の講義にも出席し、英語教室にも通っていたという記録がある。英語と物理の両方を勉強していたのだろう。仁科芳雄が留学した最初の2年間は、どうやら様子見の感じだったようだ。

ただ、物理に関する知識欲は旺盛だった。ラザフォードの研究室に在籍した後、さらにドイツに行き、ゲッチンゲン大学でボルン（Max Born　1882〜1970）やヒルベルト（David Hilbert　1862〜1943）という、当代随一の物理学者と数学者の講義も聴きにいっている。

ところが、仁科の母が、1922年11月12日に亡くなった。彼にとってはショッキングな出来事だったようだ。しかし、彼は母の訃報を聞いて、逆に、日本に帰るのを止めた。2年間の留学で日本に帰国するのではなく、ヨーロッパに長期滞在し、自分の力を試して、好きな物理学の研究に打ち込むことにした。

デンマークのコペンハーゲン大学の理論物理学研究所の所長であるニールス・ボーア（Niels Henrik David Bohr　1885〜1962）に雇ってほしいと手紙を書き、1923年4月に研究員として採用された。彼はそこに5年半の間、在籍した。

特に博士号や物理学の経歴もない日本人の仁科芳雄を、なぜニールス・ボーアが雇ったのだろうか？　その理由は、どこの伝記や手紙にも書かれていない。これは非常に奇妙だ。

欧米では、学歴と研究経歴が重要視される。例えば、青色発光ダイオードで有名な中村修二《なかむらしゅうじ》氏は、若い頃、アメリカに留学している。彼は徳島の民間会社の研究所の社員であり、博士号の肩書きもなく、執筆した論文さえもなかった。そのため、留学先の研究室では、他の研究者はもとより、学生にさえまったく相手にされなかった。

ボーアが仁科を単なる研究助手として下働きで雇ったら、思いのほか勤勉で、数学もよくできたため、研究員に昇格させたというのが真相のようだ。仁科がよく働いた証拠に、ボーアから「よく続くものだ。実験家だからこんなに続けて夜遅くまでやることができるのだろう。理論家だったら、とてもこうはいかない」と言われ、ほめられたという。「古より時間を最もよく利用せるものが、最も偉大なりし事を忘るるなかれ」という仁科の弟への手紙そのものを、このことがよく表している。

コペンハーゲン大学理論物理学研究所

ニールス・ボーアが所長をしていた理論物理学研究所が、20世紀初頭におけるヨーロッパの物理学の発展の大舞台である。世界中から超一流の研究者が集まり、ここで侃々諤々《かんかんがくがく》と議論した。そして「量子力学」という20世紀物理学の最大の成果が生み出された。

量子力学（Quantum Mechanics）とは、ミクロ（超微小）の世界を記述する物理学の一分野である。現実の世界ではニュートンの運動方程式に従って物体は運動する。ところが、ミクロの世界では、物質は波と粒子の両方の性質を併せてもつ。そのために、ニュートン方程式では現象を数式で書きあらわすことはできない。ミクロの粒子がお化けのように壁を通り抜けたり（トンネル効果）、2つの経路を同時に通るなど、現実の世界では考えられない動きをする。これらを説明するための新しい概念と、それを方程式の形でまとめたものが量子力学である。この量子力学が20世紀に生まれた最高の学問分野だ。よく言われることだが、DNAを発見した分子生物学や、インターネットを作り上げた情報工学よりも、量子力学をつくったことが20世紀最大の科学の発展そのものである。

このコペンハーゲン大学理論物理学研究所には、パウリ（Wolfgang Pauli 1900〜1958）、ディラック（Paul Adrien Maurice Dirac 1902〜1984）、シュレディンガー（Erwin Schrödinger 1887〜1961）、ハイゼンベルグ（Werner Karl Heisenberg 1901〜1976）、クライン（Oskar Klein 1894〜1977）などの量子力学を専門とする錚々《そうそう》たる多くの物理学者が在籍していた。これらの名前は普通の人には知られていないか

ヨーロッパ滞在時の仁科芳雄。コペンハーゲンの仲間たちと撮影した。
(『仁科芳雄往復書簡集』より)

もしれない。しかし、物理学を勉強したことのある人間にとっては、偉大な物理学者のオンパレードである。オールスターキャストという映画の用語がある。まさに20世紀物理学のオールスターキャストである。この中でも、所長のニールス・ボーアが最も偉大だ。彼は独力で原子がどういう構造をしているのかを明らかにした。さらに、ハイゼンベルグという若手の物理学者が正規の職員(研究助手)として、ここにいたことも大きな意味を持つ。彼は、「行列力学」「不確定性関係」などの量子力学の基本的な概念と数学的基礎をここコペンハーゲン大学のボーアの研究所でつくり上げた。

仁科芳雄は、ボーアの研究所にいる間に、これら超一流の研究者たちと交流している。ハイゼンベルグが助手として雇われていた3年間はそのまま、仁科が在籍した5年半と重なる。おそらく、仁科芳雄はハイゼンベルグに直接、最新の物理学について様々な質問をしただろう。ハイゼンベルグも1929年に海を越えて、わざわざ日本を訪問している。このことから考えて、2人には深い親交があったと推察できる。さらに、仁科はパウリのいたハンブルクまで訪ねて行って、理論物理の勉強をしている。また、クラインとは後で説明するように、共同研究をしている。

これは1920年代（大正―昭和初期）、科学とか基礎研究が、日本には何もなかった時代のことである。コペンハーゲン大学理論物理学研究所に仁科芳雄という日本人がその場にいて、これら様々な超一流の物理学者と共同研究や議論をしていたという事実は、日本の科学史だけでなく、西洋文明の日本への流入として、日本の歴史に特筆すべきことだ。仁科芳雄は1925年にニールス・ボーアを中心として量子力学が誕生したその瞬間に立ち合った唯一の日本人である。

ボーアの理論物理学研究所での仁科芳雄の最初の仕事は、X線発光の解析であった。後にノーベル化学賞を受賞したヘベシー（Georg von Hevesy　1885～1966）という化学者の下で、コスター（Dirk Coster　1889～1950）というオランダ人物理学者と一緒に研究をしていた。高エネルギーの電子を照射し、そこから生成するX線を分光し、得られるX

線のエネルギーから原子の構造を明らかにする仕事だ。所長のニールス・ボーアによって、原子の構造、すなわち、いくつかの電子が原子核の周りで軌道をつくって原子を形成しているという原子内部の仕組みは初めて明らかにされた。ボーアの理論をさらに強固なものにするために、弟子の仁科たちも新しい原子の発見に挑戦した。

仁科は在籍して4年が経ち、X線の実験に一区切りをつけた。この後、理論家としての仕事をするようになった。彼は自分の計算力によほど自信をもっていたようだ。物理学者の世界では、実験屋から理論家に転向するのは大変むずかしい。

いくら自分の計算力や理論家としての能力をひそかに自負していたとしても、新しい理論の完成は独力では難しい。そこで、先述したように、1927年にハンブルグ大学のパウリのところへ行って勉強した。そして、1928年にコペンハーゲンに帰ってきた後は、クラインという理論家と一緒に、「X線が電子によってどのくらい散乱されるか（コンプトン散乱）」という計算を行った。外国では、このような共同研究の事例が多くみられる。「私は、この技術を持っている。君の技術と私のこの技術を組み合わせたら、きっとこんなことができるぞ」と誘って、共同研究をする。

仁科とクラインの共同研究で得られた成果が「クライン―仁科の式」である。かつて、私が歯医者に通っていて、そこの歯科医師がこの式の名前を知っていてびっくりしたことがある。

彼が物理学を勉強していて、どこかでできたのだろう。それぐらい有名な式である。

ここで「クライン—仁科の式」がどういう式かを簡単に解説する。そのためには、ディラックの「相対論的波動方程式」についてあらかじめ説明する必要がある。「波動方程式」とは、シュレディンガーという物理学者によって提唱された量子力学の極めて基本的な方程式である。この波動方程式に、あのアインシュタインがつくった有名な相対性理論を組み込んだ式こそが、ディラックの「相対論的波動方程式」だ。この式は、電子の反物質である陽電子の存在を予言したことで極めて有名である。

このディラックの相対論的波動方程式は、今日では画期的とされている。しかし、発表した頃は、眉唾物《まゆつばもの》として、相当に怪《あや》しい式とまわりからは見られていた。先ほど出てきた理論物理学の大家であるパウリは、ディラックの理論を「真面目な考察に値しない」と言ってバカにしていた。

同様なことが過去にも、「電子のスピン」という事象でもあった。これは、ラルフ・クローニッヒ（Ralph Kronig　1904〜1995）という物理学者が、「電子が自転して、磁場ができる」というアイデアを思いつき、パウリに話した。パウリは、「電子が自転するはずがない」と散々貶《けな》した。だからクローニッヒはそのアイデアをひっこめてしまった。後に、ジョージ・ウーレンベック（1900〜1988）という物理学者は、同様な、電子が自転して磁場ができるという提案をして、数々の物理学賞を取った。物理学界では有名なエピソードである。もし電子が自転しているとすると、その速度は確実に光速を越えてしまうためパウリが正しい。しかし、現実に磁場はできる。ただ、電子が回転しているわけではない。だから、パウリのような理論の大家には、誰も逆らえない。

ところが、このとき、仁科芳雄はこの大家であるパウリにどんなにバカにされようと、パウリの「真面目な考察に値しない」という説を聞き入れなかった。ディラックの理論にどこか信頼に値するものがあることを感じていた。そこで、自分の専門のX線の分野で、このX線が電子によってどのように散乱（コンプトン散乱）するかの式を、ディラックの理論、すなわち相対論的波動方程式を使ってなんとか苦労して導き出した。そこで得られた数学的公式が「クライン—仁科の式」である。当時はまだディラック理論の中の波動関数の意味がわからなかった。だから、彼らは非常に計算に苦労した。

この式は、すでに得られていた実験結果を見事に再現した。こうして、ディラックの相対論的波動方程式が本物であることが認められた。１９３２年にアンダーソンというアメリカの物理学者が、ディラックの予言した陽電子を発見したことも重なって、ディラックはついに１９３３年に、シュレディンガーと共にノーベル物理学賞をもらった。ノーベル賞の選考基準も、当時と現在ではずいぶん変わっている。現在であれば、「相対論的量子力学を検証した」という業績で、クラインと仁科の2人が、ディラックとノーベル賞を共同受賞してもおかしくはない。この1933年はヒトラーのナチスが政権を取った年でもある。第二次世界大戦の始まりは1939年のポーランド侵攻であり、それまでにはまだ6年の平和の時代があった。

実際、ニールス・ボーアのところでの、仁科芳雄の活躍は目ざましいものがあり、論文も数多く書いている。この頃に、物理学で世界的な仕事をしていた日本人物理学者は、他には、アインシュタインのところで勉強した石原純《いしわらあつし》（1881〜1947）ぐらいであった。他にはほとんどいなかった。

仁科芳雄には他の業績もあり、所長のボーアの大きな信頼があった。その証拠はボーアが仁科に宛てた手紙である。仁科は、「いよいよ私（仁科）がヨーロッパに「さようなら」と言う時がきました。ここで私は収穫のない7年半を過ごしたのです。この年月は、男子の生涯にとっては短い時間ではありません」という自虐的な手紙を、ヨーロッパを去る直前に、ニールス・ボーアに宛てて出した。それに対してボーアから返事がきた。次がその手紙の冒頭の部分である。

仁科様

ご親切なお手紙ありがとう。きみがこんなに長期の滞在の後に、いまヨーロッパを離れようとしている。実際、私たち全員にとっても、大変な変化があった。あなたがCoster（コスター）やHeversy（ヘベシー）を首尾良く支援したその最初の年から、その後のX線をめぐる実験上のいくつもの問題をめぐるRay（レイ）やきみの国の人たちと一緒にやった困難な研究をへて、X線の散乱についての理論上の問題を大きく推し進めることになった。このきみとKlein（クライン）の最近のお仕事にいたるまで、きみが当研究所と関わりをもたれたことは、私にとってはいつまでも喜ばしい思い出となるでしょう。科学者はだれしも、自分の能力が僅かなものでしかないことを思い知らされ、落ち込むときがあります。しかし、きみの場合は、終始ほとんどあなたの自身のイニシアティブで成し遂げられた実り多い仕事を振り返ることでしょう。

（『仁科芳雄書簡集I』より引用）

仁科芳雄は、その後もときどき、恩師のボーアから温かい手紙をもらっている。また、逆に、自分の気持ちを正直に吐露《とろ》した手紙をボーアに宛てて書いている。日本で自分の結婚が決まったときも、ボーアに「これは私の人生で経験したことのない実験です」というユーモアあふれる手紙を書いている。不思議な師弟関係と言える。

日本でただひとり量子力学を理解していた仁科芳雄

さて、1928（昭和3）年12月に、仁科芳雄はコペンハーゲンからアメリカを経由して日本に帰国した。そして、そのまま理研で働きはじめた。理研に帰ってきた仁科は当初はやることもなく、手持ち無沙汰《ぶさた》だった。電気工学出身という物理学者から見れば異端な出自で、さらにヨーロッパに7年半もいたので周囲から疎《うと》まれたのだろう。

しかし、紛れもなく、仁科の物理学の知識は、世界最先端であった。それが左記の本多《ほんだ》教授とのエピソードからよくわかる。本多教授とは、KS磁石鋼を発明し、日本では「鉄の神様」「鉄鋼の父」と呼ばれた本多光太郎《ほんだこうたろう》（1870〜1954）のことである。息子の仁科雄一郎の文から引用する。

そのうち本多教授が、「鉄のような強磁性体の磁気は何に由来するのか?」という質問を切り出されるや否や、原子核の磁気能率によるとする同教授と、原子核の周りを回る電子の角運動量に付随する磁気能率によるとする父（著者注：仁科芳雄のこと）との間に論戦の花火が飛び交う事態となり、ついには険悪な空気を残して、父が退室することになったそうである。

（仁科雄一郎、「父の感じた日本の後進性」より引用）

このエピソードは、ＫＳ磁石鋼を発明し、日本では磁石の大御所のように考えられている本多光太郎でさえ、磁石の磁気がどうして生じるのかという基本原理を当時は理解していなかったということを意味する。現在では物理学の基本理論となっているが、磁石の磁気は電子の回転（スピン）から生じる。仁科芳雄は、その原理を正確に理解していた。**このエピソードから考えても、当時、日本において物理学の最先端知識を持っていたのは、仁科芳雄、ただひとりであったと言っても過言ではない。**

実際に、仁科自身にも、その自負はあった。だから、日本に量子力学の最先端の知識を導入することに力を注いだ。例えば、１９２９年（昭和４年）９月、ハイゼンベルグとディラックを日本に招聘《しょうへい》している。ディラックが、わざわざ遠く離れた東洋の果ての日本にまで来てくれたことから、ディラックが自分が提起した理論を証明してくれた「クライン—仁科の式」を高く評価していたことがわかる。さらに、１９３７年（昭和12年）には恩師のニールス・ボーアを日本に招いている。これら世界の物理学者のスーパースターの来日というのは、当時、物理学を志していた学生や若い研究者にとってものすごい刺激になった。朝永振一郎と湯川秀樹という後のノーベル賞受賞者もその中に含まれる。

1931年（昭和6年）に仁科は理研の主任研究員になって、仁科研究室を立ち上げる。1932年には朝永振一郎、1933年には坂田昌一《さかたしょういち》という有名な理論物理学者もこの研究室の研究員となった。坂田昌一は2008年にノーベル物理学賞を取った小林誠《こばやしまこと》と益川敏英《ますかわとしひで》の先生である。また、湯川秀樹も理研に在籍したという記録があり、仁科宛のたくさんの私信を残している。だから、湯川も仁科の弟子だったと言える。つまり、後のノーベル物理学賞の受賞者の多くは、仁科の弟子だったのだ。この事実を彼ら受賞者自身が隠そうとしているように私には見える。

サイクロトロンの建設と宇宙線の観測

理研の仁科研究室の研究業績はたくさんある。ここで特筆すべきことは、サイクロトロンの建設と宇宙線の観測の2つである。

1936年（昭和11年）から仁科は、サイクロトロンという加速器の建設に夢中になった。サイクロトロンというのは、「磁場中の電子に高周波の電場を加えることで、電子を超高速（光の速度にほとんど等しい）に加速する加速器」のことだ。この当時、サイクロトロンは夢の装置であった。1932年、コッククロフト（1897〜1967）とウォルトン（1903〜

1995）によってサイクロトロンの陽子加速によりリチウムが壊れることが発見された。原子番号3のリチウム（Li）を、原子番号が1つ前のヘリウム（He）に変換（元素変換）させることに成功した。元素を別の元素に人工的に変換させた最初の実験だった。これは、今でもとても大きな意味を持つ。例えば、水銀（Hg　原子番号80）に加速した陽子を衝突させて、原子が壊れれば、リチウムで起きたように、隣の原子番号79の金（Au）に変化する。水銀から金がつくれる。まさしく人間の力で黄金をつくり出す錬金術である。歴史上、この錬金術にニュートンをはじめ、多くの人間が没頭した。仁科の師である長岡半太郎も、晩年、この水銀を金に換える実験に取り憑《つ》かれていたと言われている。

仁科らは、このサイクロトロンを利用してつくった中性子をウランに当ててウランの核分裂を発見している。またショウジョウバエに中性子を照射し遺伝子への影響を調べる生物実験もしている。恐るべき先見性である。

1937年（昭和12年）に小型のサイクロトロンを完成した。この後、仁科は大型のサイクロトロンの開発に着手した。大型のサイクロトロンは、完成当時、世界に日本とアメリカの2台しかなかった。小型のサイクロトロンがあるのでそれで十分だという意見もあった。しかし仁科はその反対を押し切って完成させた。仁科は、「新しい成果を出さない限り世界では認められない」という原子物理学の厳しい現実を、ヨーロッパの生活で骨の髄までわかっていた。

宇宙線の観測でも、仁科の研究室は独自の成果を出している。ミュー粒子と呼ばれる中間子の質量を霧箱で正確に決めたのは仁科研究室の宇宙線観測グループである。また、地下に宇宙線が届くかどうかを調べるため、群馬県の清水トンネルの横に宇宙線の測定装置を持ち込むという実験も行った。水深に換算すると3000メートルもあり、これは当時の宇宙線の最深測定記録だった。仁科記念財団の常務理事で、宇宙線物理学が専門の鎌田《かまた》甲一《こういち》氏（故人）は、次のように書いている。「仁科芳雄が始めた地下観測の伝統こそが、小柴昌俊《こしばまさとし》がノーベル賞を受賞できたことで有名な、カミオカンデ、スーパーカミオカンデ（岐阜県の神岡鉱山《かみおかこうざん》内）での地下観測によるニュートリノ研究につながっていった」。これは、本当のことだと思う。仁科が戦前に行っていた研究は、本当に思いがけないところで、その後、いろいろなところに影響を与え、つながっている。

さらに仁科芳雄なくしては、弟子の湯川秀樹も朝永振一郎もノーベル賞を取れなかった。ここで、このことを、はっきり書いておく。

朝永振一郎のノーベル物理学賞受賞理由は、量子電磁力学の「くりこみ理論」を構築したことである。この「くりこみ理論」は、仁科とは直接、関係がない。したがって、一見、朝永独自のアイデアでノーベル賞を取ったかのように見える。

しかし、朝永のくりこみ理論は、実際はベーテ（Hans Albrecht Bethe　1906〜2005）というドイツ出身の物理学者のアイデアを基にしていた。近年、このことが明らかになった（『現代化学』2009年3月号）。ここから、朝永がなぜノーベル賞を受賞できたかを考えると、それは朝永が仁科の研究室に在籍したときにつくり上げた「超多次元時間」という計算方法にある。これは「場の量子論に相対論的考察を加えたもの」である。当然、仁科から多くのアドバイスを受けていたはずだ。仁科の研究室に10年以上もいて直接の弟子であったことを考えあわせれば、朝永のノーベル物理学賞は、仁科芳雄あってのものと言っていい。

一方、湯川秀樹のノーベル物理学賞は、よく知られているように「中間子の存在の理論的な予言」に対して与えられている。原子核の中には陽子と中性子がある。この陽子と中性子だけでは、結合しない。つまりくっつかない。そこで湯川が、結合を担っている粒子として「中間子」という新しい粒子を、革新的なアイデアで思いついた、そういうことになっている。

しかし、この重要なアイデアも、実は仁科が最初に考えついたものだ。

湯川は1933年4月の物理学会で「核内電子の問題に対する一考察」という講演をした。講演の後、仁科芳雄が湯川に言った。「**電子の代わりにボーズ統計にしたがう粒子をきみが考えたらどうだろうか？**」これは未知の粒子の存在を仮定するということだ。

（『仁科芳雄往復書簡集Ⅰ』より引用）

このときの物理学会のことは、物理学者の間では、こそこそと語られている。当時は、陽子・電子・中性子の3つしか見つかっていなかった。先ほど出てきたニールス・ボーアは、これら3つの素粒子をうまくつかって、核内の陽子と中性子の結合を説明しようとした。ディラックの「相対論的波動方程式」が眉唾物と見られていたのと同様に、見つかってもいない粒子を理論で勝手につくり出すことは、当時の物理学では認められていない手法だった。湯川秀樹も講演題名を「核内電子の一考察」としている。だから、講演当時には、陽子、電子、中性子の3つだけで結合させようと考えていたのだろう。

先の引用文には「『電子の代わりにボーズ統計にしたがう粒子をきみが考えたらどうだろうか？』という仁科芳雄の指摘があった」とはっきり書いてある。ボーズ統計にしたがう粒子のことをボゾンあるいはボーズ粒子と言う。湯川の業績として「原子核中に新しいタイプの粒子、質量を持つ基本ボーズ粒子が存在することを要請し、それによりまったく新しい核力の理論を導入したのである」と『歴史をつくった科学者たち』という本には書かれている。このボーズ粒子を提案したのが、実際は仁科であったことが先の引用文から明確にわかる。

『日本科学者伝』（常石敬一著、小学館）という本がある。この中の湯川秀樹の項に書かれた副題は「大胆な思考の飛躍が画期的な素粒子論を生んだ」となっている。しかし、前掲の引用文からわかることは、「大胆な思考の飛躍」をしたのは湯川秀樹ではなく、仁科芳雄であったということだ。

核力(「湯川ポテンシャル」と言う)を計算したのは、実際に湯川秀樹である。だから、彼の業績を否定できない。しかし、最初のきっかけを与えたという意味で、湯川秀樹のノーベル賞もまた、仁科芳雄のアドバイスの賜《たまもの》と言ってもいい。

仁科芳雄がいなければ、朝永振一郎も湯川秀樹もノーベル物理学賞を取れなかった。このことは何度繰り返してもいいほど重要だ。

余談になるが、湯川秀樹と朝永振一郎は晩年、お互いに非常に仲が悪かったらしい。病気で寝込んでいた湯川に講演依頼があった。「代理として朝永先生にお願いしましょうか?」と弟子に言われ、湯川が「私の気持ちがわからないのか!」と激怒したという逸話が残っている。この辺りに、仁科芳雄、朝永振一郎、湯川秀樹の3人の物理学者の人間関係が、垣間《かいま》見える。

日本の原爆開発

1941年12月に日本は太平洋戦争に突入した。この戦争の間、研究者や科学者は軍役に招集されることはなかった。軍当局のための軍事技術の開発に従事させられたからだ。自分の研究を続けられた研究者は、ほとんどいなかったようだ。

一般的には、科学技術を重視しなかったために日本は戦争に負けたとされ、そのように信じられている。しかし、実際は1939年（昭和14年）ごろから科学局という部署が設置され、軍事技術のための科学者総動員体制のようなものが確立されていた。1942年（昭和17年）には、技術院という全国の科学技術を統括する部署も設置されている。敗戦後、GHQは、日本の戦時中の技術開発に対して、「開発努力が重複しすぎていたこと、連絡調整がほとんどされていなかったこと、多くの場合、徴兵されて陸海軍決定の特別研究任務を実施しなければならなかった科学者と技術者の側に、十分な情熱がほとんどなかった」という問題を指摘している。このことから、科学技術を重視しなかったのではなくて、陸軍と海軍の縄張り争いが技術開発の弊害になっていたことがわかる。

理研は日本の最高の研究機関である。当然、兵器開発研究所として、その役割を担うことになった。戦時中は、工業活動による収入は減り、軍との契約研究が増大していった。

そして、ついに、太平洋戦争が開始される直前の1941年（昭和16年）に、陸軍から仁科芳雄に原子力爆弾開発の要請があった。これは仁科の苗字の頭文字の「に」をとって「ニ」号研究と呼ばれた。実は日本の原爆製造の計画はもう1つあって、これは海軍が、京大の荒勝文策《あらかつぶんさく》（1890〜1973）という物理学者に委託したものである。こちらは「F」研究と呼ばれている。湯川秀樹も、関西にいたので、この「F」研究に参加している。

ところが、仁科が原爆開発に携わっていたことは、現在でも、あからさまには言えないことのようだ。例えば、前掲の『日本科学者伝』でも、2005年の世界物理年を記念した仁科の特集でも、さらに『仁科芳雄』（玉木英彦、江沢洋・編、みすず書房）に収録された「仁科研究室物語」でも、原爆の開発研究をしていたことに対する言及が一切書かれていない。これは、「〝日本の原子物理学の父〟である仁科芳雄が原爆製造に関わっていた」ということが一種のタブーになっていることを意味する。

当時の理研のウランの核反応研究は世界最高水準だった。先述したように、仁科らはサイクロトロンを使ってウランに速い中性子を当てて、ウランの核分裂を発見している。これこそが、原子爆弾の原理そのものだ。ただし、仁科らはその現象が何だかよくわからなかった。そのウランの連鎖反応が持つ意味をはっきり理解していなかったようだ。計測器の欠陥ではないかと調べているうちに、ウラン核分裂発見の栄誉をドイツのハーン（Otto Hahn　1879〜1968）とシュトラスマン（Friedrich Wilhelm "Fritz" Strassmann　1902〜1980）に取られてしまった。仁科たち理研の研究者は、それぐらい、最先端の研究をしていた。

ここで、簡単に原爆の原理を説明する。原子番号92のウランには数々の同位体、すなわち質量数が異なるウランがある。天然には、3種類の同位体（ウラン238、ウラン235、ウラン234）が存在する。このうち、ウラン235は、中性子と衝突してバリウム141とクリプトン92に崩壊する。そして、この崩壊時に数個の中性子を放出する。これらの中性子は別のウラン235と衝突し、さらに数個の中性子を放出する。このように、次々と反応が逐次《ちくじ》的に進む。これを連鎖反応（チェーンリアクション）という。この連鎖反応で爆発的なエネルギーが一挙に放出される。原子核反応であるため、当然、巨大なエネルギーの放出となる。しかし、この連鎖反応が起きないと爆発とはならない。この連鎖反応こそが、原子爆弾の技術の肝《きも》だ。

ただし、単に連鎖反応が起きればいいというわけではない。反応が起きても、その余剰エネルギーで、ウランが外側に飛び散ってしまうと爆発は起こらない。1999年に茨城県東海村の核燃料加工施設JCOで、原子力事故（臨界事故）があったことを記憶している人は多いだろう。これは典型的な初期の連鎖反応だけが起こり、ウランが飛び散ってしまったケースだ。原爆に必要とされる爆発を起こすためには、爆縮《ばくしゅく》（全周囲からの圧力で押しつぶされる破壊現象）などによって、短時間に一気に、いわゆる「超臨界状態」をつくって反応を起こす必要がある。

短時間で一気に超臨界状態にするためには、ウラン235が多量に必要である。天然ウラン中に多く存在するウラン238では短時間で超臨界状態には達しない。天然ウランからウラン235を抽出して、高濃度にする必要がある。これを「ウラン濃縮」と言う。イランや北朝鮮の核開発で問題になるのも、このウラン濃縮技術だ。仁科芳雄ら理研の研究者が行ったのが、まさに、このウラン濃縮技術の開発だ。

理研でウラン濃縮に関わった中根《なかね》良平《りょうへい》研究員の『仁科芳雄先生と同位体分離』という手記がある。これを参考にして、1945年、当時日本で、どの程度、原子爆弾開発に成功していたかを見よう。ちなみに、ウラン235と238の2つの同位体は質量差によって区別することは可能だ。しかし化学的な性質には、ほとんど差がない。よって、同位体を質量で分離するには高度な技術が必要になる。これを同位体分離という。

同位体分離法にはいろいろな方法がある。仁科らが採択したのは「熱拡散による同位体分離法」だった。これは、1938年（昭和13年）にドイツ人のクルジウス（Klaus Clusius 1903~1963）という物理化学者によって発明された。当時の最先端技術だった。1本の筒を垂直に立て、その中に分離したい同位体元素を入れて、中心を加熱し外壁を冷却する。すると対流が起こる。この対流は、質量の違いにより拡散、すなわち広がり方が違うので、同位体の一方だけが、筒の上部や下部に溜まる。ウランには、六フッ化ウランという56・5℃で気体になる化合物がある。ウラン単体を気化させるには約3800℃の高温が必要だ。だが、フッ化させて、六フッ化ウランにすれば、低い沸点で処理できる。つまり、六フッ化ウランをこの筒に流せば同位体分離して濃縮されることになる。

実際にマンハッタン計画で原子爆弾を製造し投下したアメリカが用いた同位体分離法は、気体拡散法だ。かなり大がかりな方法だったそうだ。ただし、本当にこの気体拡散法でできたのか、私は疑問に思っている。また、先ほどの海軍から京大に委託された「F」研究の荒勝文策が行ったのは、遠心分離法という同位体分離方法だ。現在では、この遠心分離法がウランの同位体分離では主流だ。ただし、荒勝文策の遠心分離器は設計の段階で終わった。

なお、ドイツでは、すでに第二次世界大戦中に、高濃度に遠心分離可能な、「多段遠心分離器」という機械が発明されていた。この中根良平研究員の手記に、はっきりと書いてある。戦時中にすでにウラン濃縮技術をドイツが持っていたという事実は、非常に重要だ。ナチスが原爆を完成させていた可能性があるからだ。実は広島に落とされたウラン型の原爆はナチス製だというわさがある。これを裏付ける証言である。

仁科芳雄が取り組んだ熱拡散法は、最先端の同位体分離法である。にもかかわらず、うまくいかなかった。それは熱拡散筒の内壁を金メッキで耐食処理しなかったため、六フッ化ウランが分解し内壁に付着したからだ。1945年4月の空襲で駒込の理研の49号館という熱拡散法の実験棟が焼失し、事実上、開発は終わった。中根は、もし戦争中でなければ、その後、遠心分離法か化学法でウランの分離を試みていただろうと述懐している。ここから、もし戦争がさらに続き開発を続行したとしても、日本ではウラン濃縮は、難しかっただろうと想像できる。たとえ、ウラン濃縮そのものに成功したとしても、原爆の開発までにはさらに時間を要したことは間違いない。理研では速い中性子ではなく遅い中性子との反応で、すべての計算を行っていたことが、最近明らかになっている（『科学史研究』40〈２００１〉）。超臨界状態をつくるのはウランの崩壊と同時に発生する速い中性子であり、仁科らは計算間違いをしていたことになる。

仁科芳雄を擁護するためだろう、「仁科芳雄は、真面目に原爆をつくろうとしていたわけではない」ということが、戦後さまざまなところに書かれている。ウラン濃縮研究を行うことによって、若い優秀な研究者が軍隊に招集されることを防ごうとしたとも言われている。私は、これはウソではないと思う。

しかし、完成どころか、その技術開発にも至らなかったが、仁科本人は本気で原爆開発に取り組んでいたはずだ。そのことは、あらゆる場面で証拠が残っている。

まず、「陸軍が原爆開発を仁科に委託した」ことになっているが、実際は、仁科が安田武雄《やすだたけお》陸軍中将に「原子爆弾の製造に関する実験研究に着手する用意がある」と自ら進言したのが原爆開発のきっかけらしい。仁科本人自ら、原爆開発を申し出ているわけだ。

次に、戦後に日本の原爆開発を調査したフィリップ・モリソン（Philip Morrison　1915〜2005）という物理学者は、「彼らは、単なる科学的な興味から、あるいは政府に促されて、多分その両方の理由から、**原爆開発に真剣に取り組んでいた**」という文書を残している。

また、軍は仁科に、広島で何が起きたのかを調査するように命じている。この調査に入る前に、仁科芳雄が研究員の玉木《たまき》英彦《ひでひこ》宛に書いた手紙が残っている。この内容は重要であるから、そのまま引用する。

玉木君

今度のトルーマン声明が事実とすれば**我々「ニ」号研究の関係者は文字通り腹を切る時が来たと思う**。その時期については広島から帰って話をするから、それ迄東京で待機して居て呉れ給へ。そしてトルーマン声明は従来の大統領声明の数字が事実であった様に真実であるらしく思はれる。それは広島へ明日着いて見れば真偽一目瞭然であろう。そして東京の参謀本部へ到着した今迄の報告はトルーマン声明を裏書きする様である。

残念乍ら此の問題に関してはどうも小生の第六感の教へた所が正しかったらしい。要するにこれが事実とすればトルーマン大統領の声明のする通り、**米英の研究者は日本の研究者即ち理研の49号館の研究者に対して大勝利を得たのである**。これは結局於いて米英の研究者の人格が49号館の研究者の人格を凌駕《りょうが》しているということにつきる。

（『仁科芳雄往復書簡集Ⅲ』より引用）

ここには、はっきりと「我々『ニ』号研究の関係者は文字通り腹を切る時が来たと思う」「米英の研究者は日本の研究者即ち理研の49号館（ウラン濃縮の実験棟）の研究者に対して大勝利を得たのである」と書かれている。原爆を本気で開発するつもりがなかったなら、このような文章を私信に書くはずがない。

日本でこのような原爆の開発が、仁科芳雄らによって率先して行われていた。このことは、倫理的には悲しい話だ。しかし、仁科が原爆製造に関わっていたことこそが、仁科が「日本の最も優秀な物理学者である」という1つの証《あかし》である。ノーベル物理学賞が、多くの原爆開発関係者に授与されているという事実がある。ファインマンやフェルミである。このことはノーベル物理学賞を受賞するような優秀な研究者が、原爆開発に従事したという理由だけでは説明できない。むしろ逆に、原爆開発に参加した研究者に、戦後、積極的にノーベル物理学賞が贈られたと見るべきだ。

先にコペンハーゲンでの仁科の同僚として、ハイゼンベルグについて書いた。ハイゼンベルグも実はナチスドイツで原爆製造に関わっている。ドイツの原子爆弾製造プロジェクトは〝ウランククラブ〟という組織があって、彼はその中の原子炉開発の担当者だった。同じ研究所にいたハイゼンベルグと仁科芳雄が、第二次世界大戦中に、ドイツと日本で同じ原爆開発に関係していたというのは偶然ではないだろう。私は、何らかの世界規模での政治的な力が働いていたのだろうと推察している。1945年に、ドイツは日本に原爆の材料としてウラン鉱石を潜水艦で送ろうとした。しかし、そのまま戦争が終わってしまい、ドイツからのウランが日本に到達することはなかった。

朝永振一郎もこのハイゼンベルグのところに2年間留学している。仁科の紹介があったからだろう。現地に慣れることができず、うつ病にかかったらしい。

第二次世界大戦後、ハイゼンベルクと仁科芳雄が会ったという記録はない。ただ、ハイゼンベルクから仁科へ、1947年にプレゼントに対するお礼の手紙が残っている。そこには、ただ「お互い、この10年間にいろいろなことがありました」とだけ書いてある。戦時中、2人が何をしていたのか、何が起きていたのかを、互いに知っていたのだ。感慨深い一文だ。

東京湾に捨てられた仁科芳雄のサイクロトロン

1945年（昭和20年）8月に終戦を迎えた。仁科芳雄は、戦後は核物理学をあきらめ、空襲から難を逃れた大型サイクロトロンを応用して、生物学の研究を進めようとした。しかし、その夢は潰《つい》える。仁科が手塩にかけてつくったサイクロトロンは1945年11月、GHQによって溶断機によってバラバラに切断され、東京湾に捨てられた。

これは戦後に起きた有名な事件だ。その新聞記事と写真が残っている。サイクロトロンは原爆製造とは何も関係のない実験装置であり、破壊する理由はなかった。アメリカ本土の本部が原爆製造のための軍事部品だと「間違って」、サイクロトロン破棄の命令を下したということになっている。命令を下した責任者は明らかになっていない。

しかし、このことは、原爆製造に関わった仁科らに対する懲罰であったと私は考える。京都大学でも、ウラン濃縮に関わった物理学者の荒勝文策のサイクロトロンも廃棄されている。仁科にとって、文字通り自分のその身を削ってつくり上げてきたサイクロトロンを破壊されることは、懲罰以外の何ものでもなかった。

サイクロトロンが廃棄されたときの仁科芳雄の異常な落ち込みを、甥の仁科嘉治男《にしなかじお》は次のように記している。

その後、（中略）進駐軍の工兵隊の小隊が科研に来て、幸運にも戦災を免れて残って居たサイクロトロンを熔断機で切断して、東京湾に投棄してしまった。偶然にも所用のため、

サイクロトロンを東京湾に投棄しているところ。(『占領軍の科学技術基礎づくり』より、元は『ライフ』誌の写真)

科研の叔父（著者注・仁科芳雄のこと）の研究室を私が訪れた時に、丁度その切断作業の最中で、嘗《かつ》て弱音を吐いたり、泣言をいった事のない叔父は、**その建設のための惨憺《さんたん》たる苦心や、調整のための人知れぬ艱難《かんなん》を回顧して、感慨無量なものがある如く、研究室からサイクロトロン室の方に下りて行く階段の中程に立って、悄然《しょうぜん》として見ていた姿は今なお、まぶたに焼付いて消し去る事が出来ません。**

（『仁科芳雄』ｐ１９５、仁科嘉治男寄稿「叔父・仁科芳雄の思い出」より）

アメリカが意図的に仁科のサイクロトロンを破壊した証拠として、アメリカの占領政策に携わったボーエン・Ｃ・ディーズという人が書いた『占領軍の科学技術基礎づくり』（河出書房新社）に次のような指摘がある。

「サイクロトロンの破壊」に代表されるような「間違い」は１９４５年末頃のアメリカ人の多く（おそらくほとんど）がとっていた日本人に対する態度を考えればある意味でほとんど避けられないことであった。パールハーバーの苦い記憶、中国、朝鮮、その他の地域における日本人の残虐行為、捕虜に対する日本人の虐待を報じた記事によって引き起こされた敵意、原爆の秘密が明らかにされたことによってアメリカ合衆国と世界全体で生まれた全般的な恐怖―これらのことと、戦争から生まれた敵意、苦悩のすべてが、日本人に再軍備を許してはならないという深い憂慮をアメリカ合衆国とすべての連合国にもたせたのである。

（ボーエン・C・ディーズ『占領軍の科学技術基礎づくり』より引用）

ここに、はっきりと「日本人に再軍備を許してはならないという深い憂慮」があったから、サイクロトロンの破壊は「避けられないことである」と書いてある。前掲の引用文では、カギ括弧付きで「間違い」と書いてあるが、これは原文のままである。騒ぎが大きくなったので、意図的に「間違い」にしたという意味が含まれている。このことから、サイクロトロンの破壊は、原子爆弾開発の責任者だった仁科芳雄とその関係者に対して、「原爆を開発しようなどと二度と考えるな」という警告と懲罰であったということが、はっきりと読み取れる。

仁科は、よほど悔しかったのだろう。多くの抗議の手紙をGHQに書いて出している。アメリカの科学者も騒ぎだし、アメリカの陸軍長官が謝罪するという事態になった。「曲がったことは絶対にきらいで潔ペキ症の子でした」と少年時代の仁科芳雄を評した姉のことば通りである。

戦後の仁科芳雄

１９４５年11月にサイクロトロンを破壊された後、仁科芳雄は研究の第一線から身を引き、理研の存続に奔走することになる。所長の大河内が戦犯として拘置所に入れられ、釈放後に所長を辞めたからだ。また、ＧＨＱが翌年１９４６年12月に、理研コンツェルンの解体命令を出した。１９４６年11月に理研の所長になった仁科には、今や、理研存続が一番の仕事となった。

ケリーというＧＨＱの経済科学局科学技術部の担当者がいた。彼は物理学者であり、仁科芳雄のことをよく知っており2人は非常に懇意になった。海外出張に行くとき、大型のカバン（スーツケース）を持っていない仁科に、ケリーが自分の旅行カバンをわざわざ貸したという逸話が残っている。

このケリーの伝手《つて》で、仁科は理研を「科研《かけん》」というペニシリンの製造会社へと変え、理研そのものを存続させることに成功した。財団法人理化学研究所は解散した。しかし、数百人の研究者を留めておくために、理研の第二会社として、株式会社科学研究所を設立した。１９４８年（昭和23年）のことである。

ケリーはＧＨＱに赴任後、日本の科学技術を温存させることに奔走した。このことから、どうやら理研が科研として存続することになった理由の背景には「逆コース」があるようだ。「逆コース」とは、当初、アメリカ政府が日本の財閥を解体し、敵対しないように日本を農業国家にしようとしていた政策を転換したことである。１８０度転換し、再び日本の工業化を推し進め、日本をソビエト・中国などの共産国家への橋頭堡《きょうとうほ》として成長させようとした。

仁科芳雄は逆コースで重要な役割を演じた首相の吉田茂とも懇意にしていた。甥の仁科嘉治男は、「ほとんど知られていないが、仁科芳雄は吉田茂の箱根の別荘に何度も呼ばれた、泊まっていけとまで言われた」と書いている。吉田茂は、日本の最高の頭脳である仁科芳雄を何とか守りたかったのだろう。

仁科芳雄は科研の社長になり、さらに、１９４９年には、日本学術会議副会長にも選ばれた。一見、華やかなこの生活も、実態は苦渋に満ちたものだった。それが、以下の甥の嘉治男の文章からよくわかる。

晩年の叔父は、**持前の強い責任観念から科研経営の苦難を、少しも怯む**事なく、**殆ど一人で引き受けて、早朝から夜半過ぎまで、壮者を凌ぐ活躍振りでありました。**それは第一に、銀行から融資を受けて、約三百人の研究員及び会社従業員の給与を支弁する事で、そ

多磨霊園にある仁科芳雄の墓。横に朝永振一郎とケリーの墓もある。

の為に、自ら毎日の如く、銀行や信託会社等に出掛けて頼んでいました。
（仁科嘉治男、「叔父・仁科芳雄の思い出」より引用）

つくったばかりの株式会社科学研究所にはお金がない。科学研究で利益を出そうという怪しい会社には銀行はお金を貸さない。責任感の強い仁科芳雄は、会社存続のための資金集めに走り回った。その苦労のために仁科は、１９５０年の冬、ついに入院してしまう。

仁科が入院する前に残した１つの俳句がある。これが彼の辞世の句でもあるようだ。

働きて働きて病む秋の暮

味も素っ気もない句だ。しかし、この句から滲《にじ》み出る、晩年の仁科芳雄の不遇と苦労を思うと、私は涙が止まらない。しかも弟子の朝永振一郎と湯川秀樹が、ノーベル物理学賞を取った後に、どれほど栄誉を得て人生を謳歌《おうか》したかを考えると、2人の先生であった仁科芳雄の惨めな人生に、ひとしお、哀れを感じる。

仁科はそのまま入院先の病院で、1951年1月10日、帰らぬ人となった。60歳だった。死因は肝臓がんだ。先ほどから引用している甥の文章には、仁科芳雄は、広島と長崎の原爆調査の後、放射線障害（原子病と表現している）になって1ヵ月ほど寝込んだことが書かれている。仁科本人も、「放射能レベルがまだ極めて高い時期に広島で調査をした結果ではないか」と疑っていた。最後まで原爆と共に生きた仁科芳雄の人生だった。

仁科芳雄の弟子たち

2010年、兵庫県佐用町光都《さようちょうこうと》。ここは、兵庫県と仁科芳雄の生まれた岡山県の県境付近にある科学学園都市だ。

深い緑に囲まれ、夜は鹿やタヌキの楽園であるこの町に、加速器とX線光学の最先端技術を結集した「X線自由電子レーザー」という新しい光源が建設された。電子を高速に加速し、磁場中を蛇行させることにより、波長が揃った光、すなわちレーザー光をX線でつくるまったく新しい光源である。同様のプロジェクトがアメリカとドイツで立ち上がっており、目下、アメリカ、ドイツ、日本の3国が激しくこのX線自由電子レーザーの開発を競っている。

日本のX線自由電子レーザーをつくったのは、理研の研究者たちである。つまり仁科芳雄の弟子たちだ。

X線自由電子レーザーの開発は、ちょうど80年前、仁科芳雄がアメリカのローレンツがつくったサイクロトロンより、エネルギーの高い大きなものをつくろうと必死になっていたことを彷彿《ほうふつ》させる。あるいは、第二次世界大戦中、アメリカ、ドイツ、日本の3ヵ国で、原爆の開発競争を行っていたことにも例えられる。その頃は無謀な戦いだった。なぜなら、技術もお金も材料も、日本には無かった。しかし今、仁科芳雄の系譜に連なる優秀な弟子たちによって、日本は他の2国を凌駕《りょうが》した、世界最高のX線レーザーをつくろうとしている。

仁科芳雄がやってきたことが、100年近くの時を経て成就したとみることができる。これは単なる比喩ではない。原子核物理と加速器とX線光学こそが、仁科芳雄が日本に植え付けた科学技術の最高の種だった。原子核物理は、湯川と朝永の2つのノーベル物理学賞を生んだ。そして、現在、残りの2つ、加速器とX線光学が一緒になって、さらに花を咲かせようとして

兵庫県にある理研X線自由電子レーザー（愛称 SACLA〈さくら〉）。筆者は愛称の一般公募で、SACLA と NISHINA〈にしな〉の２つを提案したが、SACLA が採用された。（Spring-8 のホームページから引用）

いる。

仁科芳雄が残した日本の科学への恩恵は、計り知れないものがある。仁科芳雄という人間の一生を調べれば調べるほど、私は、その偉大さにただ頭《こうべ》を垂れるばかりである。

参考文献

鎌田甲一、『仁科博士とその時代』、Isotope News、2004年1月号
中根良平、仁科雄一郎、仁科浩二郎、矢崎祐二、江沢洋編、『仁科芳雄往復書簡集　現代物理学の開拓』Ⅰ、みすず書房（2006）
仁科雄一郎、『父の感じた日本の後進性』、玉木英彦・江沢洋編、『仁科芳雄　日本の原子科学の曙』　みすず書房（1991）
西村肇、『南部陽一郎の独創性の秘密をさぐる（2）』、現代化学、2009年3月号
『歴史をつくった科学者たちⅡ』、Spencer R. Weart、Melba Phillips 編、西尾成子今野宏之共著、丸善（1989）
ボーエン・C・ディーズ、『占領軍の科学技術基礎づくり』、河出書房新社（2003）
中根良平、『仁科芳雄先生と同位体分離』、玉木英彦・江沢洋編、『仁科芳雄　日本の原子科学の曙』　みすず書房（1991）
山崎正勝、『理研の「ウラニウム爆弾」構想　第二次世界大戦期の日本の核兵器研究』、科学史研究、40（2001）
中根良平、仁科雄一郎、仁科浩二郎、矢崎裕二、江沢洋編、『仁科芳雄往復書簡集　現代物理学の開拓』Ⅲ、みすず書房（2007）
伊東乾、『日本にノーベル賞が来る理由』、朝日新書（2008）
仁科嘉治男、『叔父・仁科芳雄の思いで』、玉木英彦・江沢洋編、『仁科芳雄　日本の原子科学の曙』　みすず書房（1991）

【著者】
下條竜夫　（げじょう・たつお）
兵庫県立大学理学部准教授。理学博士。専門は原子分子物理、物理化学。
1964年、東京生まれ。1987年、早稲田大学理工学部応用物理学科卒業。チューリッヒ大学物理化学研究所、分子科学研究所を経て、現在兵庫県立大准教授。

物理学者が解き明かす重大事件の真相

2016年1月15日　第1刷発行
2016年2月12日　第2刷発行

著　者　下條竜夫
発行者　唐津　隆
発行所　株式会社ビジネス社
〒162-0805　東京都新宿区矢来町114番地　神楽坂高橋ビル5F
電話　03-5227-1602　FAX 03-5227-1603
URL　http://www.business-sha.co.jp/

〈カバーデザイン〉尾形　忍（Sparrow Design）〈本文組版〉沖浦康彦
〈印刷・製本〉モリモト印刷株式会社
〈編集担当〉岩谷健一　〈営業担当〉山口健志

ISBN978-4-8284-1863-6